Serie Actualidad

Dirigida por Josep Ramoneda

> Se puede optar por un pensamiento crítico que tomará la forma de una ontología de nosotros mismos, de una ontología de la actualidad.
>
> MICHEL FOUCAULT

Marina Garcés

Filosofía inacabada

Galaxia Gutenberg

Publicado por
Galaxia Gutenberg, S.L.
Av. Diagonal, 361, 2.º 1.ª
08037-Barcelona
info@galaxiagutenberg.com
www.galaxiagutenberg.com

Primera edición en Galaxia Gutenberg: noviembre de 2015
Primera edición en este formato: septiembre de 2016
Segunda edición: enero de 2017
Tercera edición: octubre de 2017
Cuarta edición: febrero de 2017
Quinta edición: septiembre de 2018
Sexta edición: noviembre de 2020
Séptima edición: octubre de 2021
Octava edición: agosto de 2023

© Marina Garcés, 2015
© Galaxia Gutenberg, S.L., 2015

Preimpresión: Maria Garcia
Impresión y encuadernación: Ulzama digital
Depósito legal: B. 18772-2016
ISBN: 978-84-16734-60-3

Cualquier forma de reproducción, distribución, comunicación pública
o transformación de esta obra sólo puede realizarse con la autorización
de sus titulares, aparte de las excepciones previstas por la ley. Diríjase a CEDRO
(Centro Español de Derechos Reprográficos) si necesita fotocopiar o escanear
fragmentos de esta obra (www.conlicencia.com; 91 702 19 70 / 93 272 04 45)

No pretendo escribir una oda al abatimiento sino jactarme con tanto brío como el gallo encaramado a su palo por la mañana, aunque sólo sea para despertar a sus vecinos.

H. D. Thoreau, *Walden*

PRÓLOGO

Cómo no filosofar

Me preguntan a menudo si me siento filósofa y cómo llegué a serlo. Interpelar a quien se dedica a la filosofía es interpelar a la persona. No me imagino que a un dentista se le preguntara si se siente dentista o que a una ingeniera se le cuestionara si se siente ingeniera. Pero la filosofía proyecta un porqué siempre abierto sobre una decisión vital. Más allá de estar vinculada a una profesión o a un campo de estudio, la actividad filosófica es una posibilidad por la que se apuesta como una forma de vida. Tiene consecuencias personales, pero también colectivas, sobre el entorno y sobre el propio tiempo. ¿Es posible hacer esta apuesta hoy?

Preguntarme a mí si me siento filósofa y cómo llegué a serlo es, también, preguntarnos a nosotros mismos por la posibilidad y el lugar de la filosofía en nuestra sociedad. Nuestra sociedad no es algo abstracto: son nuestras escuelas y nuestras universidades pero también nuestras preocupaciones, nuestras conversaciones y nuestros modos de relacionarnos con lo que ocurre. La filosofía es la *manía* de algunos, que sin embargo necesariamente incumbe a todos.

Empecé a estudiar filosofía en el momento en que el arrinconamiento institucional de la filosofía iba mano a mano con un discurso ampliamente aceptado sobre el fin de la filosofía. Esto ocurría, además, en un país y en unas lenguas, el catalán y el castellano en mi caso, que no tienen una tradición filosófica fuerte. Así, lo que no había llegado nunca a empezar del todo, estaba llegando extrañamente a su fin. En ese momento, principios de los años noventa, apostar por la filosofía era, por tanto, entrar en un limbo. Han pasado veinticinco años desde ese momento inicial. El arrinconamiento institucional de la filosofía no sólo persiste sino que va ampliando sus efectos en el sistema escolar y universitario. Pero la muerte de la filosofía no se ha llegado a consumar, más bien todo lo contrario. La filosofía nació al aire libre y a las calles vuelve. Nació en la discusión y vuelve a ser discutida. Se abrió como posibilidad del discurso en la guerra entre ciudades y formas de vida. Y hoy vivimos en la evidencia de que una guerra sin tanques ha puesto en grave conflicto nuestras formas de vida.

Apostar por la filosofía hoy es rebelarse contra su imposibilidad y su muerte. Esto se ha traducido, demasiado a menudo, en posiciones justificatorias y en el fondo victimistas acerca de la defensa de la filosofía, como si fuera una especie en extinción que hay que preservar en un zoológico. Pero la filosofía no puede justificarse ni mucho menos preservarse. Todo lo contrario: tiene que practicarse y exponerse. Salir de allí donde se decreta su muerte para redescubrir su necesidad. Ya en 1978, la filósofa húngara Agnes Heller escribía: «La necesidad de la filosofía crece sin cesar; tan sólo la propia filosofía lo ignora todavía».[1]

Pero la filosofía no es nada si se la aísla. No está encerrada en sus obras ni encapsulada en la oferta académica ni en el conjunto de profesiones que supuestamente se ocupan de la filosofía. Es una práctica de vida que desplaza los límites de lo que es visible y pensable en cada tiempo y para cada contexto histórico y social, a partir de la pregunta por una verdad que debe ser buscada con el pensamiento. No es una actividad gratuita u ociosa. Es un exceso, sí, y en este sentido un lujo, pero su exceso tiene que ver con un vacío y con un deseo: el de la imposibilidad de colmar de sentido y de orientación a la existencia humana. De esa imposibilidad de unidad y de inmediatez emerge el deseo de una ver-

---

[1]. Heller, A.: *Por una filosofía radical*, Barcelona, El viejo topo, 1980, p. 46.

dad que oriente a la vida, de un saber que a la vez sea capaz de proponer un modo de vida.

Hay un desajuste o una distancia entre la vida y sus posibilidades, entre los hechos y los valores, entre lo que hay y lo que tendría que haber, entre lo que sabemos y lo que siempre entendemos que se nos escapa aunque no sepamos qué es. La lista de desajustes es infinita, porque son las múltiples caras de una misma distancia: la que recorre a velocidad infinita el pensamiento de un ser finito. Un ser finito, nosotros: eso que no sabemos dónde empieza y donde acaba pero que provisionalmente localizamos en el espacio y el tiempo como nosotros, los humanos. ¿Cuáles son los límites y las condiciones de posibilidad del pensamiento que se rebela contra su propia finitud y contra sus propios límites? Eso es lo que hace el pensamiento: ir más allá de lo que inmediatamente somos, pero no para encontrar cualquier cosa, sino algo que sea, de algún modo, verdad.

Desde ahí, desde ese cuerpo a cuerpo del pensamiento con nuestros propios límites, la pregunta no puede ser ¿cómo aún filosofar?, sino: ¿cómo no filosofar? Con ella terminaba Jean-François Lyotard sus cuatro conferencias de 1964, dirigidas a estudiantes de primer curso en la Sorbona. Anunciadas bajo el título *¿Por qué filosofar?*,[1] se cierran, tras una convincente y emocionante explicación acerca de la necesidad y del deseo de filosofía, con la pregunta: «En verdad, ¿cómo no filosofar?». Como demuestra Lyotard, hay argumentos de peso para defender la existencia de la filosofía, pero no la convierten en una opción más atrayente o más útil que otra para la vida. Simplemente, es inevitable, siempre que estemos dispuestos a percibir y a querer nombrar la distancia entre nosotros y el mundo. Por tanto, no se trata de estirar el pasado de una historia moribunda, sino de abrirnos al presente de una filosofía inacabada. Es una pregunta, además, que abre la interpelación de la filosofía potencialmente a todos. ¿Cómo no filosofar? Es una pregunta

---

1. Lyotard, J-F.: *Pour quoi philosopher?*, París, PUF, 2012.

que se dirige a filósofos y a no filósofos, reunidos en esa potencia común, que es la potencia del pensamiento.

La filosofía es como la música. Algunos la practican hasta el virtuosismo, otros tratan más informalmente con ella. Unos conocen a fondo determinadas culturas y lenguajes musicales, otros no tanto. Pero todos los humanos tenemos relación con la música. Con la filosofía ocurre lo mismo. No hace falta haber leído a Platón para adentrarse, hasta lo más profundo, en una pregunta como ¿qué es la justicia? No hace falta haberse aventurado en las sentencias de Wittgenstein para comprender el alcance e importancia de nuestros silencios y de todo aquello que no podemos decir. ¿Significa eso que ni Platón ni Wittgenstein son necesarios porque todos somos naturalmente filósofos? Esto sería tan absurdo como sostener que la música existiría en nosotros sin formar parte de ninguna herencia musical elaborada. Pero lo propio de la música y de la filosofía es la relación entre una práctica minoritaria y una experiencia compartida por todos. La música y la filosofía no son saberes particulares, conocimientos que se puedan tener o no tener. Más allá de dedicarnos a la música o a la filosofía, hay una experiencia de la música y del pensar filosófico que nos atraviesa queramos o no. No se puede escapar a la música, como no se puede escapar a la filosofía.

Desde este paralelismo, qué absurdo sería plantear la muerte de la música, como se ha hecho a lo largo del siglo XX y aún hoy con la filosofía. Sí es cierto que la música, en el sistema escolar, ha sufrido un arrinconamiento institucional parecido, cada vez más extremo también. Los estudios musicales han quedado reducidos a ese tiempo extra, extraescolar, del que sólo pueden gozar quienes tienen el tiempo y el dinero para hacerlo. Sin embargo, ¿a alguien se le ocurre imaginar una sociedad y una vida sin música? Respecto a la filosofía hemos jugado demasiado con esta idea, la de una sociedad sin filosofía o postfilosófica.

Se objetará que hay otras maneras de elaborar el sentido siempre inacabado de la existencia humana, como el arte o la religión, en su diversidad de expresiones. La religión nos ofrece un horizonte de trascendencia y el arte un aquí y un ahora de una expresión, capaz de proyectarse más allá de ella misma. El arte, la religión y la filosofía no se sustituyen unos a otros. Se reparten, se continúan y, en según qué casos, se combaten como modos antagónicos de estar en el mundo. Pero lo que no hay es resolución religiosa o artística de lo filosófico, aunque la teología o cierta estética de la existencia lo hayan podido pretender.

¿Qué es lo específico de la filosofía respecto a estas otras elaboraciones del sentido inacabado de la existencia humana? A diferencia del arte y de la religión, la filosofía es el discurrir de una voz singular en busca de una razón común. En la experiencia religiosa, la voz singular queda subsumida en una razón más alta, la experiencia de lo sagrado o la instancia de lo divino, que funcionaría como referencia y garante de la razón común. En el arte, la expresión singular, aunque sea universalmente comunicable, no depende de la búsqueda de una argumentación compartida. La filosofía tensa esta polaridad entre la singularidad de la voz filosófica y la potencial universalidad de su discurso. Cada filósofo es uno, o una. Con su nombre propio y sus opciones vitales. Finito en la singularidad de ser una vida. Y a la vez, el pensamiento es desde ahí ofrecido e invocado como un lugar de encuentro con cualquiera y, por tanto, con todos.

La filosofía nace con el nombre propio y lo hace habitable. No conocemos a los primeros arquitectos o a los primeros poetas. Pero sí a los primeros filósofos, una lista de nombres más importante que sus propios textos, muchos de ellos ya perdidos. Tales, Anaximandro, Anaxágoras, Heráclito, Parménides y los demás presocráticos dibujan un mapa de nombres propios como opciones del pensamiento. A la vez, estos nombres son los indicios de una pasión igualitaria, que es la de que cualquiera pueda hacer suyos esos pensamientos singulares. Mi pensamiento no es sólo mío, pero cualquiera puede pensarlo porque lo he pensado yo y así lo ofrezco. Ésta es la paradoja de la filosofía, su exigencia y su generosidad. Esta relación paradójica entre lo singular y lo común no sólo es el modo en que la filosofía se pone en práctica, sino que también es su cuestión principal, la que atraviesa todas sus problemáticas y todas sus épocas. La diversidad de las formas (éticas, estéticas, científicas, políticas, etc.) remite a la posibilidad de mantener abierta una misma pregunta: ¿cómo vivir una vida verdadera? ¿Cómo pensar, cómo actuar y cómo conducirse respecto a una verdad pensable por y para todos? Es la pregunta movida por el deseo de reunir lo separado sin unificarlo. Es el movimiento del deseo que se despliega en el movimiento de la inteligencia, un deseo *(philein)* que no se traduce en posesión sino en intelección. ¿Qué hay que entender? La relación de lo que parece no tener relación. El *logos*, lo llamaba Heráclito, relación que recoge y separa, que discrimina y vincula, que permite pensar incluso la unidad viva de los contrarios. Como el deseo mismo.

Por eso la filosofía es un pensamiento que transforma la vida. Es un sistema de nociones y una actitud. La filosofía es pensamiento vivido. No ofrece fórmulas o recetas, sino que pone a cada vida concreta en la situación de tenerse que ubicar en los asuntos propios como problemas comunes. En tiempos, como los nuestros, dominados por los procedimientos, los aplicativos y las metodologías, se hace difícil explicar esta especial manera que tiene la filosofía de transformar la vida. Desde el siglo XIX el concepto de utilidad ha restringido el sentido de lo práctico. Pero no todo lo que es práctica y aprendizaje de vida tiene que ser entendido como útil o abandonado por inútil. La filosofía, como otras expresiones del arte o las humanidades, ha tenido que refugiarse demasiado a menudo en el limbo pretendidamente sublime de la inutilidad. Pero ¿qué más necesario que mantener abierta la posibilidad de interrogarnos sobre nuestras formas de vida y nuestras verdades? ¿Cómo vivir, cómo pensar, cómo actuar? La filosofía no es útil ni inútil, es necesaria. Necesaria para la vida concreta de cada uno de nosotros y necesaria para la vida colectiva de las sociedades.

El origen de la filosofía es percatarse de la propia debilidad e impotencia, escribía el estoico Epicteto en el siglo I d.C. De esta experiencia siempre concreta y encarnada de la finitud emerge la potencia siempre inacabada del pensamiento. La posibilidad de la filosofía, en su desarrollo occidental pero también en otras formas de pensamiento no-occidentales, se abre en la toma de conciencia de la distancia entre una cierta idea de totalidad y los límites de la experiencia humana respecto a ella. Por eso la filosofía incluye, como condición, la posibilidad de la no-respuesta o de su elaboración siempre inacabada. Convierte el límite del pensamiento en palanca para poder pensar. Hay quien piensa que la filosofía se entretiene con preguntas sin respuesta. Más que preguntas sin respuesta, de lo que se ocupa el discurso filosófico es de problemas para los que siempre necesitamos forjar conceptos nuevos. No porque no tengan solución, sino porque cambian de situación existencial y de contexto histórico, social, cultural y político.

Redescubrir la necesidad de la filosofía no significa, entonces, recuperar su dignidad perdida, como si de sacar brillo a una vieja joya se tratara. Redescubrir la necesidad de la filosofía es ponerla en situación, exponer el legado filosófico y sus desafíos a la situación existencial y material de nuestro tiempo. La filosofía es una forma de compromiso con el mundo. Más allá de los compromisos particulares, hace suyo el compromiso de hacer y de tener mundo. Por eso, su cometido final, como decía Marx retomando el pulso de la filosofía más clásica, es transformarlo, no con recetas o modelos, sino entrando en conflicto con las formas de vida existentes desde la realización concreta de otras formas de pensar y de vivir. Toda filosofía es crítica de unas formas de vida y recomendación de otras, a partir de una toma de posición en la que están en juego unos valores. Toda filosofía supone, entonces, una guerra entre mundos que aspira a hacer del mundo el hogar de la humanidad. ¿Cómo no filosofar, cómo no seguir filosofando hoy, entonces? Esta pregunta adquiere actualmente un tono de urgencia.

La filosofía inacabada nos interpela hoy en un mundo que muestra síntomas de agotamiento, como planeta y como modelo de sociedad. Filosofía inacabada, entonces, para un mundo agotado. Éste es el desafío que me propongo compartir en este libro: aprender a pensar y a vivir la finitud desde la amenaza de un final. Ya no nosotros, como humanos, sino la totalidad misma es finita. Es un nuevo sentido de la totalidad, el fin total de todo, para el que no tenemos conceptos y que hace emerger nuevos problemas. No se trata de entonar un discurso apocalíptico, que es tan antiguo como la cultura misma, sino de pensar a la altura de esta posibilidad real. Esto cambia el sentido de la acción, de los valores, de la existencia, de la humanidad como especie y como sujeto.

Con este libro exploro el lugar, o los lugares, de la filosofía inacabada en un mundo agotado. Quizá el principal compromiso de la filosofía, hoy, sea *inacabar* el mundo. No se trata de salvarlo, la salvación forma parte del discurso apocalíptico, que se mueve entre la destrucción o la salvación como una alternativa extrema y binaria, que finalmente sólo puede estar en manos de algo que esté más allá de nosotros, Dios, la historia o el destino. No se trata, pues, de salvar al mundo ni a la humanidad, sino de hacer al mundo vivible y a la humanidad capaz de tomar en sus manos esta apuesta. Percatarse de la propia debilidad e impotencia, como decía Epicteto, es el primer paso para ello. Sólo desde la vulnerabilidad compartida puede lanzarse una potencia del pensamiento capaz de librar esta difícil batalla.

***

El libro se divide en dos partes muy diferenciadas: en la primera, se abordan los retos de la filosofía en un mundo común, expuesto a su agotamiento. Los límites del mundo, de nuestro mundo, nos obligan a interrogar los límites de la filosofía. Desde la Historia de la Filosofía que hemos aprendido en los manuales y en la escuela, el estado actual de la filosofía sólo puede ser interpretado como el de una crisis, incluso como el de una decadencia y caída en la esterilidad. Por eso, lo primero es interrogar el marco mismo, es decir, la Historia de la Filosofía como fuente del sentido de la filosofía que hoy está por hacer. Empiezo el libro, por tanto, desmarcándome del historicismo, porque nos condena a escenificar un final agónico. Frente a ello, apuesto por un ambientalismo filosófico que nos exige cuidar de los ecosistemas sociales y personales que propician el desarrollo de un pensamiento radical, capaz de mantener vivas las cuestiones relevantes de nuestro tiempo. Del fin de la filosofía a la filosofía inacabada, de la Historia de la Filosofía a los ecosistemas del pensamiento.

Desde ahí, la primera parte del libro discurre de manera caleidoscópica sobre tres ejes de cuestiones: en primer lugar, contra la mundialización estandarizada de la filosofía, su descolonización. La filosofía ha pasado de ser un patrimonio europeo a ser una mercancía global, pero esto no significa que esté menos codificada ni culturalmente condicionada. Descolonizar la filosofía significa no sólo escuchar y recibir las voces y las cosmovisiones de los «otros», sino desmitificar el origen singular de la filosofía occidental en Grecia y abrir la posibilidad, para la filosofía, de entrar en relación con el fondo común de la experiencia humana. ¿Qué puede significar esto hoy, sin caer en la tentación de una nueva totalización? La inhospitalidad de nuestro mundo agotado es un territorio común de inclemencia. ¿Cómo puede la filosofía hacer de este territorio su mapa de problemas y de conceptos?

Esta pregunta, que apunta a la necesidad de desarrollar una filosofía *sin dominio*, implica plantearse, en segundo lugar, quién puede pensar hoy y sobre qué. El qué y el quién del pensamiento son inseparables. Hoy ya no están legitimados para pensar solamente los «grandes hombres»: mujeres, precarios o proletarios del conocimiento, personas de otras razas, culturas y condiciones sociales compartimos cada vez más nuestras ideas, visiones, argumentos y conocimientos.

Sólo falta dar un paso más e incorporar en serio a los niños, que hoy funcionan más como un *target* del mercado cultural que realmente como interlocutores.

Esta transformación respecto al quién y al qué del pensamiento actual nos conduce a un segundo eje de cuestiones: contra la estandarización del pensamiento en la esfera pública y en el circuito de la academia global, propongo el compromiso con la filosofía entendida como una práctica educativa. Esta práctica consiste, fundamentalmente, en aprender a pensar y en aprender a escribir como experiencias radicales de transformación de la vida personal y colectiva. Pensar y escribir no son un conjunto de técnicas y de procedimientos que pueden ser mejor o peor ejecutados. Pensar es volver a pensar y escribir es transformarse. En el límite entre los distintos saberes y los distintos ámbitos de la experiencia, la filosofía es precisamente la elaboración consciente de esa necesidad inacabada de aprendizaje y de transformación que se resiste a todo estándar y a toda codificación. Aquí está la vocación igualitaria de la filosofía: a pesar del elitismo que la ha caracterizado en muchos momentos de la historia, la filosofía es la actitud que presupone que a todos nos es igualmente dado el deseo de acceder a la verdad y la posibilidad de emprender su búsqueda con razones comprensibles para cualquiera. La filosofía es, así, encuentro e interpelación. ¿Qué papel pueden jugar hoy las instituciones educativas, escuelas y universidades, en esta labor? ¿Cómo combatir su tendencia actual a reforzar la desigualdad creciente del mundo? Muchos de los que trabajamos actualmente en las universidades sentimos un gran malestar y nos debatimos entre la resignación tacticista y el sueño de escapar. ¿Cómo tomar una posición más allá de esta triste alternativa?

Finalmente, este trabajo del pensamiento en los límites entre culturas, saberes y cuerpos que viven en condiciones materiales desiguales plantea una tercera cuestión, quizá la más pasada de moda, pero a mi entender absolutamente imprescindible: la de la unidad del conocimiento. El viejo ideal de la unidad del conocimiento cayó enfermo de soberbia y de inutilidad. La teoría y la práctica se separaron, la creación y el análisis se distanciaron, lo personal y lo colectivo se aislaron y las ciencias se autonomizaron. En esos procesos, la filosofía cayó en el ridículo de mimetizarse y de convertirse en una disciplina raquítica y «copiona», incapaz de dar de sí lo que los protocolos de la ciencia exigían para legitimarse. Pero actualmente, ni siquiera esas ciencias ejemplares, o esas técnicas triunfantes, tienen capacidad para relacionarse con la complejidad de los problemas comunes de nuestro tiempo. No hay lenguaje único ni universal, ni capacidad de control desde ninguna aproximación unilateral a la realidad. Desde ahí, propongo abordar el problema de la unidad de conocimiento desde una perspectiva nueva. Ya no podemos pretender construir sistemas únicos. Lo que necesitamos es vislumbrar la posibilidad de una experiencia del mundo capaz de generar sentido, respuestas y desplazamientos para el conjunto de la humanidad. La fuerza de la filosofía debe desplegarse, hoy, en un mundo inhóspito, pero también creo firmemente que se encuentra nuevamente ante la posibilidad de desplegar sus conceptos desde nuevas alianzas entre disciplinas, intereses y niveles de experiencia. Filosofía inacabada en un mundo agotado: lo que propongo es la conquista de una nueva confianza, crítica en vez de crédula, tentativa en vez de idealista, en las capacidades humanas para relacionarnos con lo que no sabemos aún. Estamos ahí, no para salvarnos, que no está en nuestra mano, sino para abrir mundos habitables en este mundo común.

La segunda parte del libro incorpora a esta reflexión sobre la filosofía mi lectura de algunos de los principales filósofos y filósofas del siglo XX. ¿Tiene sentido mirar atrás ahora que decimos que nuestra experiencia del mundo está cambiando de manera tan inconmensurable? La posición que mantengo en este libro es que sí. Que el siglo XX es un siglo inacabado. No sólo porque nuestro presente está en continuidad histórica con él, sino sobre todo porque los problemas que el siglo XX ha causado no han podido ser resueltos por sus protagonistas. Ni siquiera pueden ser resueltos desde sus coordenadas. La crisis ecológica y humanitaria del mundo actual nos sitúa en una escala del pensamiento, del conocimiento técnico y científico y de la decisión política que no habíamos alcanzado nunca. Es la escala planetaria como un todo real y concreto.

¿Qué puede ofrecernos, ahora, la filosofía del siglo xx? ¿No es, más bien, la expresión colectiva de una gran impotencia histórica? ¿No se expresa, en sus trágicos recorridos, la experiencia de un final de civilización y la crisis de las promesas de progreso y emancipación de la modernidad? Sí, así es. Pero la filosofía no es nunca solamente una representación de su propio tiempo, sino que lanza la intempestividad de los conceptos contra y más allá de su propio presente. Como exigía Schiller al arte, la filosofía es hija de su tiempo pero no obra suya. Por eso, si leemos bien, desde el inacabamiento y no desde el reconocimiento, en la filosofía del siglo xx encontraremos pistas y herramientas para los problemas irresueltos de nuestro propio presente. Es un siglo oscuro y rico, estremecedor e inmensamente experimentador.

El siglo xx no es, entonces, un periodo del pasado. Es, para nosotros, el siglo inacabado. Inacabado porque los problemas que ha causado no han sido resueltos. Inacabado, también, porque los recorridos filosóficos que lo atraviesan tienen en común la apuesta por desbordar las categorías heredadas de la metafísica y sus ambiciones de sistematicidad. Los aspectos de este desbordamiento son muchos. El pensamiento contemporáneo es una impugnación coral de las pretensiones fundamentadoras, identificadoras y representativas del lenguaje conceptual tal como se había practicado hasta entonces. Las consecuencias de estas pretensiones tienen que ver directamente con la manera como el capitalismo y sus correspondientes formas políticas, el totalitarismo y la democracia de mercado, escinden, explotan y trituran la vida individual y colectiva, humana y natural. Pero el pensamiento contemporáneo no sólo es un ejercicio de crítica radical de estas consecuencias, sino también la exploración de los territorios que se abren más allá de sus límites.

Para mí, la filosofía del siglo xx expresa el deseo y la necesidad de ir al encuentro del mundo: del sujeto hacia el objeto, del alma hacia el cuerpo, de la teoría hacia la práctica, del sentido hacia la voz, de la totalidad hacia la pluralidad, de la identidad hacia las diferencias, de lo representado hacia lo vivido... Cada una de estas tensiones es la señal ya no de una contradicción sino de un desplazamiento. Estos desplazamientos son, aún, nuestros territorios por explorar, aunque bajo condiciones que en pleno siglo xx quizá no se hubieran podido ni siquiera imaginar. Por eso presento una serie de aproximaciones al trabajo filosófico de algunas figuras relevantes de nuestro pasado inmediato. Con la dificultad terminológica y expresiva que tiene la filosofía del siglo xx, cada uno de los capítulos de la segunda parte sirve a la vez como presentación de un autor o problema y como búsqueda de herramientas con las que forjar el sentido, hoy, de una filosofía inacabada para nuestro presente.

Decidí escribir este libro cuando volví a dar clases de filosofía en la universidad, después de un largo periodo de interrupción y de crianza. Allí, en la Universidad de Zaragoza, me reencontré con jóvenes y no tan jóvenes que hacían la misma apuesta que yo hice veinticinco años atrás y que casi había olvidado: estudiar filosofía sin saber muy bien porqué, siguiendo una necesidad y un presentimiento. Ahora que la docencia está desacreditada incluso entre muchos profesores, que es sufrida como una carga por estudiantes y por docentes, como un daño colateral de otras aspiraciones académicas, quiero agradecer a los estudiantes con los que comparto estas ingratas horas en el aula su presencia y su interlocución. Muchas veces es silenciosa, tímida o incluso retraída, pero sin ese ejercicio semanal, entre ritual y deportivo, teatral y atlético, de tenernos que ver allí, tarde a tarde, aprendiendo a leer, a pensar y a escribir, no habría retomado el pulso de la filosofía. El valor que pueda tener este libro hoy, más allá de las aulas, se ha forjado allí, en ese lugar entre nosotros, en el que deseo de aprender y de batallar con la verdad conviven con la dura realidad cotidiana.

PRIMERA PARTE
Filosofía para un mundo común

Del universo infinito al planeta agotado

La situación filosófica de nuestro tiempo está condicionada por una nueva experiencia del límite: el límite que emerge cuando la acción humana puede poner término a la existencia misma de la humanidad y de otras muchas especies en este planeta. La finitud humana ya no sólo apunta entonces al carácter mortal del ser humano, sino que adquiere una nueva dimensión: la finitud de una especie que puede extinguirse a sí misma. La finitud ya no es sólo la condición recibida, por Dios o por la naturaleza, sino la culminación de la propia acción. La pulverización de los límites hace emerger un nuevo límite. Prometeo llevado hasta sus últimas y más paradójicas consecuencias: queriendo hacerlo todo, poder acabar con todo.

En los años cincuenta del siglo xx, Günther Anders escribió sobre esta paradoja, sobre el doble sentido de la liquidación del hombre por parte de sus propias producciones: por un lado, en esos años la invención de la bomba atómica era ya una realidad que abría la posibilidad real de la destrucción de toda vida humana con un solo gesto. Pero por otro, sin que esta posibilidad tuviera que realizarse, el desarrollo mismo del mundo de la técnica supone también la liquidación del hombre, atrapado como una pieza más bien defectuosa en un sistema de instrumentos que dispone de él, lo supera y domina. Por un lado, entonces, «el infinito somos nosotros», porque nuestra potencia de destrucción es absoluta. Por otro lado, el ser humano del siglo xx empieza a sentir vergüenza e impotencia de su pequeñez ante la magnitud de su propia obra y sus consecuencias. Casi setenta años después de estas reflexiones sobre la obsolescencia del hombre,[1] las dimensiones de esta paradoja se han multiplicado. La pulverización de los límites ya no sólo incumbe a la relación desproporcionada entre lo humano y lo técnico, sino al conjunto de relaciones de la especie humana con el planeta.

Hemos entrado en la era planetaria, escribió Henri Lefevre en 1965,[2] reflexionando también acerca de la posibilidad de la autodestrucción total de la humanidad. Sin que la bomba haya tenido que estallar del todo, la autodestrucción ya está teniendo lugar. Tiene otros nombres y otros rostros, que diseminan en el espacio y dilatan en el tiempo los efectos del botón rojo: contaminación, cambio climático, agotamiento de recursos energéticos y naturales, destrucción de la diversidad de la biosfera... La era planetaria es el espacio-tiempo en el que todo esto está ocurriendo como situación común de la humanidad, más allá de la diversidad de sus contextos políticos, sociales y culturales locales. Por eso podemos decir, retomando y parafraseando el título del importante libro de Alexandre Koyré, que nuestra era es la que ha pasado del universo infinito al planeta agotado.

En el libro *Del mundo cerrado al universo infinito*,[3] de 1957, Koyré sostenía que la revolución espiritual de la modernidad era la destrucción del *cosmos*, como mundo ordenado, delimitado y jerárquico, y su sustitución por un universo infinito e indefinido. Este universo conquistado por la nueva ciencia suponía una ampliación de las fronteras de la realidad pensable y cognoscible, pero también una desvalorización del ser y una pérdida del lugar del hombre en el mundo. Sin ser ya nada más que materia y espacio infinitamente extenso, el universo ya no permitía establecer relaciones de valor entre regiones del cosmos. Ni divinidad ni bon-

---

[1]. Anders, G.: *La obsolescencia del hombre*, 2 vols., Valencia, Pretextos, 2011.
[2]. Lefevre, H.: *Métaphilosophie*, París, Minuit, 1965.
[3]. Koyré, A.: *Del mundo cerrado al universo infinito*, México, Siglo XXI, 1998.

dad podían derivarse de hechos físicos. Los hechos y los valores, con la nueva física, se divorcian. Y con ellos, lo hacen también la naturaleza y la historia, los datos y la libertad. Por eso, la reubicación del hombre y de su acción en un universo infinito implica, a la vez, el nacimiento del mundo humano como dimensión de la realidad que no pertenece a la naturaleza ni se puede medir por ella. El mundo humano está hecho por el hombre y no tiene otro fundamento que la libertad humana. Un fundamento que no fundamenta, sino que abre el ser a lo que está por hacer. La sociedad y la historia, con todas sus manifestaciones políticas, culturales, científicas y estéticas, son lo que está en construcción. Y es que la humanidad misma tiene a partir de ahora la tarea de hacerse a sí misma. Una tarea que, como el universo mismo, se entiende como una tarea infinita. Desde Pico della Mirandola, en su discurso renacentista sobre la dignidad del hombre,[1] hasta pensadores de la dolorosa quiebra de ese mismo mundo humano, como Walter Benjamin, se apoyarán en la necesidad de hacer de la humanidad misma una tarea infinita. Del infinito perfecto y acabado de Dios, al infinito imperfecto y siempre inacabado de la condición humana: éste es el corte de la modernidad, en su búsqueda de un nuevo entorno para el desarrollo de una vida humana digna y con sentido, tras la destrucción del *cosmos* grecocristiano.

Creo que la única síntesis de estas dos experiencias, la del mundo cerrado y la del universo infinito, la podemos encontrar en la ficción ideológica que engendró el breve y frágil periodo de la llamada globalización feliz. Así se hablaba del mundo que estaba naciendo precisamente a finales del siglo XX. Tras la caída del muro de Berlín, en 1989, el mercado transnacional celebraba el fin de las heridas que habían resquebrajado la tarea infinita de la humanidad. Por fin el mundo podía ser uno, otra vez, y al mismo tiempo infinito,

---

[1]. Mirandola; P. della, *Discurso sobre la dignidad del hombre*, México, UNAM, 2003.

en la posibilidad de disfrutar del presente eterno de la economía, que no tiene otra meta ni otra dinámica que la de seguir siempre funcionando. El mundo globalizado parecía prometer, de nuevo, un cosmos para el individuo consumidor y cliente que progresivamente iríamos llegando a ser todos los habitantes del planeta. Pero la movilización global[1] es una promesa que exige ir siempre más allá de lo que hay, para ratificar la misma realidad. Ésta es la dinámica del capitalismo globalizado y de sus prisiones de lo posible: trabajar, producir y consumir, en un mundo al que no hay alternativa. El infinito se cierra sobre sí y, muy rápidamente, el lado oscuro de la globalización feliz va ensanchando su sombra.

Contaminación, calentamiento global, escasez de recursos naturales y nuevos peligros: el siglo XX no es sólo el del Holocausto o Hiroshima. Es también el de Bhopal y Chernóbil. El siglo XX ha sido el siglo de las guerras mundiales, de los exterminios en masa y de la guerra fría. Esto es lo que la globalización feliz de los mercados parecía haber superado para siempre. Pero el siglo XX ha sido también el siglo en el que la actividad productiva de la humanidad se ha desbordado a tal escala, que unas pocas décadas empequeñecen toda la historia anterior y las dimensiones del planeta mismo. En este último siglo se ha multiplicado la producción industrial por cincuenta, la población planetaria se ha cuadriplicado y no cesa de aumentar concentrándose además en zonas urbanas cada vez mayores. En menos de cien años hemos pasado de un mundo vacío a un mundo lleno, no sólo lleno de cada vez más seres humanos, sino lleno de una actividad depredadora que convierte todo lo que toca en recurso o en residuo. Los recursos se agotan y los residuos no dejan de aumentar. Los datos que radiografían la actividad del siglo y sus consecuencias, sobre todo a partir de la segunda mitad, hielan la sangre. Para decirlo todo en una

---

[1]. López Petit, S.: *La movilización global*, Madrid, Traficantes de sueños, 2009.

sola idea: el siglo XX ha utilizado más energía que toda la historia de la humanidad.[1] Como reconocen ya instituciones científicas de referencia, como la Sociedad Geológica de Londres y las principales publicaciones internacionales, hemos entrado en una nueva era histórico-geológica caracterizada por la incidencia del hombre en el planeta Tierra. El premio Nobel de química Paul Crutzen bautizó en el año 2000 esta era con el nombre de «antropoceno»: es decir, la era geológica en la que la especie humana es ya la principal fuerza de transformación de la constitución física del planeta a escala global. Parece que hemos dejado atrás 12.000 años de relativa estabilidad ecosistémica, conocida como Holoceno. Si Günther Anders decía entonces que el infinito somos nosotros, setenta años después podemos decir que hoy el planeta somos nosotros. Del universo infinito al planeta agotado, la historia humana y la historia natural, que en la Modernidad se habían separado, se han vuelto a encontrar. La historia de la humanidad ya no tiene lugar en el mundo, sino que es la historia misma del mundo.

Este nuevo cruce entre lo natural y lo humano, entre la historia y la naturaleza, es hoy el campo en el que se sitúan los problemas comunes de las ciencias naturales y sociales: no sólo lo sostienen los pensadores del ecologismo, como Serge Moscovici, quien desde los años setenta defendió el carácter histórico de la naturaleza, sino también historiadores herederos del marxismo, como Dipesh Chakrabarty o teóricos del urbanismo como Mike Davis. Este último, en ensayos como *Bienvenidos al antropoceno*,[2] habla del fin de la naturaleza como el proceso irreversible de entremezclamiento de sistemas sociales y naturales. En un planeta de megaló-

---

1. McNeill, J.: *Algo nuevo bajo el sol. Historia medioambiental del mundo en el siglo XX*, Madrid, Alianza, 2003.
2. Davis, M.: «Bienvenidos al antropoceno», *Revista Sin Permiso*, 29/06/2008, <http://www.sinpermiso.info/textos/index.php?id=1954> (última consulta: 7/05/2015).

polis que dibujan un casi continuo urbano, la ciudad ya no es lo otro de lo rural, sino un sistema socioecológico en el que está en juego el fin del planeta mismo o su completa y autoconsciente humanización. Chakabrarty, por su parte, en su ensayo de referencia *El clima de la historia*,[1] publicado en 2009, plantea desde la historia algo similar: la historia ya no es el desarrollo de la libertad y creatividad del hombre contra la necesidad repetitiva e intemporal de la naturaleza. Cuando la especie humana, en su actividad, se convierte en la principal fuerza geológica del planeta, la historia humana es ya la historia de la vida en este planeta.

Esta historia se percibe hoy bajo el signo de una posibilidad muy real de destrucción, del planeta y de la vida. El calentamiento global de origen antropogénico es su señal principal, pero a ella hay que sumar fenómenos como la contaminación, la extinción de la diversidad de la biosfera y el agotamiento de recursos energéticos y naturales. En este encuentro dramático entre la historia humana y la historia natural, la humanidad se encuentra consigo misma bajo una nueva conciencia. En el universo infinito de la ciencia moderna, el hombre se convirtió en extranjero de la materia y a la vez en constructor de su propio mundo. En el planeta agotado, la humanidad se reencuentra como parte de una naturaleza en el momento en que se percibe como su principal agente destructor. Construyendo su mundo destruye su planeta: ésta es, a mi entender, la clave de situación filosófica de nuestro tiempo. Y en ella la humanidad se reencuentra como universal concreto y negativo. «Es un universal que emerge de un sentido compartido de la catástrofe (…) La podemos llamar, provisionalmente, una historia universal negativa.» Con estas palabras concluye Chakrabarty su ensayo. Y con ellas podemos retomar la interrogación acerca de la situación actual de la filosofía y de su historia, amenazada también en este giro de siglo, por la sombra de un final.

---

1. Chakrabarty, D.: «The Climate of History: four Thesis», *Critical Inquiry*, vol. 35, n.º 2 (2008).

La filosofía tenía una historia

O por lo menos así lo hemos creído quienes nos hemos relacionado con la filosofía en los dos últimos siglos. ¿Qué hemos estudiado en las escuelas, si no sobre todo historia de la filosofía? ¿Cómo se presentan los manuales, las especialidades académicas y los planes de estudio, si no bajo el dictado de las etapas de la historia de la filosofía y sus protagonistas? En Occidente, cualquier persona con un mínimo de instrucción sabe que la filosofía nació en Grecia y que transcurre, por lo menos, en tres etapas: antigua, medieval y moderna, aunque lo que haya llegado después, si es que hay un después, ya no sabemos muy bien en qué consiste.

Curiosamente, en Oriente, donde en principio no ha habido filosofía en el sentido griego de la palabra ni se ha experimentado la historia a la manera occidental, entendieron que si querían rivalizar filosóficamente con Occidente, necesitaban una historia de la filosofía. Así, entre 1874 y 1923, primero en Japón y posteriormente en China, se confeccionaron los que han sido hasta hoy los manuales de referencia de historia de la filosofía oriental, con su Antigüedad en la China de Confucio y de Lao Tse, entre otros, y su Modernidad en el Japón académica y tecnológicamente europeizado.

Pero que la matriz y el sentido de toda filosofía se recoja en su historia, sus etapas de desarrollo y su horizonte de evolución es una invención reciente, tan reciente como la misma idea moderna de Historia. Desde esta matriz, la idea de inacabamiento sólo puede ser entendida como la crisis de un desarrollo lineal o como aquella etapa que aún está por llegar. Inacabada por interrumpida o inacabada por incompleta: el inacabamiento de una historia siempre remite a la unidad de su sentido y de su desarrollo. Pero si situamos el marco «historia de la filosofía» en su propia historia y en sus márgenes de validez, encontraremos que los sentidos del inacabamiento de la filosofía son otros y que abren otros territorios por recorrer, no necesariamente marcados por la amenaza de un final ni por la linealidad de una continuidad.

Uno de los tópicos que se han transmitido a través de la enseñanza convencional de la filosofía es que Aristóteles habría ya escrito la primera historia de la filosofía en el libro I de la *Metafísica*. Es decir, que la filosofía habría empezado ya como historia de sí misma. Pero ¿esto es necesariamente así? Si acudimos al comienzo de la *Metafísica* de Aristóteles, efectivamente encontramos un relato de las principales ideas y aportaciones de los primeros filósofos griegos, incluido Platón. Aristóteles recoge en ese primer libro las ideas de los filósofos que le han precedido, de los protagonistas de la ciencia primitiva y titubeante, como la llama.

Pero más que una historia de la sabiduría, entiendo que lo que presenta es la narración de un aprendizaje colectivo. El conocimiento de los primeros principios y causas, que es como define Aristóteles la verdadera sabiduría, parte de un deseo común del ser humano por saber y de una experiencia que algunos convierten en el punto de partida de su actividad: la admiración. Aristóteles ya advierte que aunque es connatural al ser humano el deseo de saber, sólo quienes tienen ya resueltas las necesidades fundamentales y disponen de la despreocupación y del ocio necesarios para buscar el conocimiento por sí mismo pueden desarrollarlo libremente. Pero esta libertad, que es una libertad en los fines (es un conocimiento que tiene el fin en sí mismo, y no en una utilidad) no es para Aristóteles un empezar cada uno de cero y sin referencias previas. «Todo aprendizaje se realiza a través de conocimientos previos, totales o parciales.»[1] Lo que relata Aristóteles en estas páginas, por tanto, es una opera-

---

1. Aristóteles, *Metafísica*, Madrid, Gredos, 2014, 992b30.

ción de recogida, de reconocimiento y de evaluación de los conocimientos previos que debe tener en cuenta: un estado de la cuestión, por tanto, a partir del cual proponer con solidez su teoría de las cuatro causas. Los conocimientos previos no son entonces teorías que tengan un valor histórico, como elementos de una etapa anterior, sino que son aproximaciones a un campo de indagación común que ya dicen, en cierto modo, aquello que estamos buscando juntos y por separado.

Lo que podemos rescatar del libro primero de la *Metafísica* de Aristóteles no es que la filosofía haya sido siempre historia de la filosofía, sino que no hay un filosofar desde cero, solo y fuera del tiempo. La filosofía recoge la pluralidad de voces en el tiempo y las escucha desde un deseo común por la verdad. Su despliegue es temporal y colectivo, aunque su anhelo de verdad pueda ser intemporal y vivido individualmente. Lo que se acumula, a partir de aquí, son posiciones, predecesores, escuelas afines o rivales, lecturas e interlocutores que se tienen en cuenta, que se discuten y que se retoman entre sí. Que todo ello componga una historia con una unidad de sentido es algo que no va a constituirse en Europa hasta finales del siglo XVIII por lo menos.

Hegel es quien da forma filosófica a la historia de la filosofía. Hace de la historia no un concepto empírico, que situaría las relaciones en el tiempo, sino que lo presenta preñado de dirección y de sentido, al vincular necesariamente el despliegue de la razón y el desarrollo de la historia universal. Esto implica acotar bien el punto de partida, el punto de llegada y los momentos del recorrido de esta historia. Es lo que hace, de forma contundente en las *Lecciones sobre la historia de la filosofía* (1833). «La verdadera filosofía comienza en Occidente.»[1] En estas lecciones, Hegel señala un corte histórico que equivale a un criterio de verdad y de identidad. La filosofía es occidental porque sólo en Grecia se

---

1. Hegel, G. W. F.: *Lecciones sobre la historia de la filosofía*, México, FCE, 1955, p. 95.

dio, según Hegel, el encuentro entre la libertad política de un pueblo y la libertad de pensamiento del individuo. Éste y no otro es el punto de partida de la filosofía. Y desde ahí no sólo se dibuja el camino de un recorrido histórico sino que se alza el criterio para distinguir la verdadera de la falsa filosofía: sólo es filosofía aquella forma de pensar que haga suya, como principio y condición, la libertad de pensamiento respecto a toda determinación, fin o subyugación. Desde ahí, Hegel recorta los dominios de la filosofía en el espacio y en el tiempo: toda forma de pensamiento que se haya dado antes del giro griego o fuera del ámbito occidental, puede tener que ver con el desarrollo del espíritu y de la humanidad universal, pero no es verdadera filosofía.

Con ello, Hegel sitúa la historia de la filosofía entre un antes y un afuera con los que no tiene relación de diálogo ni de continuidad. Ni Egipto ni Oriente son lugares para la filosofía: ni territorial, ni política, ni conceptualmente. «No existen entre los orientales la conciencia ni la ética; todo es simplemente un orden natural en el que coexisten lo más malo y lo más noble. Consecuencia de ello es que aquí no pueda abrirse paso un verdadero conocimiento filosófico (…) Por eso hay que excluir de la historia de la filosofía lo oriental.»[1] La libertad que sólo vemos nacer en Grecia tendrá su culminación en el mundo cristiano-germánico moderno, cumbre filosófica y política de la historia universal de la humanidad. Si la historia de la filosofía tiene un comienzo, es que también tiene una meta. Y Hegel cree encontrarla en lo que su propio contexto filosófico-político parece prometer.

Está claro que una articulación filosófica de este tipo, más que anunciar la culminación de una historia de libertad, tenía que ser el preámbulo de un tiempo de decepciones, fracasos y críticas. La culminación de la filosofía como historia se convierte rápidamente en la crisis histórica de la filosofía. Por eso, a finales del siglo XIX y durante casi todo

---

1. Hegel, G. W. F.: *Lecciones sobre la historia de la filosofía*, op. cit.

el siglo XX, los filósofos harán suya la cuestión del fin de la filosofía como tema filosófico. A pesar de que ya estamos lejos del dominio del hegelianismo y sus esquemas, está claro que aún no hemos superado este *impasse*. ¿Qué hay más allá de la última etapa de la filosofía como historia? Desde entonces, la filosofía debe justificar permanentemente su continuidad. Más allá de tener que definir su tarea y sus contornos, sus problemas y sus interlocutores, cada vez de nuevo, la filosofía contemporánea es la entonación de una repetida autocondena o autojustificación.

Del espacio ordenado e intemporal de la metafísica al flujo del tiempo encauzado por la memoria, la filosofía se ha convertido en un gran archivo de promesas incumplidas. ¿Rememorarlas es reactualizarlas? Parecería, y algunos lo han sostenido, que a la filosofía sólo le quedaría esta tarea: el inacabamiento como repetición y rememoración de una historia agotada pero incumplida.

Pero hay otra opción: revisar la relación de la filosofía con el tiempo y con su historia, para abrir otros marcos de comprensión y de valoración del preguntar filosófico, que desborden el esquema articulado en torno a un comienzo y un final, rodeado por un antes prefilosófico y por un afuera no-filosófico y organizado como un recorrido lineal por etapas. Ésta ha sido una de las principales tareas de la filosofía contemporánea, desde Nietzsche y Heidegger. Cada uno a su manera retoma la temporalidad de la filosofía en un sentido no historicista. El tiempo de la verdad es el tiempo de un acontecimiento que interrumpe la historia. Nuestra relación con la verdad, dirá Nietzsche, es del orden de la creación, de la creación de nuevas formas y posibilidades de vida. Frente a ello, Heidegger responderá: nuestra relación con la verdad transcurre en el tiempo de un desvelamiento. Sólo podemos disponernos a él, esperarlo activamente, hacernos capaces de recibirlo y de acogerlo. Tanto para Nietzsche como para Heidegger, la historia ya no nos ubica. El acontecimiento es interrupción del flujo del tiempo continuo.

Pero esta concepción de la verdad como acontecimiento plantea necesariamente un problema: ¿por qué se da en unos sitios y no en otros? ¿Por qué ocurre en unas épocas y no en otras? ¿Por qué se dice en unas lenguas y no en otras? ¿Por qué no hay filosofía siempre ni en todas partes? Más que de una historia ligada a un identidad, la filosofía depende de un *medio*, o de un medio ambiente, es decir, de un conjunto de condiciones para darse. Esto es lo que en cierto modo plantean Gilles Deleuze y Felix Guattari en el capítulo «Geofilosofía», del libro escrito a cuatro manos en los años noventa, *¿Qué es la filosofía?* El medio hace a la filosofía, afirman. La geofilosofía «desvincula la historia del culto de la necesidad para hacer valer la irreductibilidad de la contingencia. La desvincula del culto de los orígenes para afirmar el poder de un "medio" (...) La desvincula de las estructuras para trazar líneas de fuga que pasan por el mundo griego a través del Mediterráneo».[1] Desde el planteamiento de Deleuze y Guattari, la filosofía no comenzó en Grecia, sino que algo importante que tiene que ver con la filosofía ocurrió en el medio griego. Por eso proponen pasar de la historiografía a la geografía, aunque quizá sería más acertado hablar directamente de un ambientalismo filosófico. Más que una geografía, cartografiable en el espacio, la filosofía tiene que ver con medio ambientes y con la manera como éstos se disponen en el espacio a través del tiempo. Ningún medio es estable ni localizable de forma permanente. Son sistemas de equilibrio caracterizados por la coincidencia, por la fragilidad y por el cambio.

Desarrollando esta aproximación ambientalista a la filosofía creo que podemos resolver dos problemas: por un lado, desbordamos el agotado marco de la historia de la filosofía, sin anular la relación del pensamiento filosófico con la temporalidad y con el lugar. La filosofía es un tipo de discurso que incorpora y hace suya la dimensión temporal de la

---

1. Deleuze, G., Guattari, F.: *¿Qué es la filosofía?*, Barcelona, Anagrama, 1993, p. 97.

experiencia: como recogía Aristóteles en la *Metafísica*, siempre hay un antes, unos predecesores e interlocutores en la búsqueda conjunta de la verdad. Incluso el *antes* de la filosofía con nombre propio, es decir las fuentes egipcias y orientales de la cultura griega, se hacen presentes y dejan sus trazas en la elaboración misma de la cultura filosófica. Además, la voz filosófica es temporal porque no es la de una palabra revelada o eterna, de tipo sagrado o divino, sino la voz plural de los mortales enfrentados a su finitud y a la imposibilidad de decirlo, para siempre, todo. Por eso mismo la filosofía necesita de una permanente reactualización. Empieza en cada vida filosófica de nuevo, a la vez que retoma las voces pasadas, sus desafíos y sus impensados. «El origen de la filosofía está en el día de hoy.» Por eso, su «discontinuidad es el testimonio de una continuidad (...) La unidad de la falta de unidad es lo que hace desplegar el abanico de la historia».[1]

El otro problema que una aproximación ambientalista a la filosofía permite desplazar es el del pensar como un acontecimiento imprevisible. Concebido casi como una gracia divina, Heidegger se acaba refiriendo a la posibilidad de pensar el ser como una donación o llamada que sólo podemos esperar como un nuevo destino para el Occidente sumido en el nihilismo. Y hasta Deleuze y Guattari utilizan en un momento de su «Geofilosofía» esta palabra, la gracia. Pero entonces me pregunto lo siguiente: si el hecho de que haya filosofía es finalmente una cuestión de gracia... que no la haya, ¿es, simplemente, una desgracia? Pensar la filosofía en términos ambientalistas permite desarrollar un análisis más complejo y a la vez más concreto acerca de las condiciones materiales, culturales, políticas y simbólicas que contribuyen a que en un determinado momento y lugar se desarrolle una actividad filosófica más o menos intensa, más o menos creativa, más o menos interesante.

Para los que venimos de contextos histórico-sociales poco dados a lo filosófico, como lo es la península Ibérica y

---

1. Lyotard, J. F.: *Pour quoi philosopher?*, París, PUF, 2012, p. 61.

sus lenguas, este planteamiento resulta interpelador: en vez de sumirnos en el victimismo o en el derrotismo de haber quedado relegados de la gran y necesaria historia de la filosofía, o de no haber sido tocados por la gracia de la verdad filosófica, no se sabe muy bien por qué, podemos interrogarnos acerca de por qué y cómo no ha ocurrido aquí la filosofía de forma reconocible y bajo qué otras formas de expresión han tenido que camuflarse las cuestiones fundamentales de nuestra existencia inacabada.

Acabar con la filosofía

La pasión por acabar con la filosofía ha acompañado la actividad filosófica, como amenaza exterior y como cuestionamiento interno. La amenaza exterior forma parte del mito fundador de la filosofía griega: la condena a muerte de Sócrates por parte de las leyes de la ciudad. A Sócrates no lo mató un loco ni un amante despechado. Lo mató la legalidad de la ciudad: la defensa del orden se expresó públicamente a través de la muerte de Sócrates, acusado de corromper las ideas de los jóvenes.

Esta pulsión erradicadora de la filosofía por parte de los garantes del orden social se ha mantenido hasta hoy, bajo distintas formas. La más cercana la encontramos en las sucesivas reformas educativas que, de manera clara en España pero también en otros países, arrinconan el estudio de la filosofía a una rareza de humanidades mientras dan espacio a lo que hoy alimenta el orden: el saber de los expertos, la emprendiduría, la gestión económica o incluso, de nuevo, la religión. Pero esta amenaza, este vaivén entre la aceptación pública y la clandestinidad de la filosofía, entre su promoción y su condena, forma parte de la vida misma de la filosofía y más que alarmarse o escandalizarse, hay que saber contextualizar cada momento histórico y responder a él de forma inteligente y situada. No hay ningún pasado dorado de la filosofía: sólo hay medios más favorables o más hostiles, y en cualquier momento se puede pasar de una situación a la contraria. La situación filosófica, incluso la más brillante, siempre es frágil. Si hoy la filosofía deja de ser pública, deberemos desarrollar una filosofía de guerrillas, que la disemine y la haga aparecer allí donde no se la espera.

Pero, curiosamente, la pasión por acabar con la filosofía también ha formado parte de la propia actividad filosófica. Sobre todo en los siglos XIX y XX la filosofía misma convierte en una de sus principales cuestiones el fin de la filosofía como tarea a realizar filosóficamente. Ya había escrito Pascal, en el siglo XVII, que reírse de la filosofía es el verdadero filosofar. En los tiempos siguientes, esta tesis será radicalizada, hasta el punto de que Feuerbach, en 1843, sostendrá que la culminación del arte filosófico es el del filósofo que renuncia a ser filósofo.

¿En qué sentido puede sentir la filosofía moderna la necesidad de darse fin a sí misma? Toda apuesta filosófica contiene una desproporción: entre lo que hay y lo que se puede pensar, entre el pensar y el hacer, entre la voluntad del todo, de lo absoluto, y la experiencia finita de la parte, o de la particularidad... En esta desproporción crecen monstruos teóricos y se alimentan frustraciones prácticas. La filosofía no parece dar de sí lo que promete, o se enreda en sus pretensiones hipertrofiadas de poseer la verdad.

La filosofía moderna está atravesada por la protesta ante esta situación, de una doble manera. Por un lado, habrá quien entienda que acabar con esta situación significa acabar la filosofía, es decir, llevarla a término, culminar la tarea que está en su punto de partida y que no es otra que la de reconciliar el pensamiento con la realidad, buscar la adecuación entre el ser y el pensar. Para otros, más que culminar lo inacabado de la filosofía, acabar con esta situación exigirá acabar con los errores, con los desvíos, con las extralimitaciones y con las violencias propias de la filosofía misma.

La primera es la vía de Hegel y, en otro sentido, de Marx. Acabar la filosofía es realizarla. Aunque no entenderán esta realización de la misma manera, para ambos y para todos lo que con ellos han seguido fieles a esta posibilidad, hay una tarea filosófica que consiste en realizar, por fin, la filosofía. Para Hegel, ésta es una tarea conceptual que se desarrolla a través de la historia colectiva de la humanidad. Es, por tanto, una operación lógico-política que implica tanto la comprensión lógica del orden de lo real, como su ordenación jurídica en la forma política racional del Estado moderno. Comprensión del orden lógico y ontológico y ordenación ético-política de la vida colectiva; ser y deber ser; lógica, ontología, ética y política se reúnen así en una misma posibilidad de desarrollar, hasta el fin y sin sombras, la racionalidad del mundo como realización de la libertad de la humanidad en su conjunto.

Para Marx, esta operación racional es necesariamente una operación revolucionaria, puesto que las contradicciones en las que se enredan la realidad y el pensamiento no son conceptuales ni lógicas, sino sociales. La contradicción es lucha de clases, el error de comprensión es ideología y la realización de la filosofía, como comprensión reconciliadora del ser y del pensamiento, de lo que hay y de lo que podemos pensar, es la revolución. La revolución como verdad por hacer. De ahí la famosa sentencia de la *Tesis sobre Feuerbach*, acerca de ir más allá de la tarea de interpretación del mundo a la que se han dedicado los filósofos para, de una vez, transformarlo. Lo que no deja claro esta tesis es si la tarea de transformar el mundo es también una tarea filosófica o no. La frase admite ambas interpretaciones: la superación de la filosofía como su cancelación o como su culminación práctica. Por eso el marxismo ha resultado en las dos actitudes, más bien contrapuestas: la de una antifilosofía positivista y activista que niega todo valor a la tarea conceptual y la de una postfilosofía que retoma la relación inicial de teoría y práctica, como corazón vivo y nunca agotado de la filosofía. Si recordamos que Marx hizo su investigación doctoral precisamente sobre Epicuro, uno de los máximos exponentes de esta relación inseparable entre teoría y práctica en la vida filosófica, parece claro que no se le puede atribuir una simple condena y clausura de la filosofía sino una exigencia de veracidad. Contra la tentación teórica, la exigencia revolucionaria: la filosofía sólo tiene sentido si sirve para cambiar la vida. Para deshacer los miedos, dirá Epicuro, y ser más amigos. Para superar la alienación, dirá Marx, y construir una sociedad sin clases. Esta exigencia sitúa a la filosofía ante el final de una historia y la vuelta a empezar de otra: la tarea inacabada de liberar, con el pensamiento, la vida de todo lo que la aprisiona, incluida la filosofía misma cuando ésta no sabe transformarla.

Tanto Hegel como Marx, con sus diferencias, proponen llevar la filosofía hasta al final: es decir, no mantener la teoría como separada y explorar los efectos prácticos del concepto hasta sus últimas consecuencias. La batalla contra el carácter separado y autorreferente de la tradición metafísica dominante es también el principal objetivo de otras maneras de abordar, en la modernidad, la necesidad de acabar con la filosofía, o más bien, de acabar con sus errores, extravíos, extralimitaciones y violencias. Si Hegel y Marx acusan el incumplimiento de la promesa filosófica y se proponen cumplirla, filósofos como Kant, Nietzsche o ya en el siglo xx Husserl, Heidegger, Wittgenstein o Deleuze, entre tantos otros, apuntarán a la necesidad de examinar esas promesas, analizar sus presupuestos, examinar críticamente sus posibilidades y sus consecuencias y, desde ahí, delimitar, rectificar, desmitificar o contaminar a la filosofía misma.

¿Es peligrosa la filosofía, no sólo para los garantes del orden social sino en ella misma? ¿Y cuáles son esos peligros que el discurso filosófico conlleva? Ésta es quizá la cuestión que atraviesa gran parte de la relación que la filosofía moderna y contemporánea ha mantenido consigo misma. Desde la Ilustración, la filosofía descubre la necesidad de realizar una crítica permanente de sí misma para no caer en los errores que ella misma provoca. Cuando ni el orden cósmico ni el orden divino aseguran el buen uso de la razón, ¿cómo conducir su búsqueda de la verdad correctamente? Cuando el todo deja de hacerse evidente, ¿cómo sostener un discurso que pretende pensarlo todo? La respuesta a esta inquietud pasará por revisar precisamente esta pretensión y acabar, de distintos modos, con ella.

Esta revisión crítica de las pretensiones de verdad por parte de la filosofía se entenderá, básicamente, de tres maneras distintas: en primer lugar, como una tarea de delimitación de los ámbitos de la certeza filosófica. En segundo lugar, como un diagnóstico del valor de verdad pretendido por la filosofía y, finalmente como una tarea de rectificación o de reparación infinitas de la actividad filosófica misma. La primera es la vía kantiana, desarrollada por gran parte de la filosofía moderna hasta su radicalización por la llamada de Wittgenstein al silencio acerca de todo lo que no se puede hablar. Consiste en delimitar el ámbito del sentido, asumir que la filosofía no puede hablar con certeza acerca de todo y que el deseo de absoluto, por tanto, debe reubicarse fuera del discurso acerca de lo que hay, en el sentido del deber, para Kant, o en la experiencia de lo inefable, para Wittgenstein. La respuesta, en todo caso, es la partición del discurso y la diversificación de ámbitos de la experiencia, como método analítico y crítico para no ser presa de las confusiones de la filosofía metafísica.

La segunda vía es la apuesta nietzscheana y está en la base de todas las miradas que se han acercado a la filosofía desde la sospecha acerca de su supuesta claridad conceptual, buscando en sus sombras las fuerzas, motivos, relaciones de poder que la motivan. ¿Qué es lo que mueve este anhelo de verdad, siempre insatisfecho de la filosofía?, pregunta Nietzsche, como médico de una cultura abocada a la frustración de sus propios propósitos, y por tanto, a la tristeza y al resentimiento encubiertos bajo la soberbia teórica. Desde esta tarea crítica de diagnóstico y evaluación, Nietzsche propone un salto, otra filosofía, la crítica como umbral para la creación de nuevas posibilidades de vida y de pensamiento. Sólo si desmitificamos la filosofía misma podremos volver a pensar radicalmente, curados de los prejuicios que hemos olvidado. Esta relación entre demolición y creación es la segunda tarea que asume la filosofía como crítica permanente de sí misma. Una parte importante de la filosofía francesa de la segunda mitad del siglo XX, con autores como Gilles Deleuze, Michel Foucault o Jacques Derrida, hará suya esta apuesta.

Y finalmente, la tercera es la opción defendida por Husserl, Heidegger y algunos de los principales filósofos alemanes del siglo XX. Sus posiciones apuestan por la necesidad de rectificar el rumbo tomado por la filosofía o por reparar sus consecuencias. La filosofía, como aspiración de la razón a pensarlo todo, puede extraviarse. Ésta es la conocida tesis de Husserl en 1935. «La crisis europea hunde sus raíces en un racionalismo que se ha extraviado.»[1] Extraviada en la ceguera del naturalismo cientifista, la filosofía ya no puede pensar más que subordinada al objeto, al dato y al producto técnico. Es una filosofía alienada en la cosa. Pero como todo extravío, puede revisarse el camino andado, detectar el error y reemprender la marcha del pensamiento en otra dirección. Ésta es aún la confianza de Husserl en la filosofía como ciencia universal, como saber acerca del todo, cuya tarea infinita, siempre inacabada, está por retomar.

Heidegger ampliará el diagnóstico del extravío filosófico de la ceguera cientifista a la concepción metafísica que está en su base y que es la causante de que sólo sepamos pensar el ser como una cosa o conjunto de cosas. Por tanto, el extravío empezó ya en Grecia, y rectificar es dar un salto de gigante hacia atrás para volver a empezar y preguntar bien, esta vez sí, la pregunta por el ser. Acabar con los errores de la filosofía es desandarla, por tanto, para poder escuchar y retomar sus primeros balbuceos. Pero el mismo Heidegger desconfiará finalmente de esa posibilidad y convertirá la filosofía meramente en el encaminarse hacia esta posibilidad improbable, en una escucha que es una espera, en una apuesta que es una disposición a que eso, ese volver a empezar, pueda ocurrir. Es un fin sin fin de la filosofía, expuesta a la imposibilidad de pensar verdaderamente.

1. Husserl, E.: *La crisis de las ciencias europeas y la fenomenología trascendental*, Barcelona, Crítica, 1991, p. 347.

Esta desconfianza, esta desesperanza inquietante, recorre también otras voces filosóficas del siglo XX alemán, como la de los pensadores de la Escuela de Frankfurt, Benjamin, Adorno y Horkheimer entre otros. Adorno sintetizará esta aporía de la filosofía en la siguiente idea: no es que la filosofía se haya extraviado por culpa del cientifismo, o que la metafísica haya sido un error del que podemos salir si volvemos al comienzo. Es que la filosofía hace daño y no puede no hacerlo. El concepto, que es su herramienta, es una captura que totaliza e identifica aquello que nombra y no puede evitarlo. El concepto domina la realidad que toca y la falsifica. ¿Podemos salir entonces de esta condena filosófica a herir la realidad y a herirnos con ella? ¿Podemos acabar radicalmente con la filosofía? Adorno dirá que no, que ésa es otra trampa, tan inevitable como la primera. Creer que hay un afuera irracional, virgen, espontáneo, a salvo del pensamiento conceptual y de sus pretensiones de racionalización del mundo. Nada ni nadie, por tanto, nos puede salvar de la filosofía. Pero, como sostiene Adorno, sí que podemos reparar las heridas que ella misma provoca y así curarnos con ella. Ésta, y no otra, es su tarea infinita, siempre inacabada. Es la labor autorreflexiva y crítica en la que se ha desdoblado el pensar filosófico, a partir del momento en que ha descubierto que las ideas claras y distintas también proyectan sombras.

Aunque parezca lo contrario, creo que cuando la filosofía toma la posición de acabar consigo misma, más que una derrota expresa una confianza: la confianza de poder llevar a cabo sus promesas o la de poder llevarlas más allá, hacia otro lugar, bajo otros modos de poner en práctica el pensamiento. Es imprescindible comprender hoy que el fin de la filosofía no es el anuncio de una clausura o un cierre, sino el descubrimiento de nuevos territorios para el pensamiento filosófico. Hay que salir de la filosofía con la filosofía misma, decía Deleuze. Ésta salida es la que experimenta el pensamiento contemporáneo, a riesgo de perderse. Es una salida hacia el contagio con otros lenguajes, territorios, culturas y formas de pensar. Es una salida que es un choque, un extravío que ya no es un error. Tras el fin de la filosofía, ya no hay paz para la filosofía. Lejos de haberse muerto, ha diseminado sus gérmenes y crece, a veces maltrecha, a veces deslumbrante, allí donde no necesariamente se la legitima y se la reconoce. Esto implica rastrear territorios extraños, salir de Europa y del eurocentrismo, abrir los oídos a lenguas que no han sido las dominantes en la historia de la filosofía, y aceptar como filosóficas prácticas de expresión, de escritura, de encuentro y de creación que no cabrían en lo que se aprende hoy en día en las aulas de las facultades de filosofía del sistema universitario global. Los dominios de la filosofía deben ser desbordados. Son tiempos de una filosofía *sin dominio*.

«Europa es indefendible»

Estas palabras son la sentencia con la que el poeta y político de la Martinica Aimé Césaire abrió su conocido *Discurso sobre el colonialismo*, de 1950. La indefensión de Europa no era entonces solamente bélica, como se había vivido en la Segunda Guerra Mundial, sino también de civilización: era indefendible por mostrarse incapaz de resolver los problemas que crea y de justificarse a sí misma ante el tribunal de la razón y de la conciencia. Estos problemas con los que Europa mostró sus límites eran, para Aimé Césaire, la proletarización y la colonización. Es decir, las dos caras del imperialismo capitalista moderno: la explotación de los trabajadores y la apropiación de poblaciones, recursos y territorios del mundo entero.

Como ha desarrollado en las últimas décadas el pensador peruano Aníbal Quijano, la colonialidad no es un hecho más de la explotación capitalista, sino que es el patrón de dominación global del sistema-mundo moderno originado por el capitalismo a principios del siglo xv. No es una simple expansión. Es una nueva manera de ejercer el dominio sobre el trabajo, a partir de una clasificación racial del mundo. La raza, según Quijano, es la primera categoría social de la modernidad. Por eso, argumenta también desde una perspectiva latinoamericana Enrique Dussel, la filosofía moderna no empieza con Descartes abrigado junto a su estufa en Ámsterdam, sino con la conquista de América y los debates jurídico-filosóficos que ocasionó la violencia y la novedad de ese encuentro. La necesidad de justificar la superioridad civilizatoria y, por tanto, la dominación material, política, cultural y religiosa de los pueblos colonizados rompió el viejo esquema aristotélico, de un mundo cerrado en su orden y en sí mismo. El mundo se abriría, no sólo por los descubrimientos astronómicos de la ciencia del Renacimiento, sino también por la reconfiguración de la universalidad en torno a la experiencia de la conquista de América y la historia que Europa entera desencadenó a partir de ahí hasta nuestros días. La idea de universalidad, núcleo de la filosofía y la religión europeas, se encarnó en un proyecto de dominio político y económico sobre el mundo entero que ha configurado lo que el pensador afroamericano Cornel West ha llamado la «era de Europa», y que sitúa entre 1492 y 1945. Antes de 1492, Europa no era el único centro del mundo, sino una encrucijada entre imperios. A partir de 1492, desde la península Ibérica, empieza la modernidad europea y su matriz de poder colonial.

La crisis de la filosofía occidental es inseparable de la crisis del imperialismo como forma histórica y espiritual de la colonialidad. La crisis de la filosofía occidental es inseparable, por tanto, del fin de la «era de Europa», en un mundo en que Occidente ya no puede legitimar y resolver los problemas que ha creado su dominio del planeta y su propuesta de universalidad. «Si existe alguna filosofía en el futuro, tendrá que nacer fuera de Europa o como consecuencia de los encuentros y choques entre Europa y no Europa.»[1] Estas palabras son parte de un diálogo que mantuvo Foucault con un monje japonés en 1978. Si el colonialismo ha sido la historia de estos encuentros y choques bajo su forma más violenta, el siglo XX es el siglo de una mutación: del orden colonial al orden global. Europa ya no es la metrópolis, pero no hay rincón del mundo que no haya tenido contacto con la cultura occidental y no se haya visto directamente condicionado por ella y por su orden económico y político. En el mundo global, igualmente violento, ya no hay un centro

---

1. Foucault, M.: «Entretien avec des bonzes», en *Dits et Écrits*, París, Gallimard, 1978, vol. II, p. 618.

único del poder político, económico y espiritual, pero tampoco hay afuera. Por eso, dice Foucault en esta misma conversación, «la crisis del pensamiento europeo llama la atención y concierne a todo el mundo. Es una crisis que tiene influencia sobre los modos de pensar de todos los países del mundo, así como sobre un pensamiento general del mundo».[1]

El orden global se caracteriza, en este sentido, por un doble desplazamiento: en primer lugar, lo que se ha llamado la provincialización de Europa. En segundo lugar, la desvinculación entre globalización y occidentalización. Son dos caras de un mismo proceso de descentramiento que pone en cuestión la singularidad de Europa, su privilegio como portadora de los valores universales y la narración lineal de su triunfo histórico sobre el resto del mundo. En 2007, el historiador indio Dipesh Chakrabarty retomaba la imagen gadameriana de la provincialización europea para argumentar en favor de una concepción general del mundo, como mundo global, que ya se sitúa al margen de Europa o que es capaz de situar a Europa en los márgenes. «Provincializar Europa era precisamente descubrir cómo y en qué sentido las ideas europeas que eran universales, al mismo tiempo habían surgido de tradiciones intelectuales e históricas muy particulares (...) Consistía entonces en saber cómo el pensamiento universalista estaba ya siempre modificado por historias particulares, pudiésemos o no desentrañar tales pasados plenamente (...) Esto suponía plantear la interrogación por el modo en que el pensamiento se relacionaba con el espacio. ¿Puede el pensamiento trascender su lugar de origen?»[2]

Provincializar es descentrar y contextualizar. Lo universal europeo es la expresión de una cultura local entre otras. Desde esta constatación, no se trata de caer en el relativismo

---

1. Foucault, M.: «Entretien avec des bonzes», en *Dits et Écrits*, op. cit.
2. Chakrabarty, D., *Al margen de Europa,* Barcelona, Tusquets, 2008, p. 21.

cultural, o en el culto al particularismo. Lo importante, a mi entender, es adentrarse en las condiciones que han hecho posible el espejismo occidental y sus efectos materiales sobre el destino del planeta entero. La filosofía está en el corazón de este espejismo, y por tanto, es imposible descolonizar el mundo sin descolonizar la filosofía. La cuestión clave es la que recoge Chakrabarty en su pregunta: el lugar de origen. ¿Y si la singularidad del lugar de origen es ya el mito con el que Europa ha colonizado el mundo? Europa hace de su particularidad una singularidad que salvará al mundo: sólo en Europa nació el pensamiento racional y la democracia, sólo en Europa se consolidó el cristianismo y su mensaje de amor a la humanidad, sólo en Europa se dio el nacimiento del capitalismo y la revolución industrial. Paradójicamente, esta singularidad convierte a Europa en destino común de la humanidad y al «difusionismo»[1] de sus formas de vida en el único motor de progreso de la humanidad. No se pueden combatir las consecuencias históricas de este destino y su imposición sin desmontar el mito de esta singularidad europea. Esto implica, precisamente, el encuentro entre las perspectivas críticas externas e internas, europeas y no-europeas, de las que hablaba Foucault con el monje budista.

Pero alerta: «lo europeo» es una construcción histórica que resulta violenta también hacia los propios habitantes, pueblos, lenguas y realidades sociales y humanas que han compuesto la multiplicidad de las formas de vida en los territorios del continente europeo. Lo europeo ha sido impuesto a los propios europeos, no nos podemos olvidar. Desmontar la singularidad de lo europeo y su triple origen greco-cristiano-capitalista es fundamental para la emancipación no sólo de las poblaciones colonizadas sino también de las realidades concretas de Europa. ¿Quiénes son, en Europa, los excluidos, los explotados y las maltratadas por su historia triunfal? ¿Qué había antes y qué quedó fuera del

---

1. Término analizado por J.M. Blaut en *Geographical diffusionism and eurocentric History*, Nueva York, Guilford Press, 1993.

supuesto milagro griego? ¿Por qué Egipto y Mesopotamia han sido siempre la sombra negada, el trasfondo inconfesado, de los comienzos de unas civilizaciones, las europeas, que más tarde se separan para no reconocerse más como relacionadas? ¿Y cuáles son, permanentemente, los herejes y los infieles de un Occidente que necesita delimitar a sangre y fuego los contornos de su identidad pretendidamente universal? Frente a estas preguntas, no se trata de salvarnos hoy a través de los otros sino de comprendernos de otra manera, con los otros.

Para ello hay que aprender a escuchar lo no escuchado de la modernidad, desde dentro y desde fuera de Europa a la vez. Por un lado, escuchar lo que en Europa no cabe en su narración dominante. Por otro lado, atender al carácter no exclusivamente europeo de la modernidad científica, filosófica, técnica, económica y política. El mundo moderno, desde la perspectiva de los colonizados, ya ha sido siempre un mundo compartido. El progreso, el desarrollo técnico e industrial y las visiones modernas del mundo, aunque tuvieran una voz hegemónica occidental, han sido elaborados desde la relación forzosa pero irreversible entre territorios, sociedades y culturas. Los colonizados han construido el mundo moderno tanto como los colonos. Con su trabajo, con sus tierras, con sus saberes, con su consumo y, también, con su rebeldía. Si hay algo inacabado en la modernidad, no es su culminación como proyecto, como pudo defender Habermas en un determinado momento, sino la escucha, recepción y desarrollo de sus voces silenciadas, de sus perspectivas invisibilizadas, de sus presencias neutralizadas.

Para ello, también necesitamos escuchar y trabajar codo con codo con los pensadores, sea del ámbito de conocimiento que sea, que actualmente están elaborando estas modernidades no occidentales. Entre muchos otros, el filósofo chino Wang Hui, autor de la obra monumental *El surgimiento del pensamiento chino moderno*, defiende la idea de las modernidades recurrentes primigenias, como noción clave desde donde rastrear los trazos de modernidad que en diferentes partes del mundo y fuera de todo esquema lineal permiten entender el pensamiento y el modo como se ha desarrollado el mundo actual. Desde ahí, el mundo ya no se entiende a partir de la historia universal de la humanidad, de corte historicista y hegeliano, sino que «el movimiento del mundo es un proceso según el cual los mundos múltiples se comunican y luchan entre sí, se interpenetran y se interconstruyen».[1] ¿Cómo entender, entonces, el dominio europeo de los últimos siglos? Otro pensador, en este caso británico, Jack Goody, propone un modelo según el cual desde la Edad de Bronce se alternarían, cíclicamente, las relaciones de predominio entre las distintas sociedades del mundo, especialmente en el continente Euroasiático.[2] A partir de sus estudios muy concretos sobre nociones como el individualismo en las estructuras familiares, la alimentación o las formas de intercambio, Goody demuestra que no hay una sola ruta privilegiada hacia la modernidad, ni la modernización es algo occidental exportado al resto del mundo.

Radicalizando aún más esta descolonización de la idea eurocéntrica de modernidad, el filósofo africano Achille Mbembe defiende el carácter inacabado e incompleto de la modernidad en el hecho de que la colonización ha sido el espectáculo, por excelencia, de la comunidad imposible. En su fracaso a la hora de proponer un orden mundial de convivencia, Europa, desplazada, nos sitúa ahora en la posición de «ser herederos del mundo entero, que a la vez debemos crear».[3] De ahí la necesidad de desarrollar un «pensamiento-mundo», una nueva universalización de las representaciones, alternativa a la de la modernidad occidental-colonial. Este pensamiento ya no puede hacer descansar la universalización en la idea de unidad o de totalidad, sino en

---

1. Wang Hui: «La reinvención de Asia», Edición Cono Sur n.º 68 (2005), p. 26.
2. Goody, J.: *El milagro euroasiático*, Madrid, Alianza Editorial, 2012.
3. Mbembe, A.: *Sortir de la grande nuit*, París, La Découverte, 2010, p. 71.

la de entrelazamiento, que comprende como aliadas la dislocación y la proximidad. Para este pensamiento-mundo, por tanto, ya no hay centros ni periferias, porque toda universalidad concreta, más allá de la dualidad general-particular, ha incorporado su condición descentrada.

La cuestión que se plantea y que debemos asumir como central hoy es si la filosofía puede descentrarse sin desintegrarse. La filosofía era el centro de ese mundo imperialista centrado sobre lo europeo y su dominio racional del mundo. Curiosamente, era un centro vacío, siempre en desplazamiento, capaz de alojar bajo su aspiración a la sistematización de la totalidad su falta de fundamento. Pero aun así, este vacío funcionaba como centro y como centralizador. ¿Qué pasa cuando el pensamiento filosófico ve multiplicarse sus lugares y ya no hay un centro de referencia del discurso? La multiplicación puede ser simple fragmentación, dispersión y relativismo epistemológico y cultural. O bien podemos hacer de ella la condición y el punto de partida de esa filosofía futura que Foucault vislumbraba como una posibilidad aún no realizada.

Los lugares de la filosofía

La filosofía, como la economía, se ha mundializado. Lo que no está tan claro es que esto signifique ni la reconciliación histórica del pensamiento y el mundo, como vislumbraba Hegel, ni el desarrollo de un pensamiento-mundo, como el que propone, entre otros, Achille Mbembe. Lo que encontramos en la mundialización actual de la filosofía son básicamente dos fenómenos: por un lado, la presencia más bien uniforme de estudios de filosofía en casi todas las universidades del mundo. Por otro lado, el esfuerzo por la diversificación de carácter nacional o étnico de las expresiones filosóficas en el ámbito local.

La primera tendencia tiene que ver con el mundo como mercado global del conocimiento. La universidad neoliberal responde a un modelo de universidad que tiende a la uniformización lingüística, epistemológica e ideológica. Su objetivo es competir sobre un mismo baremo de rankings y favorecer la circulación de un mismo perfil de académicos. En este contexto, la filosofía pasa a funcionar como una disciplina entre otras, sometida a las mismas reglas de juego. Esto tiene como consecuencia la estandarización de las prácticas del pensamiento y la reducción de la filosofía a un conjunto esquemático de corrientes especializadas, ya sean de tipo histórico, lingüístico-analítico, o temático (estética, ética, filosofía política, etc.). Dentro de ese marco, el predominio conceptual es el de la filosofía occidental y su historia, acompañada, cada vez más, de nuevas incorporaciones sectorializadas: filosofía de género o filosofías locales (española, china, etc.). Con variantes locales, las facultades de filosofía se parecen todas. Y cada vez más.

La segunda tendencia tiene que ver con el mundo suma de naciones, pueblos e identidades culturales. El mundo moderno se articula como un mundo compuesto de Estados-nación. Primero, de Estados-nación y sus colonias, después como un conjunto de Estados-nación y sus relaciones de dependencia y subordinación neocoloniales. De la misma forma, el mundo moderno se entiende a sí mismo, culturalmente, como una suma de pueblos con su lengua y su identidad cultural, uno al lado del otro. Desde este doble mapa, político y cultural, del Estado-nación, la filosofía también se nacionaliza y se vincula directamente a la identidad cultural de cada pueblo o Estado. Por eso se empieza a hablar ya no de la filosofía griega como la filosofía que ocurrió en Grecia, sino de la filosofía griega, francesa, inglesa o alemana como aquella que pertenece a los pueblos correspondientes, en el marco de sus Estados. Hacia afuera de Europa, se da entonces un doble proceso: junto a la exportación e imposición de los esquemas y marcos académicos e ideológicos de la filosofía occidental, se reconoce, como particularidad, la existencia de filosofías locales, ya sea la filosofía china, la filosofía maya o la filosofía bantú. El adjetivo cultural o nacional, según el caso, pasa a homologar como filosóficas expresiones y visiones del mundo, enclavándolas en su marco identitario. Ya sean visiones del mundo antiguas o modernas, localizadas en grupos pequeños o amplios de población, vinculadas a instituciones religiosas, políticas o científicas, lo importante es localizar para cada identidad cultural-política un núcleo conceptual mínimo que pueda ser reconocido como su filosofía.

Este proceso de homologación de las filosofías periféricas o no europeas puede darse según dos miradas distintas: o bien como reconocimiento, por analogía, de algo parecido a la filosofía occidental, o bien como reivindicación de la capacidad filosófica de toda comunidad humana, aunque sea desde parámetros poco comparables al patrón instituido por la historia de la filosofía occidental. En el primer caso, nos encontramos con la distinción entre filosofía en sentido estricto (la de raíz griega) y en sentido amplio (las otras) o la distinción entre lo prefilosófico y lo verdaderamente filosófico. Desde esta mirada del reconocimiento, la filosofía europeo-occidental sigue siendo la verdadera filosofía, pero admite variantes, resonancias y aprendizajes en otras formas de pensar. El esquema dual que separa lo mismo y lo otro funciona e impone su dominio, aunque sea desde el diálogo y desde la relación académica, editorial y cultural.

La reivindicación del hecho de que toda comunidad humana, a partir de ciertas condiciones lingüísticas y de organización social ha dispuesto de algo que podemos llamar con igual derecho filosofía, va más allá. Rompe el patrón de la filosofía como invención griega y no permite funcionar por analogía. Como afirma Enrique Dussel en la introducción al volumen colectivo *El pensamiento filosófico latinoamericano, del Caribe y «latino» (1300-2000)*, «todos los pueblos tienen núcleos problemáticos que son universales y que consisten en aquel conjunto de preguntas fundamentales que el *homo sapiens* debió hacerse (…) cuando el ser humano se enfrentó a la totalidad de lo real para poder manejarla a fin de reproducir y desarrollar la vida humana comunitaria».[1] Estos núcleos problemáticos que, según esta posición, no pueden faltar en ninguna cultura o tradición, se despliegan en narraciones conceptuales diversas, pero todas ellas son racionales, en el sentido de que pretenden dar razón de aquello que explican. Desde ahí, la filosofía no nació en Grecia ni puede ser tomada como el prototipo del discurso filosófico. Es un caso particular que no incluye la definición universal. La rebelión contra la hegemonía de los «hombres blancos muertos» tiene la fuerza de redefinir la noción misma de filosofía, pero tiene como resultado la creación de una especie de multiculturalismo filosófico que no

---

1. Dussel, E.: *El pensamiento filosófico latinoamericano, del Caribe y «latino» (1300-2000)*, México, Siglo XXI, 2009, p. 15.

cuestiona la concepción de la identidad cultural que está en su base.

Ya sea desde la mirada jerárquica del reconocimiento, ya sea desde la mirada rebelde de la reivindicación, no podemos pasar por alto el hecho de que el mapa de la filosofía mundializada sigue siendo el de un mundo compuesto de naciones y sus correspondientes identidades culturales. Así, la filosofía pasa a formar parte del paquete cultural de cada pueblo. Se reproduce, de esta forma, el mapa que los estudios literarios habían desplegado desde el romanticismo, con su conjugación de literaturas nacionales en el marco, dibujado por Goethe, de la literatura universal. Cada nación tiene su lengua y su literatura y todas ellas confluyen en el gran templo de la *Weltliteratur*, o literatura universal. La elaboración de cánones, la traducción y el comparativismo son las prácticas que hacen posible la relación con la literatura como expresión del espíritu de la humanidad, a través del espíritu de sus pueblos.

Frente a ello, la pregunta que planteo es la siguiente, ¿tiene sentido, este mapa, para la filosofía? Decía Dipesh Chakrabarty, en *Al margen de Europa*, que la mundialización, como proceso de provincialización de Europa, supone plantear la interrogación por el modo en el que el pensamiento se relaciona con el espacio, las condiciones bajo las cuales las formas de pensamiento se vinculan con los lugares, en y más allá de ellos. Por tanto, una verdadera descolonización de la filosofía en un mundo común necesita también de una redefinición del espacio político mundial, más allá de su articulación como mercado global y de territorialidad nacional.

Para ello, es muy interesante recurrir a Homi Bhabha, en su análisis crítico del espacio literario-cultural tal como ha sido configurado en la modernidad, también en su fase más tardía. En *El lugar de la cultura* (1994), Bhabha propone ir al encuentro de la cultura en los márgenes de las naciones y de las instituciones, por debajo de la uniformidad de lo universal y de la homogeneidad de la identidad nacional. Nos lleva a los márgenes, a los límites, a las zonas de tránsito, a las fronteras reales y simbólicas, a los campos de refugiados y a las hibridaciones lingüísticas, a los desplazados, a los migrantes y a las vidas sin hogar. La cultura pensada desde la intemperie hace justicia a la verdad humana de un mundo inhóspito, *unhomely*, como dice Bhabha. Sólo desde ahí la alteridad deja de ser un fantasma que invocan los intelectuales críticos, cómodamente instalados en sus centros de operaciones. En el intersticio, donde nada nos acoge, el otro encuentra su espacio de poder, de poder hacer, y aparece como «agente de articulación». La diversidad cultural del mundo de las naciones se ve desbordada entonces por una diferencia cultural que es la de lo impresentable, la de las relaciones oblicuas, descentradas y disyuntivas. Desde ahí es posible revisar no sólo el hecho cultural, sino la comunidad humana misma. En el intersticio, en el límite, en la frontera, se hace pensable lo que Bhabha llama «un nuevo internacionalismo», que no se basa en esquemas trascendentes, que van de lo particular a lo general, sino «como proceso de desplazamiento y de disyunción que no totaliza la experiencia».[1]

Retomando el análisis de Bhabha, creo que la verdadera filosofía es precisamente la experiencia de este desplazamiento respecto a los centros que organizan mental y materialmente la vida personal y colectiva y sus identidades. Puede ser capturada como producto académico global, o como expresión de la identidad cultural de cada pueblo, pero ahí, la filosofía, no está. Está el cuerpo del discurso, embalsamado y bien presentado, pero no el efecto del pensamiento. La geografía de la filosofía, por tanto, no es la del mundo de las naciones y las instituciones, sino la de las fronteras y los desplazados. Una vida filosófica siempre está fuera de lugar. Aunque se esconda bajo el manto de una biografía de respetable profesor, quienes nos hemos relacionado de un modo

---

1. Bhabha, H.: *El lugar de la cultura*, Buenos Aires, El Manantial, 2002, p. 22.

u otro con ella, sabemos que con la filosofía siempre está pasando otra cosa. Esa otra cosa es la que es comunicable más allá de las diferencias lingüísticas y culturales, más allá de las tradiciones religiosas, literarias o científicas. Tiene que ver con algo muy básico: el deseo de comprenderlo todo y de hacerlo por uno mismo y con los otros. Esa voluntad de «dar razón», de la que hablaba Dussel como núcleo problemático que inevitablemente desarrolla todo grupo humano, no se limita a traducirse en un rasgo étnico o cultural clasificable junto a otros. Abre, más bien, una interpelación que se dirige a cualquier ser humano. En filosofía no hay interculturalidad, sino interpelación. Éste es el sentido de una universalidad no trascendente que por ejemplo Bhabha buscaba en los intersticios. Es también la universalidad de un no-saber y de un silencio, que necesariamente acompañan al deseo de comprenderlo todo.

La filosofía, para desplegar su actividad creadora de conceptos, necesita moverse en la frontera entre saberes científicos, en los límites entre la teoría y la práctica, en la fricción entre lo personal y lo colectivo, en las zonas de tránsito entre identidades culturales y la distancia que separa, ética y políticamente, lo que hay y lo que debería haber. Por tanto, la filosofía misma es, también, la frontera que reúne lo filosófico y lo no-filosófico, lo propio y lo impropio. Porque es un intersticio que lo atraviesa y lo abre todo, no tiene un lugar propio. Es la brecha, la tierra de nadie, que lo relaciona todo. Más que una verdad única y universal, tiene que llegar a ser la práctica de este nuevo internacionalismo de los desplazados, capaz de dibujar las disyunciones sin totalizar la experiencia.

Nietzsche escribió, en el ensayo *Schopenhauer como educador*, que «Oriente y Occidente son trazos de tiza que alguien dibuja ante nuestros ojos para burlarse de nuestro temor».[1] La frontera oriental es precisamente la que ha con-

---

1. Nietzsche, F.: *Schopenhauer como educador*, Madrid, Biblioteca Nueva, 2009, p. 27.

tenido y a la vez externalizado los miedos de Europa, desde el enemigo persa de la antigua Grecia, pasando por la amenaza árabe, hasta el peligro amarillo del mundo actual. La dualización del mundo permitía tener un adentro y un afuera, un mismo y un otro. Pero si hacemos el ejercicio, sobre un mapa del mundo, de trazar con tiza esa línea que separaría Oriente y Occidente, la tiza acaba emborronando casi todo el continente euroasiático y, sobre todo, deja grandes partes del mundo sin lugar, sin hogar, dentro de esta partición. Este mundo-frontera es el que hemos heredado, entero. Todo él, lo sepamos o no, es zona de tránsito, tanto de vidas como de mercancías. Posicionarse filosóficamente en este mundo nos exige dejar de ignorarlo y hacer de su inhospitalidad nuestra situación común, nuestro mundo común. Éste es el verdadero fondo común de la experiencia.

Precisamente, en relación con la recepción desde occidente de la filosofía oriental, se dio hace unos años una interesante discusión entre dos reconocidos sinólogos franceses, François Jullien y Jean François Billeter. El primero es conocido por su lectura de la filosofía china como alteridad radical, como exterior absoluto del marco de inteligibilidad greco-occidental. Jullien, retomando algunas nociones foucaultianas, se refiere al pensamiento chino como una heterotopía, como un lugar sin lugar cuyo rodeo supone un verdadero alejamiento de todo lo que resulta pensable para nosotros. Jullien no pretende dominar la verdad del otro, sino exponerse a los efectos del encuentro con el otro en el propio marco de pensamiento. Son los efectos de un extrañamiento conceptual, lingüístico y temporal, que no pretende alcanzar la comprensión recíproca, sino la resonancia entre lo radicalmente extraño. En un pequeño libro de 2006, Billeter protestó ante esta interpretación. Desde un lugar que a primera vista podría parecer de un universalismo uniformizador, de raíz colonialista, Billeter lanzaba en este escrito una doble pregunta, que escuchada sin prejuicios resulta inquietante: ¿realmente los chinos son tan diferentes de nosotros? Y, ¿hay un fondo común de la experiencia?

No son preguntas que yo pueda responder desde el conocimiento directo de ese otro, ya que ni he pisado nunca tierras chinas ni puedo leer su legado literario y filosófico de otra manera que no sea a través de traducciones. Sin embargo, casi todos los productos que utilizo en mi vida cotidiana deben salir de sus fábricas y de sus manos, así como el capital que financia los gobiernos occidentales y las inversiones del mercado global. Así que, ¿realmente los chinos son tan diferentes de nosotros? ¿Hay un fondo común de la experiencia? Si lo hay, y si no somos tan diferentes, seguramente no será por los rasgos que nos igualan desde una determinada concepción de la humanidad o de la especie, sino por el hecho de compartir lo inhóspito de la existencia, lo inacabado de nuestros saberes y la fragilidad de nuestros proyectos personales y colectivos. Desde el inacabamiento de este mundo común, ya no somos culturas mutuamente opacas o incomprensibles, sino perspectivas distintas sobre un mismo e irreductible mural.

«Prometí mostrarte un mapa y dices pero esto es un mural
entonces bien, déjalo estar   son pequeñas diferencias
la cuestión es desde dónde lo miramos»

ADRIENNE RICH,
Un atlas de un mundo difícil (1991)[1]

Este mural de perspectivas infinitas e irreductibles es la topografía en la que el pensamiento filosófico debe reencontrar hoy su lugar de lugares. Sólo desde ahí, puede la filosofía dejar de ser un producto académico o cultural para ofrecerse como una posición existencial y política.

Sin embargo, para reencontrarse ahí, en esa posición impropia, conquistada sobre los límites de saberes, instituciones e identidades, la filosofía tiene que franquear, y tendrá que seguir franqueando muchas barreras. La principal, hoy, viene de su captura académica y epistemológica. La univer-

---

1. Rich, A.: *Poemas (1963-2000)*, Sevilla, Renacimiento, 2002.

sidad tendría que ser plataforma, trampolín y conector entre saberes y mundos. Pero la deriva actual de la universidad en el mercado global del conocimiento tiende a todo lo contrario. Una cuestión clave a la hora de plantear el desarrollo actual de una filosofía comprometida con el mundo es, entonces, ¿qué está pasando hoy en la universidad? ¿Qué y quién puede pensar hoy desde el sistema universitario tal como funciona en la actualidad?

La estandarización del pensamiento

En la sociedad actual, dentro y fuera de Europa, la presencia de la filosofía se concentra sobre todo en la enseñanza secundaria y superior. En general se da por supuesto, y son prejuicios a cuestionar, que los niños no tienen por qué relacionarse con la filosofía y que fuera de una educación universitaria sólo puede haber, como mucho, opinión mediática y literatura de autoayuda. Muchos estudiosos han analizado el predominio visual de nuestra cultura mediática, pero seguimos viviendo en contextos culturales donde el discurso, aunque ya no se encuentre sólo en los libros, es omnipresente. Se habla, se discute, se escribe y se lee continuamente. Sin embargo, esto no quiere decir que estemos en un contexto abierto en el que se dé un verdadero debate de ideas. El pensamiento se ofrece altamente estandarizado, en forma de opiniones y de consignas político-mercantiles. La filosofía siempre ha tenido como principal enemigo la opinión estandarizada, eso que se piensa y se acepta sin preguntar por qué, según unos parámetros del sentido común y de lo socialmente pensable. En Grecia la llamaban la *doxa*, la opinión. El problema es que este proceso de estandarización del pensamiento también afecta hoy a la enseñanza y, más específicamente aún, a la actividad académica en general. También en la universidad el pensamiento se ha estandarizado.

Por eso, la pregunta por el lugar de la filosofía en la escuela y la universidad vuelve a plantearse hoy con urgencia y preocupación. Es obvio que la transformación de las instituciones educativas, la reducción de los presupuestos públicos y el desarrollo del mercado, tanto cultural como del conocimiento, son los elementos de una corriente que empuja, con fuerza, en una única dirección: la marginalización de la filosofía dentro de los programas docentes, las estructuras académicas y los rankings de excelencia universitaria. Sin embargo, aunque la pregunta por el lugar de la filosofía puede ser hoy urgente y pertinente, no es nueva. Por un lado, la situación actual no es más que la culminación de una larga serie de episodios de asedio a las áreas de conocimiento menos rentables para la universidad, que empezó décadas atrás. Pero por otro lado, la relación de la filosofía con la academia nunca ha sido clara, ni ha gozado de una única fórmula deseable ni estable. Platón inventó la Academia, pero nunca ha quedado claro que la filosofía sea algo académico, que pueda serlo de manera cierta y estable para todo el mundo y en cualquier contexto político y social. Así, la filosofía se encuentra en un lugar incierto, una vez más. La historia de esta incertidumbre es, en realidad, su propia historia.

A diferencia de otros ámbitos del saber, altamente especializados, siempre ha sido posible relacionarse con la filosofía desde distintos lugares, propósitos y niveles de intensidad. La filosofía se puede estudiar en su historia, leer en sus textos, frecuentar en sus cuestiones existenciales o cosmológicas, debatir en sus consecuencias éticas y políticas, consumir como parte de la cultura general, utilizar como recurso para elaborar modelos de pensamiento aplicables a otros ámbitos... La filosofía se puede conocer, dominar, disfrutar, instrumentalizar, transmitir, vender, sintetizar, divulgar... Por eso hay tantos motivos para acercarse a una facultad de filosofía y tantos alumnos distintos que acuden a ellas. Y es por eso que el hábitat de la filosofía no ha sido nunca de forma exclusiva la universidad o las instituciones educativas correspondientes.

Sin embargo, aunque la universidad no sea el ámbito exclusivo de la filosofía, la transmisión universitaria de la filosofía sigue siendo, hasta hoy, su principal correa de transmisión. Y el pensamiento en la universidad, hoy, se asfixia. La amenaza de asfixia que se cierne sobre la filosofía no le afecta únicamente a ella: con ella está en peligro la posibilidad de hacer del pensamiento libre y experimental la base del saber y de la investigación científica en general. Parece que la actual deriva de la universidad global no sólo acepta sino que apuesta por llevar esta asfixia hasta sus últimas consecuencias. La filosofía puede rebrotar a campo abierto y dotarse de los instrumentos para reinventarse, como en anteriores ocasiones, fuera de lugar. Pero ¿puede permitirse la universidad, como sede de la formación superior y de la investigación, asumir las consecuencias de esta asfixia?

No se trata sólo de denunciar la deriva neoliberal y rentabilista de la universidad, sino de ver cómo afecta esto los modos concretos de hacer filosofía y de relacionarse con las prácticas específicas con las que se elabora el pensamiento. La filosofía se hace, básicamente, escribiendo. Nace con la escritura, y aunque integra otras muchas dimensiones de la vida y de la relación con la palabra, su medio, incluso su materia prima, es la escritura. Por tanto, hay que prestar atención a los modos como se puede escribir hoy en el mundo académico, porque en ellos encontraremos las claves de la estandarización del pensamiento en la academia actual.

El verdadero problema que se presenta en la academia actual es el de una neutralización aparente de este conflicto en torno al *paper* (dicho en inglés) o artículo de investigación científica. En la universidad global actual todo profesor e investigador, sea del ramo que sea, tiene que ser única y exclusivamente un productor de artículos de investigación científica de impacto en los rankings internacionales de evaluación de la investigación. Los libros, el ensayo o la creación, la actividad cultural y social, incluso la docencia en la universidad misma, han dejado de tener valor alguno. Es decir, paulatinamente van desapareciendo no sólo de la universidad, sino de la actividad de quienes trabajan en ella. El *paper*, que así es como se llaman en inglés y ya hoy en todas las lenguas, este tipo concreto de artículos, es un estándar de escritura y de relación con lo escrito, muy determinado. En tanto que estándar, no es un modo de escribir entre otros, sino que ofrece el patrón de validez y el lugar de enunciación legítimo para todo contenido que se pretenda académicamente relevante. Los efectos sobre la escritura y, por tanto, sobre el pensamiento filosófico, son decisivos.

En primer lugar, con el *paper* se disocian forma y contenido: a pesar de que nos hayamos mal acostumbrado a estudiar a los autores aislando los contenidos «doctrinales» de la trama de sus textos, en la escritura filosófica forma y contenido se reclaman y son inseparables. Su disociación es lo que convierte, precisamente, a la filosofía en discurso teórico y anula su carácter encarnado y experimental. Esto implica que en el *paper* se tiende al silenciamiento de la voz: este estándar formal tiene como consecuencia el acallamiento de la voz propia del filósofo o la filósofa, el borrado de su cuerpo en el texto ya formateado. ¿Quién habla en un *paper*? El experto. ¿Y a quién se dirige? A sus homólogos, otros supuestos expertos en la misma cuestión. El experto es la figura que corresponde a la lengua estandarizada de la academia y, por tanto, la única tipología de «académico» reconocible y valorable dentro de la universidad actual.

Esta estandarización del lugar de enunciación y de los interlocutores de la escritura, tiene como segunda consecuencia la anulación de la experiencia: el experto no hace de la escritura un lugar de experiencia, ya que precisamente sólo puede aventurarse a la experiencia de su propia transformación quien está dispuesto a perder lo que ya sabe. El experto ha dejado la experiencia y sus incertidumbres por la investigación y sus resultados. Sobre eso es sobre lo que escribe. En filosofía esto supone abandonar todo problema filosófico verdadero en favor de dos tipos de *topics* (los temas, también según un término inglés): o bien las líneas de investigación privilegiadas por las comisiones de evaluación de proyectos, según criterios predeterminados de relevancia académica, dictados normalmente desde otros campos de conocimiento; o bien, convertir a los autores de referencia ya no en interlocutores del pensamiento sino en objetos de investigación. La academia tradicional contaba con la imprescindible figura del estudioso que dedicaba toda su vida al conocimiento en profundidad de un autor y elaboraba monografías que facilitaban y acompañaban la labor de otros. Actualmente esta figura se ha generalizado, banalizado y se ha impuesto como la única posible a habitar. El experto en un autor, época o corriente es hoy ya no sólo la figura más habitual en las facultades de filosofía europeas, sino la única legitimada. Así, no sólo calla la voz del académico en cuestión, sino que con él es silenciado también el autor, ahora convertido en objeto de estudio especializado, al que se dedica su carrera de experto. En ese doble silenciamiento, la experiencia del pensamiento queda neutralizada.

Todo estándar deja un afuera, todo lo que queda excluido o no es reconocido por sus parámetros de legitimidad. Por tanto, la tercera consecuencia de este predominio del artículo científico como centro de la producción académica es la demarcación de un dentro y un fuera de la escritura. Es un corte dramático, arbitrario y violento. El *paper* funciona como unidad de producción, de valoración y de evaluación de lo que se entiende como actividad investigadora. Pero además funciona como frontera. En tanto que estándar, deja fuera del ámbito de lo contable, visible, valorable y evaluable toda escritura que no se atenga a sus protocolos y a sus objetivos. Siguiendo la división entre comunicación para la comunidad de expertos y divulgación para el resto de la sociedad, toda escritura en el mundo académico ha quedado herida por esta división. Los científicos tienen la consigna «*publish or perish*» (publicar o morir). En los campos «de letras», podríamos variar los términos de la pregunta: «¿Escribes o publicas?». Sería el chiste que retrata la situación dramática de tantos «académicos», no sólo filósofos, que deben optar entre escribir para publicar dentro del marco establecido para ello o escribir lo que realmente necesitan pensar. En el caso de la filosofía, esta demarcación tiene un doble efecto cuyas consecuencias aún no hemos valorado suficientemente: por un lado, la filosofía que entra en el campo legítimo de la escritura estandarizada es una filosofía puesta en el ridículo de tener que presentarse a sí misma como investigación científica; por otro lado, el resto de escrituras filosóficas quedan adscritas o bien a la literatura (el filósofo como escritor) o bien al periodismo. El solapamiento natural entre la filosofía y la literatura, entre la palabra filosófica y la palabra poética, se convierte desde el bastión de la universidad actual directamente en un forzoso exilio extra muros. Y la relación con la palabra pública es abandonada a las fuerzas del mercado de la comunicación y del entretenimiento.

Finalmente, hay una última consecuencia importante que, podría parecer anecdótica y no lo es: los ranking, establecidos por empresas de evaluación anglosajonas, premian la publicación en revistas de su ámbito lingüístico-cultural, con lo cual la escritura académica, a día de hoy, se encuentra cada vez más subordinada al inglés como lengua única. El dentro y fuera de la escritura académica tiene, así, un aspecto lingüístico determinante. La homologación de la actividad universitaria a los estándares internacionales de producción científica implica, obviamente, que ésta se comunique, cada vez más, en inglés, no sólo por criterios de utilidad sino directamente como parte de su valor añadido. Cuando la lengua es un mero vehículo de transmisión de hallazgos, puede tener una importancia relativa en qué lengua sean comunicados. Pero ¿vale lo mismo para la escritura filosófica y para su singularidad creativa, personal y experimental? Está claro que no. La filosofía, en su tradición occidental y específicamente europea, ha tenido una relación en continuo desplazamiento con las lenguas, dado el carácter móvil y deslocalizado de sus lectores y de sus interlocutores. Según las épocas y los focos más intensos de creación filosófica, han predominado una u otra lengua europea, siempre en comunicación con las demás. Ha habido lenguas clásicas, lenguas francas y lenguas con más prestigio filosófico que otras, incluso lenguas hegemónicas y lenguas proscritas, pero lo que no ha habido nunca es una lengua neutra. Si hacer filosofía es crear conceptos y eso, como decíamos, «pasa» escribiendo, parte de la materia prima de la filosofía es la lengua en que se escribe. Escribir filosofía entraña siempre una decisión lingüística, una apuesta por entonar la lengua, sea propia o de adopción, de otra manera. En estos momentos, esta decisión se encuentra maniatada, chantajeada y supeditada al cálculo de un rédito que se contabiliza, directamente, en la carrera académica y en las posibilidades tanto laborales como de visibilidad institucional.

Por tanto, en filosofía, las consecuencias de la estandarización de la escritura académica en torno al *paper* no son sólo formales (cómo se escribe un artículo científico) o de monopolio institucional (dónde se publica y con qué valor) sino que afectan directamente a la práctica de la filosofía y a las condiciones de su enseñanza. Ante la situación que acabamos de analizar, la pregunta que se nos plantea a los profesores universitarios de filosofía es obvia: ¿enseñar filosofía en la universidad es producir supuestos expertos y adiestrar a los alumnos a escribir *papers* en los que puedan demostrar su pericia investigadora? ¿O es otra cosa? Lo primero, supone renunciar a la filosofía simulando que se hace filosofía. Lo segundo, embarcarse en un dura tarea a contracorriente y la «clandestinidad».

Escribir es transformarse

En filosofía, la escritura no es un medio para comunicar ideas o conocimientos, es la materia prima con la que los problemas y los conceptos se elaboran. La filosofía es un pensar que toma cuerpo en la escritura y la del filósofo es una voz que se rehace escribiendo. Esto no significa que la filosofía sea sólo un género literario ni que se agote en sus obras: la escritura es veraz si conecta un modo de vida, enraizado en una experiencia singular, con la búsqueda de una razón común. En esa conexión se abren problemas que siempre son nuevos, sin necesidad de ser innovadores, y conceptos que son útiles, sin necesidad de ser aplicables. La escritura filosófica *trama*, en los dos sentidos de la palabra: entrelaza y conspira. Pero precisamente por ello no es formalizable, no admite estándares ni protocolos de evaluación y de comunicación.

¿Cuáles son las condiciones de posibilidad de esta escritura? Es difícil decirlo, porque no hay filosofía de laboratorio, pero sí hay una condición que la práctica de la filosofía ha hecho suya desde el principio: la enseñanza. La filosofía nace enseñándose y no hay casi ningún filósofo que no haya enseñado, de alguna manera y bajo algún tipo de relación, filosofía. Para la filosofía no vale esa sentencia, propia del medio artístico, que afirma que «quien sabe hace y quien no, enseña». Los más grandes filósofos han hecho de la enseñanza parte de su filosofía, ya sea en medios institucionales o conviviales, desde la relación maestro-discípulo o abriendo espacios para un pensar entre amigos. ¿Qué relación hay entre la enseñanza y la escritura como los dos elementos en los que se desarrolla el pensamiento filosófico? ¿Se puede enseñar a escribir? ¿En qué consiste esa enseñanza? ¿Y en qué espacios puede desarrollarse? Hay ideas, descubrimientos, inventos y conocimientos que suceden en un laboratorio, en una computadora, en un quirófano, en un archivo o en una excavación y que se comunican por escrito a la comunidad de expertos correspondiente y, finalmente, a través de las publicaciones de divulgación, al conjunto de la sociedad. La filosofía no funciona así. «Pasa» escribiendo. Lo que ahí pasa ya no es comunicación y, además, pasa todo de una vez, sin niveles ni mediaciones. En filosofía no hay grados de escritura sino distintos modos de aproximarse a ella: un libro de Nietzsche es un libro de Nietzsche, pero harán una lectura distinta de él un estudioso de su pensamiento, un filósofo que recurre a Nietzsche como interlocutor, un aficionado a la filosofía en general o un adolescente que busca respuestas, con urgencia, a su dolorosa soledad. La mejor filosofía es la que, sin reservarse nada, ofrece su escritura a todas las aproximaciones posibles, sin confundirlas pero sin jerarquizarlas.

Pero ¿qué es eso que «pasa» escribiendo? Principalmente, en filosofía escribir es transformarse. Se escribe, según la conocida expresión de Foucault, para ser otro del que se es, o más concretamente, «hay una modificación del modo de ser que se atisba a través del hecho de escribir»,[1] transformación que afecta al propio pensamiento en el movimiento de escribirse: «el libro me transforma y transforma lo que pienso».[2] Pero ¿cómo sucede eso? Este proceso de modificación de uno mismo tiene lugar a través de una práctica de escritura concreta, que no se confunde, aunque pueden solaparse, con otras como la poesía o la composición musical: lo que hace la filosofía es proponer variaciones nuevas para

---

1. Foucault, M.: *Dits et écrits, IV, (1980-1988)*, París, Gallimard, 1994, p. 605.
2. Foucault, M.: *Dits et écrits, IV, (1980-1988)*, París, Gallimard, 1994, p. 41.

problemas ya existentes y crear, para ellos, conceptos imprescindibles. Crear conceptos es, así, un ejercicio de abstracción encarnada. No es ajena al cuerpo del filósofo o filósofa que lo soporta ni a su situación vital, y a la vez va más allá de él a través de una apelación a una razón común, a una inteligibilidad que reclama ser atendida. Como consecuencia de ello, el lugar de enunciación de la filosofía no puede ser neutro. Quien piensa, quien escribe, está implicado y directamente interesado en lo que necesita pensar. Hay una necesidad vital que guía la escritura y que le dicta la respiración.[1]

Esto implica que la filosofía, como discurso, está necesariamente conectada con un modo de vida. La filosofía es un modo de decir que apela a un modo de vivir, respecto a uno mismo y en relación con los demás. Rectificar los nombres, decía Confucio, es reordenar el mundo. Esta conexión se ha elaborado, a lo largo de la historia, de muchas maneras, desde la idea clásica de la ejemplaridad de la vida filosófica hasta la llamada moderna de la filosofía a la creatividad existencial y a la transformación política del mundo. Sea como sea, sólo de manera residual es la filosofía una teoría. La teoría es lo que queda de la filosofía cuando se la disocia y se la neutraliza como interrogación necesaria acerca del vivir (su valor, su sentido, sus lenguajes, etc.).[2]

El valor de la filosofía como experiencia de transformación no está sólo en el resultado que tenga para uno mismo, sino en su fuerza de interpelación. Se afirma, a veces, que la

---

1. James, W.: *Essays in radical Empiricism*, Nueva York, Longmans Green & co, 1912, p. 37: «El "yo pienso" que Kant dijo que debía acompañar todos mis objetos es el "yo respiro" que realmente los acompaña» (la traducción es nuestra).

2. Los estudios de Pierre Hadot analizan muy bien este proceso de disociación de la filosofía como discurso y como modo de vida, sucedido ya en el desarrollo mismo de la filosofía griega pero, sobre todo, a partir de la reducción de la filosofía a «sierva» de la teología a lo largo de la Edad Media. Ver, por ejemplo, *¿Qué es la filosofía antigua?*, México, FCE, 1998.

filosofía es la formulación cambiante de problemas eternos. No son eternos: son problemas que siguen interpelándonos. Por eso, más que inmortales, siguen vivos, o vuelven a estarlo, transformándose, gracias a cada escritura capaz de darles una nueva vida.

Por tanto, escribir filosofía no es sólo transformarse sino abrir un lugar de encuentro y de interpelación. Los resúmenes de historia de la filosofía nos presentan a los grandes filósofos según lo que han dicho, según lo que han afirmado. Sería interesante hacer un día una historia que nos explicara qué han escuchado. No hay filosofía sin escucha, sin recepción, sin contagio, sin inseminación. No se trata sólo de las influencias escolares de unos sobre otros, sino de la recepción de lo que en cada caso queda por pensar. Escuchar lo no pensado: sólo ahí se desata el deseo de seguir pensando, de volver a escribir sobre lo ya escrito, la necesidad de retomar o de volver a empezar.

La escritura como experiencia de transformación y como lugar de interpelación es, necesariamente, una escritura creativa, experimental, corporal, estilística y singular. «El asunto de la filosofía es el punto singular en el que el concepto y la creación se relacionan el uno con la otra», escriben Deleuze y Guattari en *¿Qué es la filosofía?*[1] ¿Qué sería de la escritura filosófica si no pudiéramos reconocer, en su tono y ritmo, en su manera propia de aproximarse a la verdad, la pluma de su autor? Pero la pluma de un autor, como bien ha explicado Nietzsche, no es la firma de un propietario, sino el movimiento de un cuerpo al danzar. Los pasos de baile se aprenden y se practican, pero al fin cada cuerpo tiene su manera de ejecutarlos, su manera de infundirles vida. Hasta la más austera de la plumas filosóficas, hasta la más impersonal y anónima de las escrituras, tiene su tono y su estilo, si realmente ha hecho suyo el problema que está abordando y la necesidad de desplegar sus conceptos y transformarse con

---

[1]. Deleuze, G y Guattari F.: *¿Qué es la filosofía?*, Barcelona, Anagrama, 1993, p. 17.

ellos. Los estilos filosóficos han cambiado no sólo según sus autores, sino también según los tiempos, las modas, las situaciones políticas e institucionales, las tradiciones escolares y los medios de publicación y difusión de la escritura misma. En cada época, además, han convivido escrituras en tensión y en abierto conflicto, no sólo por el contenido de sus proposiciones, sino por el modo de enunciarlas.

Cuando la escritura, en filosofía, se convierte en un mero medio de comunicación de teorías, la filosofía deja de pensar, de transformarnos y de interpelarnos. Aprender a pensar es aprender a escribir. Somos una sociedad cien por cien alfabetizada en la técnica de la escritura. Pero pienso con temor que somos una sociedad amenazada por un nuevo analfabetismo, que es el de tener una relación meramente instrumental con la lectura y con la escritura. Así, la escritura está dejando de ser un medio de comprensión y de elaboración de la experiencia personal y colectiva, para reducirse a una herramienta comunicativa.

Aprender a pensar

Pensar es aprender a pensar. Esto es algo que la filosofía ha proclamado y practicado desde sus primeros pasos. Por eso no es una actividad separable de la enseñanza o del aprendizaje. Que pensar sea aprender a pensar significa fundamentalmente dos cosas: que normalmente no pensamos y que no hay un modo ya sabido de pensar. Lo primero sitúa a la filosofía en una relación de conflicto con las opiniones y los saberes establecidos; lo segundo, la coloca en tensión respecto a sí misma, ya que no admite la estabilización, acumulación y previsibilidad de sus modos de hacer. Pensar es aprender a pensar porque pensar es volver a pensar. Pero entonces, ¿cómo es posible enseñar? ¿Cuál puede ser el sentido intrínsecamente educativo de una práctica del pensamiento que se da en desplazamiento tanto de los saberes establecidos como de sus propias conquistas?

Lo que la filosofía como práctica educativa plantea es que educar no es adquirir competencias, transmitir conocimientos ni escolarizar pensamientos. Consiste, fundamentalmente, en un desplazamiento, en un cambio de lugar que renueva el deseo de pensar y el compromiso con la verdad. «Ya es mucho que podamos levantar alguna vez la cabeza y observar en qué corriente estamos tan profundamente sumergidos. Y ni siquiera lo conseguimos con nuestras propias fuerzas (...) Hemos sido elevados. Y ¿quiénes son los que nos elevan?»[1] Éstos son los verdaderos educadores: los que nos hacen levan-

---

1. Nietzsche, F.: *Schopenhauer como educador*, Biblioteca Nueva, Madrid, 2000, p. 71.

tar la cabeza. Levantar la cabeza es, a la vez, empezar a mirar y dejar de obedecer; descubrir el mundo, abrir sus problemas como algo que nos concierne y adentrarnos en ellos libres de toda servidumbre, sea del tipo que sea.

El maestro, en filosofía, no forma ni adiestra, libera: libera de lo que nos impide pensar. El verdadero maestro es, en última instancia, el maestro que nos libera de la tutela del maestro. Convertido ya entonces en amigo, nos entrega «a la felicidad de nuestra soledad».[1] No es una paradoja: la relación entre amistad y soledad es la condición para empezar a pensar, para reaprender a ver el mundo reescribiéndolo. Dice Nietzsche que no podemos levantar la cabeza con nuestras propias fuerzas. Contra toda idea de inspiración natural o de palabra revelada, la filosofía nos sitúa de lleno en el terreno de la interdependencia humana: si pensamos, es porque algo nos es dado a pensar por medio de alguien, maestro, amigo, mediador. Como reconoció Heidegger en la raíz alemana del verbo pensar, en todo pensamiento hay ya un agradecimiento.[2] Dar a pensar no es indicar cómo o qué hay que pensar. Así como enseñar a escribir no es poner en práctica metodologías y estándares de escritura. Dar a pensar, enseñar a escribir, es indicar que ha quedado algo por pensar, que ha quedado algo por escribir, aún. Inacabar, así, el mundo saturado y agotado. Entiendo, desde ahí, que enseñar filosofía es dejar vacíos con el propio gesto y con la propia palabra. Enseñar filosofía es una invitación.

Educar, por tanto, es iniciar a otro en este desplazamiento, moverlo, sacudirlo o seducirlo, arrancarlo de lo que es y

---

1. Expresión de Gilles Deleuze, tomada de las entrevistas que conforman el documental Abécédaire, concretamente cuando bajo la letra P de «profesor» relata sus años como docente. Existe una traducción castellana (traducción de Raúl Sánchez) de la transcripción en <http://auladefilosofia.net/2008/12/06/gilles-deleuze-abecedario/> (última consulta: 15/04/2012).
2. Analiza esta relación en *¿Qué significa pensar?*, Madrid, Trotta, 2010.

cree ser, de lo que sabe y cree saber. Por eso la relación de la filosofía con la educación es a la vez violenta y fecunda: violenta porque ataca de raíz lo constituido. Pone en cuestión lo que somos y lo que sabemos, lo que valoramos y lo que pretendemos. Fecunda, porque abre nuevas relaciones, nuevos modos de ver y de decir, allí donde sólo se podía perpetuar lo existente. En definitiva, nuevas aproximaciones a lo que nos hace vivir. La pregunta de la filosofía por la educación no es ni ha sido nunca la pregunta pedagógica sobre cómo enseñar filosofía sino la pregunta sobre cómo educar al hombre, al ciudadano o a la humanidad. Por eso es una pregunta que afecta, cuestiona y reformula la imagen que, en cada época y en cada contexto, organiza tanto el espacio del saber como el espacio político.

¿Está dispuesta la universidad actual a ser el lugar desde el que puedan ser formuladas estas preguntas y asumir sus consecuencias? Parece que, por ahora, no. A la vez que flexibiliza sus estructuras productivas, laborales y curriculares para adaptarse mejor a los requerimientos del mercado, la universidad, como institución, se blinda a las preguntas y deja de hacerlas. Frente a ello, algunos autores y profesores denuncian la deserción cultural de la actual universidad-sectorial[1] o universidad-emprendedora, convertida en una suma de escuelas profesionales y de centros de innovación tecnológica. Invocando el ideal humanista de la universidad como sede y motor de la cultura de una sociedad, perciben en las actuales transformaciones la traición y el desmantelamiento de ese propósito culturalista. Sin embargo, el actual avasallamiento empresarial de la universidad no debe engañarnos con imágenes nostálgicas de libertades perdidas: la universidad culturalista era la herramienta de una burguesía occidental que tenía, en la «cultura», uno de sus principales

---

1. Oncina, F. (ed.): *Filosofía para la universidad, filosofía contra la universidad*, Madrid, Dykinson-U. Carlos III, 2008 y posiciones como la de Llovet, J.: *Adiós a la universidad*, Barcelona, Galaxia Gutenberg, 2011.

patrimonios y fuentes de hegemonía social. Cuando la universidad empezó a abrirse a otras clases sociales, este propósito se perdió. Hoy la cultura, en este sentido, ni existe ni sirve a nadie. ¿Para qué debería defenderla la universidad, si no es para convertirse en un mausoleo?

El problema está en otro lugar. Más allá de toda melancolía humanista, más allá de toda posición defensiva y conservacionista, lo que está en juego es un combate del pensamiento: ¿cómo hacer para que las verdaderas preguntas, aquellas que nos importan y nos mueven a escribir, a saber y a transformar la sociedad en la que vivimos, no mueran bajo el peso del conocimiento rentable pero inerme? ¿Desde dónde reconstruir la alianza entre la interrogación filosófica y el conocimiento? ¿Dentro o fuera de la universidad?

Universidad sin rendición

¿Dentro o fuera de la universidad, dónde volver a pensar? Ésta es la cuestión que se plantea cada vez que las instituciones de la educación y del conocimiento se blindan a las preguntas y se someten a la producción de un saber previsible. Aunque se mantengan activas, incluso aunque aumenten su productividad y su relevancia económica e institucional, lo que sucede es que en ellas ya no se puede pensar, cada vez hay menos que pensar. Empieza la fuga, la verdadera fuga de cerebros, la de aquellos que no están dispuestos a ver cómo muere en ellos el deseo del que emerge todo pensamiento.

La pregunta por el dentro o fuera acompaña la historia misma de la universidad, como institución, a lo largo de toda su existencia. De la universidad teológica medieval escaparon herejes y científicos. De la universidad aún teológica moderna escaparon los grandes filósofos de los siglos XVII y XVIII, desde Descartes y Spinoza hasta la «República de las Letras» francesa. Tras la consolidación de la universidad alemana, edificada sobre las bases de la Ilustración y del idealismo, y que aupó toda la filosofía alemana desde Kant hasta Schelling y Hegel, tuvieron que emprender también sus respectivas fugas Schopenhauer, Nietzsche o Marx. Actualmente, nos encontramos en un momento similar. Tras la apertura social de las universidades occidentales, entre los años sesenta y ochenta del siglo pasado, que permitió que se incorporaran a ellas voces, problemas y prácticas epistemológicas y socialmente diversas, hace años que asistimos a su progresiva clausura.

Bajo un discurso aparentemente innovador, nos hallamos en realidad ante una nueva escolástica: una apariencia de saber que sólo parte de sí mismo y que hace de esta autorreferencialidad la base y la fuente de legitimidad de su poder. Por eso la universidad actual no sólo provoca rupturas y expulsiones, sino una creciente indiferencia por parte de la sociedad. Aparece, así, de nuevo la necesidad de salir fuera, de crecer en lo salvaje. Como claro síntoma de ello asistimos, actualmente, al desarrollo de innumerables plataformas de autoformación,[1] de proyectos de experimentación cultural, social y política, así como de grupos de escritura, publicaciones independientes, redes, foros y encuentros que, con toda su fragilidad, apuestan por tomar entre manos la tarea de aprender a pensar.

¿Se está vaciando la universidad? En parte sí: las formas de saber más creativas y expuestas, los procesos de elaboración de conocimiento más libre y a la vez más comprometido, los procesos de trabajo horizontal y colaborativo, etc., están huyendo de la academia. Incluso la escritura de libros, que ya no goza de ningún reconocimiento académico formal, se ha convertido en una actividad «extemporánea». ¿Significa esto que debemos apostar unilateralmente por este afuera, afirmarlo mientras le negamos toda posibilidad de vida a la universidad? La respuesta es un paradójico sí y no: sí hay que apostar radicalmente por ese afuera, pero no hay que negarle toda posibilidad de vida a la universidad. ¿Cómo se conjugan estas dos posiciones aparentemente contradictorias?

La respuesta nos la puede dar la filosofía misma, en su arranque histórico. Si Sócrates tiene algo de padre y de comadrona de la filosofía ¿quiénes son los hijos de Sócrates? Muchos, seguramente todos nosotros lo somos aún. Pero en

---

1. Desarrollo un análisis de este fenómeno en mi artículo «Dar que pensar. Sobre la necesidad política de nuevos espacios de aprendizaje», Espai en Blanc n.º 7-8, *El combate del pensamiento*, Barcelona, Bellaterra, 2009.

la Atenas inmediatamente posterior son básicamente dos: Platón y Diógenes. Platón, el que bautiza la filosofía e inventa la Academia. Diógenes, el que abomina de las convenciones del saber, de su relación con el poder, y vive desnudo en una tinaja; «un Sócrates vuelto loco», según las conocidas palabras del mismo Platón. La Academia y la tinaja, el hombre de prestigio y el perro callejero, la organización de todos los conocimientos en su unidad y su destrucción de raíz, la educación y la deseducación, la aspiración política reformadora y la subversión: éste es el doble cuerpo con el que la filosofía echa a andar. En China encontramos la misma tensión entre Confucio, padre y sistematizador de los textos clásicos y de las instituciones políticas de lo que será el Imperio, y los maestros taoístas, como Lao Tse, Zhuang Zi o tantos otros, figuras en fuga, asilvestradas, descentradas respecto a toda sistematización e institucionalización del saber.

Lo que a lo largo de la historia se presenta como una alternativa, como la alternancia entre dos concepciones de la palabra y del conocimiento, es en realidad una polaridad necesaria. Platón sin Diógenes sería una vía muerta; Diógenes sin Platón habría caído en el olvido. Academia y tinaja se necesitan mutuamente sin que sea posible hacer de ellas una síntesis, una superación o encontrar un término medio. Por un lado, el saber necesita consolidarse, organizarse y promover el contacto entre unos ámbitos y otros del conocimiento. Por otro lado, las cuestiones del conocimiento mueren si dejan de ser expuestas a sus propios límites y a los verdaderos problemas que las alimentan: el problema de la vida, de su razón de ser, y de los modos de habitarla.

La dificultad de la filosofía es mantener viva esta tensión irresoluble. Pero si algo tengo claro es esta dificultad (y no su supuesta naturaleza fundadora o sistematizadora) la que la sitúa en la base o raíz del conocimiento. Lo académico, cuando pretende ser autosuficiente, muere de ensimismamiento. Lo salvaje, cuando rompe con toda interlocución con los saberes y las instituciones sociales existentes, se disipa en posturas personales y micromundos particulares que fácilmente dejan de hablarse entre sí. Por otra parte, este afuera «salvaje» de las instituciones educativas no es hoy un verdadero afuera sino que está densamente articulado, dominado por las fuerzas del mercado y sus correspondientes dinámicas de poder, que hacen muy difícil al pensamiento y a la creación sobrevivir a pecho descubierto.

Contra el «encajonamiento que no hace sino confirmar institucionalmente la renuncia a la verdad»,[1] mal que ya denunciaba Adorno, y sin perder de vista que todas las formas del pensamiento son solidarias y necesitan frecuentarse entre sí, la tarea de la filosofía es mantener viva esta tensión porque sólo en ella pueden renovarse el deseo de saber y el compromiso con la verdad. La filosofía pierde la capacidad de mantener viva esa tensión cada vez que es convertida en una disciplina entre otras; en el caso de la universidad moderna, cuando la filosofía se la convierte en una de las ciencias humanas y sociales. Su virtud des-concertante deviene, así, impotencia productiva. Su carácter a-tópico, es reducido a metadiscurso o a «competencia transversal», según las nuevas terminologías metodológicas. Y su escritura, servilmente arrodillada, queda convertida en inerme discurso teórico que se refiere a otros discursos teóricos.

Estamos en un momento de desconexión creciente entre lo académico y lo salvaje. En esa desconexión, la filosofía, como tal, no necesita ser defendida o salvada del acoso al que es sometida como disciplina de las ciencias humanas y sociales. Como disciplina de las ciencias humanas y sociales, nació muerta. Necesita ser liberada de ese «encajonamiento» para poder desempeñar su función, para volver a conectar los conocimientos instituidos con su afuera, lo pensado con lo impensado, el saber con el no-saber.

La escritura filosófica es la que, desde el compromiso con la verdad, conecta el saber con el no-saber. Es una escritura que trabaja en los límites de lo sabido, de lo pensado, de lo

---

1. Adorno, Th. W.: «El ensayo como forma», en *Notas de literatura*, Barcelona, Ariel, 1962, p. 17.

instituido; en los límites de lo enunciable y reconocible. La escritura filosófica elabora los límites del lenguaje mismo. Por eso no admite el chantaje del dentro/fuera sino que rehace esta conexión una y otra vez, atentando así contra el mito esterilizador que impone un cordón sanitario entre disciplinas, entre legitimidades, entre modos de decir, entre el rumor y el silencio, entre lo pensado y lo impensado. Como escriben Deleuze y Guattari, «Si la filosofía es paradójica por naturaleza no es porque toma partido por opiniones menos verosímiles ni porque sostiene opiniones contradictorias, sino porque utiliza las frases de una lengua estándar para expresar algo que no pertenece al orden de la opinión, ni siquiera de la proposición».[1] Su carácter perturbador es, precisamente, el de socavar la lengua estándar para hacerle decir lo que no cabía en ella. Según la conocida expresión de Heidegger: «Las palabras son pozos de agua en cuya búsqueda el decir perfora la tierra».[2]

Contra la estandarización de la escritura y del pensamiento es imprescindible, por tanto, seguir escribiendo filosofía, filosofar enseñando, enseñar a escribir. La filosofía no es, así, un patrimonio humanístico en peligro de extinción y al borde de la inanición, sino el arma más potente para que la universidad, ella sí en peligro de asfixia, no acabe de convertirse en una gran empresa global de producción en serie de profesionales ultraespecializados y de conocimiento redundante y estéril.

En 1998, Jacques Derrida dio una conferencia en la Universidad de Stanford (California) bajo el título *Universidad sin condición*. En ella planteaba la tesis de que la universidad *debería* ser el lugar de una doble incondicionalidad: la incondicionalidad de un compromiso sin límite con la verdad y la incondicionalidad de una disidencia absolutamente heterogénea a cualquier tipo de poder. La universidad *debe-*

---

1. Deleuze, G. y Guattari, F.: *¿Qué es la filosofía?* Barcelona, Anagrama, 1993, p. 82.
2. Heidegger, M.: *¿Qué significa pensar?*, Madrid, Trotta, 2010, p. 127.

ría ser, así, el lugar de una «libertad incondicional de cuestionamiento y de proposición»,[1] en el que rija «el derecho de decir públicamente todo lo que exigen una investigación, un saber y un pensamiento de la verdad». Libertad incondicional, discusión incondicional, resistencia incondicional y disidencia incondicional *deberían* ser las manifestaciones de la «profesión de fe en la verdad» que encarnaría la universidad. El principio que regiría su justicia: el pensamiento. Por eso Derrida concibe la universidad como el lugar privilegiado de lo filosófico y su devenir como promesa de unas «nuevas Humanidades». Tal como hemos reflejado, todo el discurso acerca de la universidad sin condición se conjuga, en el texto de Derrida, en condicional. Y es que para Derrida la universidad sin condición nos sitúa en el tiempo de un «quizá», en el horizonte de un compromiso con lo que es «de jure» y en relación con «un acontecimiento que, sin acaecer necesariamente mañana, estaría quizá, digo bien quizá, por venir».

Frente a la postura de Derrida, hay otra propuesta de incondicionalidad: en vez del *debería*, un «se debe», en vez del *quizá*, un «de momento», en vez de una profesión de fe en términos absolutos de la universidad por venir, una toma de posición concreta en la universidad actualmente existente. ¿En qué consiste la incondicionalidad de esta posición? En abrir espacios de lo no-negociable. En concreto, para lo que nos concierne, enseñar a escribir filosofía en la universidad es un compromiso innegociable. Innegociable es lo que tiene valor por sí mismo, lo que no responde a un cálculo impuesto desde fuera. En este caso, enseñar a escribir filosofía en la universidad es un compromiso que se declara en ruptura con todos los baremos que justifican y evalúan la actividad académica. Sólo se justifica desde su propia necesidad.

1. Derrida, J.: «La Universidad sin condición». De la edición digital consultable en <http://www.jacquesderrida.com.ar/textos/universidad-sin-condicion.htm>, Todas las citas se remiten a esta traducción.

Esta necesidad la encarnan personas concretas, cada una de las personas que acuden a la universidad movidas por un deseo de aprender. Obviamente, el deseo de aprender es un deseo impuro: está ligado a la necesidad de profesionalizarse y de ganarse la vida. ¿Por qué no? La autosuficiencia del sabio es un ideal o bien aristocrático o bien religioso y es heredero del elitismo originario del acceso al saber y al pensar. Pero hoy, para el conjunto de la humanidad, el saber y el trabajo, el aprendizaje y el dinero están forzosamente entremezclados. Sin negar esta impureza, sino inscribiéndose en ella, la universidad es el lugar en el que aún pueden pasar dos cosas del orden de lo incalculable o de lo innegociable: tomarse en serio, es decir, por sí mismo, el deseo de saber; y aprender que con ese saber «no basta». Es decir, que todo saber implica un no-saber y que todo conocimiento apela a un modo de vida que tiene consecuencias personales, sociales y políticas que van más allá de su especificidad. Ésta es la tarea filosófica que en la universidad actualmente existente no se puede negociar.

Proponer una universidad sin rendición no es, a mi entender, una llamada a redoblar los esfuerzos por defender la universidad. Es, más bien, comprometerse a no rendirse *a ella*, a no rendirse *en ella*. «La cultura empieza precisamente desde el momento en que se sabe tratar lo que está vivo como algo vivo.»[1] La universidad quizá esté más muerta que viva, pero nosotros, cada uno de los que enseñamos y estudiamos en ella estamos vivos y así debemos tratarnos unos a otros, como algo vivo. Sitúo cautelarmente, en el centro de esta toma de posición, un «de momento». Es posible que la asfixia del pensamiento en la universidad llegue a tal punto que esta toma de posición deje un día de tener sentido. Habrá que estar atentos a ello y saber tomar las decisiones correctas en el momento que haga falta hacerlo. Para ello, no rendirse a la universidad implica también no dejar de ali-

---

1. Nietzsche, F.: *Sobre el porvenir de nuestras escuelas*, Barcelona, Tusquets, 2009, p. 66.

mentar lo que sucede fuera de ella, lo que escapa, lo que no cabe, lo que sólo puede hacerse y ensayarse fuera de los marcos institucionales que conocemos. Pueden ser estos ensayos, estas tentativas, lo que en un futuro nos dé la pista sobre cómo ir más allá de la universidad misma.

La pregunta por el lugar de la filosofía en la educación superior actual, desarrollada a través del análisis de la estandarización de la escritura y de las posibilidades de enseñar filosofía en la universidad hoy, nos conduce a la necesidad de abrir espacios de lo innegociable en la universidad, mantenerlos y experimentar con ellos, como compromiso que concierne a todos los que, sea desde el ámbito de conocimiento que sea, nos resistimos a la asfixia del pensamiento en la práctica educativa, creativa y de investigación.

Las nuevas alianzas

El problema de la estandarización del pensamiento en el ámbito académico ha abierto la pregunta por el dentro o fuera de la universidad como lugar del pensamiento filosófico. Nos ha llevado, de nuevo, a la pregunta por el límite y a la necesidad de pensarlo de otra manera. Como en el caso de la cuestión acerca de los lugares nacionales y culturales de la filosofía, nos hemos desplazado hacia los márgenes, las fronteras y las zonas de tránsito. Y nos hemos encontrado con la filosofía misma como frontera que reúne lo filosófico y lo no-filosófico, lo académico y lo salvaje, el saber y el no-saber, según relaciones y problemas que no están predeterminados. Esto es lo que la estandarización del pensamiento y de la escritura acota y neutraliza. Defender la filosofía, como a veces se proclama actualmente con cierto dramatismo, no puede consistir en atrincherarse en estos territorios acotados y rivalizar, desde allí, con otras disciplinas. Todo lo contrario. Pasa por emprender un movimiento de apertura y de interpelación, de diseminación y de alianzas. Una filosofía de guerrillas, contra el purismo y el aislacionismo disciplinar.

Este reto plantea inevitablemente, para mí, otro problema crucial: el de la unidad del conocimiento. La crítica a los sistemas unitarios de pensamiento y el proceso de autonomización de las ciencias particulares habían dejado esta cuestión abandonada en la trastienda, como un viejo fantasma. Pero la situación actual pienso que requiere proponer de nuevo la cuestión, sin miedo a reflotar los viejos peligros. ¿Qué relación hay entre las distintas ciencias, conocimientos y saberes actuales? ¿Y qué relación podemos establecer entre los distintos ámbitos de la experiencia, entre la teoría y la práctica, y entre el pensamiento y la vida?

Estas preguntas se hacen urgentes en un tiempo, como el nuestro, en el que la proliferación académica y mediática de conocimientos que no aportan sentido alguno a la experiencia amenazan a nuestras sociedades, como ya hemos apuntado, con una nueva forma de analfabetismo. Es el analfabetismo de una civilización amenazada por la saturación de la información y la segmentación del conocimiento. A pesar de la alta escolarización del conjunto de la población y del amplio acceso más o menos libre a un repertorio de saberes inimaginable hace poco tiempo, el nuevo analfabetismo es la experiencia de no poder tener una relación autónoma y con significado con esas informaciones y conocimientos. Es conocimiento que genera dependencia y, por tanto, sumisión.

La saturación informativa y de estímulos es un inhibidor de la atención y de sus consecuencias. Como muchos de nosotros experimentamos cada día, el bombardeo de información al que es sometida nuestra capacidad de atención la neutraliza y la declara literalmente incapaz de relacionarse con lo que la solicita. Pero aún hay más: no sólo no podemos relacionarnos con todo lo que nos llega, sino que porque sabemos que aún hay mucho más esperando se nos hace cada vez más difícil trazar nuestros propios deseos, necesidades y caminos de búsqueda. ¿Cómo sentir qué nos falta y qué necesitamos saber, cuando lo que hay, ahí esperando, ya nos abruma? ¿Y cómo establecer relaciones libres entre lo que se presenta empaquetado, ya sea en forma de titular, de novedad, o de publicación más reciente, en carpetas, escaparates y boletines que no cesan de actualizarse?

A su vez, todas estas informaciones y sus correspondientes saberes se nos presentan cada vez más segmentados. Tiempo atrás ya se alertaba de los peligros de la especialización. El desarrollo de las ciencias y de las técnicas en la modernidad produjo una progresiva dificultad y autonomización de las diversas disciplinas entre sí y respecto al tronco común de la filosofía. Esto tuvo como consecuencia la aparición de un nuevo tipo de ignorancia, de la que hoy padecemos, inevitablemente todos: la de saber sólo acerca de una disciplina e ignorar radicalmente las nociones más fundamentales del resto. Esta tendencia tuvo un amortiguador hasta la primera mitad del siglo XX en la idea de cultura general, que hacía de contenedor y de caja de resonancia de las experiencias ofrecidas por las distintas especialidades científicas, artísticas y humanísticas, pero actualmente incluso esta noción se ha vuelto impracticable.

La pregunta que se plantea entonces, es: ¿nos hemos vuelto todos especialistas y nada más que especialistas? La respuesta es que tampoco es así. La verdadera especialización, cada vez más compleja y exigente, queda en manos de muy pocos, mientras que lo que se produce, en general, es una segmentación de saberes y de públicos. Esto ocurre tanto en el mercado como en la academia. Se nos ofrecen conocimientos y productos tecnológicos y culturales según segmentos: segmentos de edad, de renta, de procedencia, etc. El segmento no es un fragmento. En los debates acerca de la postmodernidad se discutió mucho acerca del valor del fragmento en el fin de las grandes narraciones y sistemas. El fragmento es ambivalente: ruinoso y libre a la vez. Algo roto y algo liberado que abre un campo de incertidumbre y la posibilidad de nuevas relaciones. El segmento, en cambio, es una elaboración que categoriza, pauta y organiza la recepción de los saberes. Organiza la distancia para gestionarla de manera previsible e identificable.

Frente al nuevo analfabetismo producido por la segmentación de los saberes y por la saturación informativa, la pregunta por la unidad del conocimiento plantea la necesidad de establecer, hoy, nuevas relaciones y alianzas entre sus diversos ámbitos y niveles de experiencia. En 1998, el biólogo norteamericano Edward O. Wilson publicó el libro *Consi-*

lience: la unidad del conocimiento,[1] donde plantea que la confluencia de las distintas ramas del conocimiento, no sólo de las ciencias y de las humanidades, sino también de la ética, la religión y la política, es hoy un proceso no sólo necesario sino también inevitable. No propone una unificación sistemática y formal, construida desde fuera por algo así como filósofos profesionales. Lo que Wilson muestra es que son los problemas de nuestro tiempo los que requieren de herramientas y de desarrollos para los cuales ninguna ciencia particular tiene la respuesta. Las claves de estas problemáticas se sitúan en los dos polos que han organizado la experiencia humana, el yo y el mundo. El yo es hoy un fenómeno que, lejos de encumbrarse como la identidad soberana de la conciencia, se muestra como el efecto de unos procesos cerebrales difíciles de delimitar en su alcance material y simbólico. Desde lo que hoy empezamos a saber acerca del cerebro, ¿dónde empieza y dónde acaba el yo? ¿De cuántas dimensiones se compone? ¿A partir de qué procesos biológicos y culturales, genéticos y sociales, se genera a cada momento? Ni los pastores de almas, ni los filósofos de la mente, ni los psicólogos sociales, ni los neurobiólogos tienen hoy la última palabra sobre el yo, la conciencia o la identidad personal, como foco básico en el que se instituye y se sostiene nuestra relación con el mundo y con los otros.

El mundo, por su parte, es un conjunto de ecosistemas complejos en los que ya no es posible separar naturaleza y sociedad, animalidad y humanidad, el dentro y el afuera de los territorios habitados por el hombre. Del universo infinito al planeta agotado, y entre uno y otro, lo que hay es un conjunto inmenso de variables que ninguna ciencia, por sí misma, puede reducir y sistematizar. La relación con el ambiente, con lo que nos rodea, ya no puede pretender ser simplemente contemplativa, ni acotar su capacidad de manipulación solamente a determinados aspectos de la realidad.

---

[1]. Wilson, E. O.: *Consilience: la unidad del conocimiento*, Barcelona, Galaxia Gutenberg, 1999.

Cualquier observación se encuentra hoy implicada en decisiones y se descubre involucrada en una cadena de consecuencias que desbordan los marcos de su propio armazón conceptual.

La alianza, por tanto, entre saberes y decisiones se anuncia hoy como necesaria. Es un desbordamiento que supera barreras a partir de la necesidad de dar respuesta a problemas comunes. Desde ahí, Wilson, aboga por una superación de la guerra entre culturas, entre esas «dos culturas», las ciencias y las letras, sobre las que escribió C. P. Snow en 1959 y que tan artificialmente han organizado la mutilación profunda de nuestro aprendizaje y de nuestra experiencia del mundo, incluidos los programas educativos desde edades muy tempranas. Para referirse a la superación de este enfrentamiento Wilson recurre también a la imagen de la frontera y propone dejar de pensarla como un límite territorial para descubrirla como un amplio y desconocido territorio que requiere hoy, de ambas partes, una exploración en colaboración.

Esta misma situación cultural, epistemológica y política es la que describieron Isabelle Stengers e Ilya Prigogine en el conocido libro de 1979, *La nueva alianza*,[1] a partir de la evolución de la física. Lo interesante de este libro, como en el caso de Wilson, es que la alianza entre ciencia y cultura no se formula como un ideal o como una petición. Se muestra como la situación inevitable a la que conduce la propia evolución de esas ciencias que se habrían autonomizado y que habrían pretendido erigirse como hegemónicas. Es el caso de la física, que había pretendido ser el lenguaje universal. Stengers y Prigogine, haciendo un repaso de la evolución de la física moderna, demuestran que el presupuesto fundamental de la ciencia clásica ha sido desbordado. Este presupuesto era el de un triple aislamiento: del hombre en el universo, de la ciencia en la cultura y de la comunidad científica

[1]. Prigogine, Y., Stenger, I.: *La nueva alianza*, Madrid, Alianza Universidad, 1983.

en la sociedad. Con el desarrollo de la física a lo largo del siglo XX, el hombre redescubre el carácter situado, y por tanto involucrado, de su relación con el entorno y con la búsqueda de la verdad. La ciencia, por tanto, también reencuentra sus relaciones con otros modos de pensar y de mirar y se sitúa de nuevo como parte de un complejo cultural a partir del cual la humanidad intenta, a cada generación, encontrar una forma de coherencia intelectual.

La nueva alianza, o la nueva continuidad entre la ciencia, la cultura y la naturaleza, les permite a Stengers y a Prigogine hablar de un reencantamiento del mundo. No se trata de un retroceso pendular de la ilustración hacia lo mítico, o de lo racional hacia lo irracional. Se trata de reencontrar la posibilidad de hablar del mundo desde las potencias de la imaginación y de la experimentación sin pasar por lo que ellos llaman el tribunal kantiano. Kant operó un corte que hirió de raíz la experiencia moderna del mundo, cuando separó sin mediación posible naturaleza y moral, es decir, la racionalidad con la que podemos relacionarnos con lo que hay, o con lo que es, y aquella racionalidad que tiene que ver con lo que debe ser. Partiendo de un análisis de las categorías a priori, es decir, consideradas al margen de toda experiencia empírica, Kant sitúa a un lado, las ciencias de la naturaleza, vigiladas de cerca por la crítica de la razón pura. Al otro lado, la decisión moral y su expresión histórica y política, más o menos aproximada. Entre uno y otro, nada. O nada de lo que podamos decir algo con sentido. Y en el horizonte, el arte y la religión guiando los anhelos y los encuentros imposibles de sistematizar.

Stengers y Prigogine nos invitan a saltar más acá del tribunal kantiano de la mano de la ciencia más reciente. Y curiosamente, a quienes encuentran allí no son ni a místicos ni a sacerdotes, sino a pensadores y a científicos radicalmente ilustrados y racionalistas como el mismo Diderot, padre entre otros de la *Enciclopedia francesa* y de la ilustración materialista europea. No puedo sino sumarme con entusiasmo a la mención rápida de esta figura por parte de Stengers y

Prigogine, como si de una pista a seguir se tratara. Diderot es una figura clave para pensar a lo que nos pueden convocar hoy las nuevas alianzas entre las distintas ramas del saber y de la cultura, así como entre la teoría y la práctica y entre los diversos ámbitos de la experiencia. Su pensamiento discurre entre las prácticas científicas, artísticas y literarias, es un hombre de su tiempo y a la vez intemporal, vive de su trabajo como enciclopedista y a la vez desborda su profesión con su obra filosófica y con su práctica de agitación cultural y política. La unidad de los saberes de su tiempo se hace, en él, práctica viva, una práctica que es búsqueda y experimentación, formalización e imaginación, conjetura y verificación. Y a la vez, su voz es la de una pluralidad: rayando el plagio, Diderot es un receptor y a la vez un versionador de los tratados científicos, de las obras moralistas, de las invenciones literarias y de los desafíos filosóficos de un tiempo en el que pensar por uno mismo no entra en contradicción con la necesidad de hacerlo con otros.

Pensamiento singular y colectivo, unitario y fragmentado, enciclopédico e inacabado a la vez, la ilustración radical de Diderot prefigura lo que podría ser hoy, de nuevo, una intelectualidad comprometida con los problemas comunes del propio tiempo y, a la vez, con el destino, pasado y futuro, de la humanidad. A diferencia de los «hombres totales», por decirlo de algún modo, que llevan a cabo la revolución científica en el Renacimiento y la racionalización de la filosofía en siglo XVII, Diderot es un *patchwork* que no pierde, sin embargo, el sentido de la unidad y de la relación entre los saberes y sus consecuencias. Sabe que él ya no puede saberlo todo, como parecían poder pretenderlo aún Descartes, Leibniz o Spinoza. Su mente ya no puede contener las claves del lenguaje universal ni su vida de pensador-trabajador ya no da para reordenar la totalidad. La *Enciclopedia*, que podría pretender ser una nueva versión de esta misma pretensión, es un gran manual de un saber que se sabe en proceso y en transformación que parte de la artesanía y se despliega hasta los saberes teóricos y los descubrimientos culturales más innovadores del momento. Es más un estado de la cuestión que una *mathesis universalis*. Y él, desajustado y desemejante a sí mismo como el mismo personaje y *alter ego*, el sobrino de Rameau, es alguien que hace del centro cultural y político que es París, una zona de tránsito, un lugar claroscuro donde deambular e ir al encuentro de lo que no es visible ni pensable, un margen para nada marginal. Diderot desocupa los centros de poder para resignificar los lugares del saber y conferirle, desde allí, un nuevo sentido de la unidad.

La pista de Diderot nos indica que hablar hoy de nuevas alianzas implica también hablar de antiguas heridas, ir al encuentro de las escisiones y de las expulsiones a partir de las cuales la teoría se ha constituido como un lenguaje autosuficiente y dominante. Hemos hecho referencia al tribunal kantiano y a la manera cómo la crítica cortó en dos ámbitos radicalmente diferenciados, el conocimiento de la naturaleza y la decisión moral, la experiencia que el hombre podía hacer del mundo. Pero podríamos remontarnos, en último término también, hasta los momentos fundacionales de esta escisión, como son la distinción aristotélica entre *theoria*, *poesis* y *praxis*, o la expulsión y condena de poetas, artistas y gente de teatro en *La República* de Platón, así como la subordinación en ella de todas las labores productivas y reproductivas. No podemos entrar aquí a analizar pormenorizadamente los posibles sentidos de estas complejas referencias. Lo que es importante señalar es que la teoría, como actividad que pretende tener una relación privilegiada con la verdad, se alzó diferenciándose y oponiéndose a otros modos de estar, de hacer y de decir el mundo.

La *poiesis* y la *praxis* quedaron al margen de la actividad teórica porque su finalidad no está en sí misma, sino en algún tipo de resultado, ya sea en forma de obra, productiva o creativa, o de acción con consecuencias. La teoría, frente a ellas, proclama su libre relación con la verdad estableciendo como criterio que ésta es un fin en sí misma y que no puede estar subordinada a ningún otro interés ni influencia. La filosofía es la invitación, así, a pensar por uno mismo y sin condiciones, o sin otra condición que esa libertad. Pero esta condición acaba convirtiéndose en una condena, cuando el discurso teórico se ve aislado de su relación con la práctica, la creación y la transformación de la vida y del mundo. Como han mostrado tan bien los trabajos de Pierre Hadot, la conformación de los modos de vida y la elaboración del discurso filosófico y científico son dos dimensiones heterogéneas pero inseparables que remiten a una misma elección radical, que es la de encaminarse autónomamente y sin garantías o prejuicios hacia la búsqueda de la verdad. Su separación es su neutralización. Los modos de vida se convierten en estilos de vida, y los discursos en productos teóricos estériles. De la misma forma, numerosos estudios filológicos, antropológicos, filosóficos e históricos demuestran hoy la continuidad heterogénea y no la oposición excluyente entre el mito y el logos, el enigma mistérico y el problema filosófico, la poesía y el discurso racional, la metáfora y el concepto, el trabajo manual y las formas de pensar, los retos productivos y las categorías racionales.

Nos encontramos de nuevo en un terreno liminal recorrido por relaciones en tensión y no en una frontera entre oposiciones. Plantear hoy la inevitable unidad del conocimiento implica atreverse a explorar este territorio liminal, a adentrarnos en las antiguas heridas y a experimentar con las nuevas alianzas, siempre con la atención expuesta a lo que los problemas de nuestro tiempo nos exigen pensar, aunque no sepamos ni cómo ni desde dónde hacerlo.

El fin de «los grandes hombres»

El terreno de las nuevas alianzas emborrona la figura del filósofo. Lo escribo en masculino porque es una figura eminentemente masculina, aún hoy. En la cultura occidental, el filósofo ha sido un personaje que se mueve entre la heroicidad y el ridículo, la grandeza y la rareza, la majestuosidad y la fealdad, la admiración y el hazmerreír. Ha representado todos los papeles extravagantes, menos el del término medio de la normalidad.
  Se habla poco acerca de la vida privada de los filósofos, pero sí se sabe que toda su vida está en juego en la elección de llevar una existencia filosófica. De ahí, su desapego respecto a los intereses particulares y su desdén hacia fines prácticos. Es habitual, entre los filósofos a lo largo de la historia, no haber tenido hijos y, en tiempos actuales, por ejemplo, no conducir. Pero de esta misma radicalidad en la elección existencial, se deriva su compromiso con el conjunto de la humanidad y su destino. La del filósofo es una vida particular entregada a un problema universal; una voz singular en busca de una razón común. Esto implica vocación, preparación en conocimientos amplios y a la vez difíciles, y, en muchos casos, riesgo personal. Desde la muerte de Sócrates, que es el mito fundacional de la filosofía occidental, son conocidas las historias de persecución política, de inadaptación social y personal y de desequilibrios físicos y mentales, que hacen de la filosofía una actividad de riesgo. Todo ello hace que, en nuestra cultura, los filósofos hayan sido vistos como una especie rara de grandes hombres. Siempre varones y de posición social más o menos acomodada o por lo

menos protegida, los grandes hombres de la filosofía desprenden un halo que aún hoy parece brillar en la invocación de sus nombres.

Sin embargo, en los dos últimos siglos esta imagen del filósofo ha ido cambiando. En una primera etapa, desde el siglo XIX hasta la segunda mitad del siglo XX, por la profesionalización o «profesorización» del filósofo, que pasa a ser un miembro más de una vida académica disciplinada y funcionarial, y por su incorporación como intelectual en la moderna esfera pública: es decir, en los medios de comunicación. Según las conocidas palabras de Edmund Husserl, el filósofo es ahora el funcionario de la humanidad. Pero como rebate Agnes Heller, entonces la filosofía se convierte en un saber profesionalizado e inocuo que debe ganarse una nueva peligrosidad.[1] Tanto en su reconocida existencia académica, como en su legitimada presencia mediática, el filósofo pasa a ser una figura habitual de la intelectualidad, sobre todo europea, y de sus instituciones científicas, mediáticas y culturales. Es la versión burguesa del «gran hombre», que sigue siendo aquel que tiene una voz privilegiada y un reconocimiento asociado a su formación y a su presencia pública.

Actualmente esta intelectualidad ha perdido su estatuto. La esfera pública ha estallado en miles de canales de comunicación que han fragmentado los mundos y las referencias. Ya no hay, tampoco, una idea clara de «cultura general» ni una aspiración del conocimiento a la batalla por la verdad. ¿Para quién hablan los intelectuales de hoy? ¿Cuál es su incidencia? ¿Y cuál es su condición social? Son muchos los fenómenos que confluyen en la distorsión de la figura del intelectual. No podemos abordar aquí un análisis extenso de todas ellas en su complejidad. En el caso específico de la filosofía, hay algunos procesos que complican mucho hoy la identificación de la figura del filósofo y su encumbramiento en el panteón de los grandes hombres. La complican,

1. Heller, A.: *Por una filosofía radical*, Barcelona, El Viejo Topo, 1980, p. 24.

pero la abren a nuevas posibilidades de entender la práctica del pensamiento en toda su radicalidad. Básicamente, hay que tener en cuenta tres fenómenos: la feminización del pensamiento; la precarización y proletarización del trabajo académico y cultural, y la colectivización del conocimiento.

El primero de estos tres fenómenos es el más evidente: las mujeres hemos irrumpido en todos los ámbitos de la vida profesional, política y cultural. Hace no muchos años se decía aún que para ello había que convertirse en un hombre. Hoy ya se habla de feminización de la política y de profesiones como la investigación científica y la medicina. Pero ¿podemos hablar de una feminización de la filosofía? Curiosamente, la presencia femenina en la filosofía académica es hoy la más baja de todos los estudios de humanidades, especialmente entre el profesorado. La filosofía sigue siendo aún un coto muy masculino, hasta un nivel que no se corresponde con lo esperable desde otros parámetros educativos y profesionales. Como mucho, se abren líneas académicas específicamente femeninas, que son aquellas que tratan de problemas supuestamente «de mujeres»: las cuestiones de género, la filosofía hecha por mujeres y la corporalidad. De los ámbitos tradicionales, la ética.

Los estudios de género, llamados también feministas, son evidentemente una conquista pero a menudo funcionan como la ampliación anexa del templo de la filosofía pura y de los grandes temas, del que algunos hombres pretenden seguir siendo los sumos sacerdotes. Pero el templo hace ya mucho que está agrietado. El viento corre y los problemas cambian. Y es que para que las mujeres podamos y deseemos hacer filosofía tiene que cambiar la filosofía misma. Es lo que, de un modo aún poco perceptible, está empezando a pasar. Hombres y mujeres colaboramos en un desarrollo más tentativo, receptivo y colaborativo del pensar. Deleuze y Guattari, en *Geofilosofía*, hablaban de la amistad y de la rivalidad como las dos condiciones para la aparición, en Grecia, del pensamiento filosófico. Cuando en la arena de las amistades y las rivalidades del pensamiento entran en juego hombres y mujeres a la vez, muchos parámetros de estas relaciones empiezan a cambiar, porque las dimensiones de esa relación se multiplican. No podemos caer en la tentación de dualizar lo masculino y lo femenino del pensamiento y oponerlos. Pero lo que es cierto es que las mujeres hemos estado vinculadas históricamente a unas dimensiones de la vida personal y colectiva que hasta ahora habían quedado excluidas de lo conceptualmente pensable. Con la entrada de la mujer en la escena filosófica, todas estas cuestiones nos interpelan a todos y requieren de una aproximación filosófica común. Los contornos y los modos de la filosofía empiezan, así, a deslizarse hacia terrenos tradicionalmente ignorados y despreciados. No se trata solamente de una reparación. Está en juego una verdadera transformación de la filosofía misma.

Este primer fenómeno, el de la feminización de la filosofía, tiene que ver muy directamente con el segundo: el de su proletarización o precarización. Como es bien conocido en otros ámbitos profesionales, cuando una actividad se devalúa la presencia de mujeres que se dedican a ella aumenta. Es el caso reciente de la medicina de atención primaria, o el más antiguo de la educación básica, sostenida desde hace tiempo por maestras. La dedicación profesional a la filosofía, a través de la enseñanza secundaria y universitaria, está viviendo la precarización de estos sectores, hasta ahora relativamente privilegiados, aumentada por el hecho de ser considerada un actividad no rentable y, por tanto, tendencialmente prescindible. El filósofo profesional, por tanto, está pasando a ser un precario más del mundo académico y cultural, que tiene que desarrollar múltiples habilidades, contraer innumerables compromisos, cuidar su agenda de contactos y trabajar según entregas, plazos y horas de docencia a destajo. El impacto de la precarización del trabajo sobre la vida es devastador en muchos aspectos. Pero ¿cuáles son sus consecuencias en la filosofía misma, en las formas en que hoy se puede desarrollar y compartir el pensamiento conceptual? Por un lado, la autosuficiencia y la sistematicidad de la obra, como producto de la actividad de un pensador o pensadora se ve radicalmente puesta en cuestión. El trabajo se dispersa en una multiplicidad de intervenciones, de formatos y de registros difíciles de organizar bajo el concepto clásico de «obra». Más que un producto con límites claros, la obra se convierte en un obrar que atraviesa territorios muy diversos. Así, los límites entre la filosofía y la no-filosofía se rozan por fuerza. La filosofía pura se contamina. Bajo riesgo de convertirse en prologuista o comentarista de cualquier tipo de actividad social o cultural, se abre también la posibilidad de ir al encuentro de los problemas comunes que verdaderamente necesitan ser pensados.

Por otro lado, no sólo la autosuficiencia de la filosofía sino también la autosuficiencia del filósofo, como forma de vida cuya elección radical lo pone al margen de los fines prácticos y de los intereses particulares, queda radicalmente puesta en cuestión. A pesar de que la experiencia griega de la filosofía nació en la calle, como un arte de interpelación callejera, se dio también como un fenómeno elitista por su desvinculación respecto al mundo del trabajo. Después, esta desvinculación se convirtió en una existencia a salvo de la necesidad amparada por las instituciones: políticas, eclesiásticas o académicas. ¿Qué pasa cuando quien se dedica a la filosofía hace experiencia de la necesidad material y comparte, así, su condición dependiente con el resto de congéneres? Fue Diderot también quien retrató maravillosamente los reparos del filósofo ante esta condición compartida de la necesidad. En su drama filosófico *El sobrino de Rameau*, presenta a un filósofo libre de ataduras, un hombre solo paseando por un parque urbano de París al dictado de sus ideas, sus únicas amantes. En su paseo libre de preocupaciones y de propósitos, se encuentra al sobrino del gran músico Rameau, un ser odioso que se llena el estómago haciendo de bufón en la mesa de los ricos, entreteniendo sus ansias de cultura, de extravagancia y de excitación. Frente a él, el filósofo pasea su modelo de virtud y de autosuficiencia. Pero Rameau le inquieta y finalmente le descubre: tampoco él, el filósofo, está al margen del gran baile de los piojosos de la tierra, que como gusanos se contorsionan para obtener de comer. Bajo sus nobles vestiduras, está un cuerpo tan hambriento como el de cualquier otro, tan expuesto a la enfermedad y a la necesidad de cuidados y tan temeroso y expuesto al peligro como el de cualquier mortal. Sólo la ficción causada por su bienestar material puede traducirse en un ideal de vida libre de necesidades. La actual condición cada vez más precaria de quienes se dedican a la filosofía rompe este espejismo. La proletarización del filósofo, por decirlo de alguna manera, promete un giro en el que pensar desde la necesidad y desde la alianza con otros saberes e intereses que tradicionalmente habían quedado fuera, por innobles, del cerco filosófico.

Esto nos conduce, finalmente, al tercer fenómeno que está alterando los mapas del saber y, con ellos, los de la filosofía: la colectivización del conocimiento. El conocimiento siempre ha sido un hecho colectivo, por definición. Pero en la medida en que determinados conocimientos podían ser acumulados y dominados por una sola persona, también se individualizaban y se privatizaban. Con el actual volumen, dificultad e interrelación de saberes, conocer es necesariamente partir del hecho de que sólo se sabe una pequeña parte de cada ámbito de conocimiento, sea del tipo que sea. Que sólo se puede saber algo en continuidad con el saber de otros y que sólo se pueden llevar a cabo nuevas prácticas y descubrimientos en cooperación con el hacer de otros. Esto plantea el debate sobre las formas de cooperación y su efecto sobre el reconocimiento y la autoría. Entran en combate el patentar y el compartir, la cooperación corporativa y la cooperación libre. En el caso de la filosofía, esta encrucijada se plantea de una forma un tanto sesgada, ya que lo que la cooperación no llega nunca a anular del todo es la singularidad de la voz filosófica y de la experiencia de la vida que hay detrás. Decíamos que la filosofía es la expresión de una voz singular en busca de una razón común. Lo que está en juego hoy es el sentido de esta singularidad y de este común. Y lo que se abre es la posibilidad de entenderlos en alianza. La singularidad de una voz y de una experiencia propias no anulan sino que presuponen el territorio de lo común. La filosofía de cada cual difícilmente puede aspirar a la totalidad del sistema de pensamiento. Pero la parcialidad de su perspectiva sobre el mundo no está por ello condenada ni al relativismo ni a la nimiedad. Hoy nos corresponde desarrollar lo que yo llamaría una filosofía de código abierto, que se sabe parcial, provisional y continuada por otras miradas y por otras variaciones. Inacabada, por tanto, pero igualmente radical.

Mujeres, precarios y saberes colaborativos: la filosofía parece perder grandiosidad. Es el fin de los grandes hombres. El filósofo alemán Boris Groys habla del *ready-made* filosófico como el material con el que la filosofía actual puede tratar. La llama, por eso, anti-filosofía.[1] Una filosofía aparentemente en crisis, incapaz de alzarse hasta sus propios ideales, pero capaz de empezar a tocar lo feo, lo roto, lo concreto, lo necesario del mundo que nos rodea, de la realidad que somos y que nos empeñamos en negar. El *qué* podemos pensar es inseparable del *quién* puede pensar. Contra el aristocratismo de la filosofía pura, se abren las grietas por las que su vocación igualitaria, esa premisa de que a todos nos es dado por igual pensar, puede hacerse realidad.

---

1. Groys, B.: *Introduction to Antiphilosophy*, Londres, Verso, 2012.

Cuerpo y pensamiento

La experiencia de la necesidad está anclada en el cuerpo y nos descubre atados a él. De ahí que la batalla desde el cuerpo y contra el cuerpo haya sido una de las cuestiones clave de la filosofía. No se trata de un tema entre otros. Quizá esta batalla por trascender los límites del propio cuerpo sea, de algún modo, la filosofía misma.

Si el siglo XX fue el del giro lingüístico de la filosofía, podemos decir que el XXI está siendo el de su giro corporal. ¿Significa esto que es el de una reconciliación con aquella dimensión de nosotros mismos que una cultura centrada sobre el alma había negado y despreciado? En parte sí. Pero sería demasiado simple plantearlo como el reencuentro entre dos partes enfrentadas. Se trata más bien de una indagación y de una crítica acerca de cómo hemos llegado a convertirnos en un divorcio viviente, en una realidad dual irreconciliable y en conflicto. En su aspiración a una razón común, igualmente accesible a todas las conciencias, la filosofía topa con la singularidad, deformidad, parcialidad y necesidad de los cuerpos. Los cuerpos son múltiples y plurales, inciertos y engañosos. No admiten una síntesis posible de sus puntos de vista. ¿Qué verdad puede surgir de esta pluralidad irreductible de los cuerpos? Por eso la filosofía se proyecta en un más allá y se propone, ella misma, como el camino a recorrer fuera y contra los límites del cuerpo.

Las conocidas imágenes y narraciones platónicas apelan a esta necesidad de ir más allá de la topología del cuerpo y emprender un camino de salida. Este camino, retomando las experiencias religiosas y místicas, se entiende como un camino de liberación. Pero esta liberación ya no está en manos de la experiencia sagrada, sino del discurrir de la razón más allá de los muros de la cueva de los sentidos y de la cárcel del propio cuerpo. Desde esa celda, la filosofía no es una verdad revelada que vendría a iluminarla, sino una propuesta de liberación contra los engaños de la corporalidad. Esta liberación filosófica tiene un doble momento: el de la toma de conciencia del propio estado de esclavitud y el del descubrimiento, por uno mismo, del camino de salida hacia una luz que está por descubrir. A pesar del sesgo que adoptará después el platonismo cristiano, en Platón no hay pecado ni culpa en el cuerpo. Hay error, dolor, parcialidad, diferencia, finitud. Y la filosofía es una herramienta humana para superarlas.

La otra gran expresión del dualismo filosófico la encontramos en los escritos de Descartes, en su moderno esfuerzo por liberarnos del dogmatismo a partir de ideas claras y distintas. Descartes necesariamente topa también con los claroscuros de un cuerpo que no distingue nítidamente los datos ciertos y engañosos que le llegan por los sentidos, que tiene percepciones de sí mismo no verificables, como el dolor, y que se pierde en los confusos territorios del sueño y la vigilia. Descartes se pregunta, ¿qué hacer con todo eso a la hora de recomponer una relación libre y a la vez sólida con el conocimiento que podemos tener del mundo y de nosotros mismos? Descartes hace lo que mejor sabe hacer: distinguir y separar. «Tengo una idea distinta del cuerpo según la cual éste es una cosa extensa, que no piensa (...) Resulta cierto que yo, es decir, mi alma, por la cual soy lo que soy, es entera y verdaderamente distinta de mi cuerpo.»[1] El cuerpo, según Descartes, es aquello de mí que ocupa un lugar pero no piensa. La filosofía, más que un camino de liberación, es ahora una herramienta de discriminación y de clarificación. Su uso preciso y metodológico es útil y necesario para poner al cuerpo en su lugar y evitar, así, confusiones.

---

1. Descartes, R.: *Meditaciones metafísicas*, Sexta Meditación, Madrid, Espasa-Calpe, 1989, p. 172.

La filosofía de los grandes hombres se ha empeñado, así, en abandonar el cuerpo y ponerlo en su lugar. El cuerpo no sólo nos engaña a través de los sentidos y las pasiones. El cuerpo es, sobre todo, nuestra inevitable atadura al trabajo, a la reproducción, a la enfermedad y la muerte. El cuerpo es, en última instancia, el cadáver, el cuerpo finalmente presente, presencia completa y acabada de sí mismo. Es para escapar a esta implacable presencia que el cuerpo, desesperando de sí mismo, se ha inventado un más allá. Proyecta una ilusión más allá de sí mismo, que más que un anhelo es la expresión del desprecio y del terror que siente ante sí mismo. Dice Foucault, siguiendo a Nietzsche, a Diderot, y a Merleau-Ponty y quizá también a Lucrecio y a los materialistas antiguos, que las utopías nacieron del cuerpo mismo y se levantaron contra él. Contra la gravedad, la ligereza del pensamiento. Contra la necesidad, la libertad. Contra la finitud, la eternidad. Contra la parcialidad, la universalidad. Contra la localización, la utopía. Contra mi cuerpo, mi yo. Pero este yo, escribe Nietzsche en *Así habló Zaratustra*, «este ser honestísimo, el yo, habla del cuerpo y sigue queriendo el cuerpo aun cuando poetice y fantasee y revolotee de un lado para otro con rotas alas».[1] Ligereza, libertad, eternidad, universalidad, utopía y subjetividad sobre las potencias del pensamiento contra las impotencias del cuerpo. Pero este enfrentamiento es el que inventa el cuerpo como cuerpo. O más bien, es lo que lo escupe como objeto residual. El cuerpo que desespera de sí mismo inventa el alma, y el alma escupe el cuerpo reducido a objeto que se puede dominar, calcular, gestionar, domesticar y, finalmente, enterrar.

Pero lo rechazado vuelve y protesta. Y el cuerpo no ha dejado de protestar. Es una gran razón, dice Nietzsche, que se pregunta: ¿qué son para mí esos saltos y esos vuelos del pensamiento? Con esta pregunta se rebela contra su condición de objeto, de máquina, de cárcel y de mortaja. Se nos

---

1. Nietzsche, *Así habló Zaratustra*, «Los transmundanos» y «Los despreciadores del cuerpo», Madrid, Alianza Editorial, 1993, pp. 56-62.

ofrece como el conjunto de relaciones que son yo, mi yo. Yo soy mi cuerpo, sostendrá Merleau-Ponty como principio de una nueva filosofía que cierra la claridad cartesiana con una nueva visibilidad en la que el cuerpo ya no es un objeto enfrentado a un sujeto. El cuerpo ya no es aquello que está y nos ata al lugar, sino que es la condición para todo lugar. Es el punto cero de todas las espacialidades de las que podemos hacer experiencia, y a la vez, de todos los vínculos que nos constituyen, material y psíquicamente. Mi cuerpo es como la Ciudad del Sol; no tiene lugar pero a partir de él surgen e irradian todos los lugares posibles, reales o utópicos, dice Foucault en su conferencia sobre «El cuerpo utópico».[1] Por eso no está en el espacio sino que es el espacio mismo, en sus múltiples escalas y dimensiones. Pero entonces, ¿quién soy yo y cómo sé que yo soy yo? Si el cuerpo no es el objeto de un sujeto sino un conjunto complejo de relaciones, en continuidad con otras realidades, ¿dónde reside la unidad y la singularidad que permite experimentar cada cuerpo como uno y distinto?

Diderot plantea estas preguntas de manera muy radical y divertida en sus *Conversaciones con D'Alembert*, un esperpéntico y a la vez documentado diálogo en el que su amigo D'Alembert habla a su amante de los avances y consecuencias de la ciencia biológica del momento entre sueños. Quien habla entre sueños, ¿es D'Alembert mismo? Descartes diría que no. Pero Diderot ya nos sitúa en los umbrales del yo, ahí donde no sabemos si somos o no somos nosotros mismos. ¿Quién sueña nuestros sueños? ¿Quién piensa nuestros pensamientos? Dice Diderot algo así como que mi yo, finalmente, no es sino ese lugar al que más veces vuelvo. El yo es el efecto, por tanto, de una relación de ida y vuelta, de la remisión de experiencias a un lugar común que no es ningún lugar localizable. Los actuales avances en el estudio del cerebro no andan muy lejos de estas conjeturas científico-poéticas

---

1. Foucault, M.: *El cuerpo utópico: las heterotopías*, Buenos Aires, Nueva Visión, 2010.

de Diderot. El cerebro es visto como un conjunto de escenarios que remiten los unos a los otros sin escenario central, en continuidad con el resto del cuerpo.

Cuando el cuerpo deja de ser reducido a objeto, ya no es posible solamente pensar sobre el cuerpo, sino aprender a pensar desde el cuerpo que somos. Ya no hace falta, entonces, proyectar una ilusión más allá, sino comprender que nosotros somos una conjunción abierta de «más allás». La ligereza y la utopía no son contrarias, entonces, a la corporalidad. Y las potencias del pensamiento adquieren otros sentidos: la universalidad se convierte en perspectivismo, es decir, en la relación imposible de sintetizar de todas las visiones del mundo desde cada uno de los cuerpos que somos. La eternidad no es la intemporalidad de lo inmutable, sino la continuidad de lo que no cesa de metamorfosearse. Y la libertad no se contrapone a la necesidad, sino que se entiende como la posibilidad de apropiarnos y de transformar los vínculos que nos constituyen.

Potencia e impotencia se alían en una concepción de nosotros mismos en la que el aprecio sustituye al desprecio y la confianza a la sospecha. Pero por otra parte las herramientas de la crítica de nosotros mismos y de nuestras posibilidades de vida se afilan. La necesidad, la enfermedad, el trabajo, la reproducción y la muerte, así como los sentidos y las pasiones, ya no son condenas a superar sino realidades con las que pensarnos a nosotros y condiciones en la que ese nosotros se concreta histórica, social y políticamente. El camino de la liberación ya no es el de la salvación del alma en la luz de la razón, sino el de la transformación y mejora de las condiciones de vida de esta especie vulnerable que somos. A la filosofía la mueve la pregunta por la vida buena, por el *buen vivir* como dicen los indígenas de América Latina. La filosofía presupone que es una pregunta que no puede ser contestada más que recorriendo y contrastando juntos la búsqueda de las verdades que nos puedan servir como criterio para mejorar. La filosofía actual, esa filosofía en la que mujeres, precarios y saberes innobles estamos colaborando, no teme realizar estos recorridos a ras de suelo, rozándose con todo, como decía Pessoa que tenemos que vivir. Y es que si el cuerpo y el pensamiento no se contraponen sino que se entrelazan y se continúan, el cielo y la tierra, lo bajo y lo alto son las dos dimensiones que se encuentran en ese lugar sin lugar, en ese frágil punto cero en el que nos ha tocado aparecer. Y desaparecer.

De la sospecha a la confianza

Pensar es sospechar del lenguaje. La filosofía parte de una relación de sospecha con lo que nuestras palabras nos permiten decir, vivir y pensar. Que el lenguaje no dice exactamente lo que dice, que nos tiende trampas y que desborda su forma verbal porque ésta es limitada son las tres caras de una sospecha que moviliza la búsqueda de la verdad en los límites del lenguaje mismo. Forzar, violentar, someter a prueba nuestras palabras y nuestros discursos, indagar las condiciones de posibilidad de su certeza y crear nuevos sentidos y desplazamientos es lo que la filosofía hace y no ha dejado de hacer. Esto es común a occidente, pero también a lo que llamamos las filosofías orientales, que han desarrollado sus propias formas de evitar que la experiencia del mundo quedara fijada entre las rejas del lenguaje, cuando éste se autonomiza y pierde su capacidad de moverse con el devenir de la realidad.

No es del todo cierta, entonces, aquella sentencia de Wittgenstein según la cual los límites de mi mundo son los límites de mi lenguaje, como él mismo se vio empujado a revisar posteriormente. Los sistemas de interpretación del mundo que articulan cada contexto social y cultural son múltiples y cambiantes. Si los tomamos en consideración, todos juntos, los límites del mundo y del lenguaje son entonces borrosos, inestables e inacabados. Ahí, en ese límite borroso y peligroso, es donde tiene sentido la filosofía, donde desempeña su específica labor.

Si pensar filosóficamente es sospechar del lenguaje, ¿significa esto que la filosofía es sólo un arte de la sospecha?

En 1965 Paul Ricoeur hizo famosa aquella apelación a Nietzsche, Freud y Marx como «maestros de la sospecha»[1] y padres de la filosofía contemporánea. En su común gesto anticartesiano, los tres habrían venido a sospechar de la conciencia (epistemológica, psicológica y de clase) como lugar de la claridad y de la certeza, como espacio transparente donde acudir en busca de la verdad. Desde entonces, la filosofía se movería en las tinieblas de una guerra sorda y sin fondo que se corresponde con el hecho de la muerte de Dios y del padre. En esta guerra de fuerzas, Dios muere y el hombre pierde su autonomía. En el fondo, el sujeto moderno de tipo cartesiano, incluso kantiano, en su soberanía, aún dependía de Dios. Ricoeur, desde su cristianismo protestante explícito, intenta al final de esta obra encontrar una lectura filosófica de este golpe de mano ateo. Ensaya una aproximación hermenéutica de este asesinato que mantenga la esperanza, sin volver a cerrar en un sistema teológico-metafísico el campo conquistado de la libertad. Una libertad liberada de los iconos, pero capaz de salvar los símbolos.

Poco antes, en 1964, Foucault dio una conferencia que se tituló «Nietzsche, Marx, Freud».[2] En esta conferencia, se refiere a los tres mismos filósofos, aún no conocidos como «maestros de la sospecha», y los sitúa como el origen de un cambio profundo en el sistema de interpretaciones de la modernidad. Para Foucault, Nietzsche, Marx y Freud son continuadores de la actitud de sospecha que moviliza toda nuestra tradición filosófica, pero introducen un salto de escala que es a la vez un cambio filosófico radical: con ellos, la interpretación se vuelve infinita, siempre inacabada. «Lo inacabado de la interpretación, el hecho de que siempre esté

---

1. Ricoeur, P.: *Freud: una interpretación de la cultura*, México, Siglo XXI, 1999 y, posteriormente, *El conflicto de las interpretaciones. Ensayos de hermenéutica*, Buenos Aires, FCE, 2003.
2. Foucault, M.: «Nietzsche, Marx, Freud», Cahiers de Rayaumont, 1964, publicado en *Dits et écrits, I* (1954-1975), París, Gallimard, 2001, p. 592.

deshilachada y que reste en suspenso, en sus propios límites, es algo que encontramos tanto en Marx como en Nietzsche y en Freud, bajo la forma del rechazo del comienzo.»[1] La cuestión no es, por tanto, la sospecha, a pesar de la afortunada expresión de Ricoeur. Lo que introduce un giro profundo en la filosofía moderna es extender la necesidad de la interpretación al infinito, incluso de manera circular a la interpretación misma, porque no hay un primer término, un origen, algo a interpretar que esté al margen de la interpretación. Lo que descubren es la apertura irreductible del sentido. Levantan todas las pieles, como las capas de la liebre o de la cebolla, y debajo no hay nada, ni Dios, ni sustancia primera, ni sujeto, sino la actitud y la necesidad de seguir levantando capas. ¿Quién tiene esta necesidad y por qué? ¿Qué mueve este deseo? ¿Y qué efectos culturales, sociales y psíquicos tiene? Éstas son las preguntas de este modo de filosofar en el que la sospecha como actitud filosófica se convierte en una invitación a la interpretación más allá de lo que todas las evidencias acerca de nosotros mismos parecen recomendar y más allá de lo que las pretensiones modernas de soberanía del sujeto y de su conciencia parecen indicar.

Desde esta presentación que hace Foucault de Marx, Nietzsche y Freud podemos preguntarnos: ¿son maestros de la sospecha o más bien filósofos de la confianza? Que no esperen encontrar nada, más que la propia voluntad de saber, de actuar y de desear; que no propongan otra labor filosófica que la de interpretar las fuerzas que guían y se enfrentan en estas voluntades, y que apuesten finalmente por la posibilidad de transformarlas, ¿no les hace depositarios de una gran dosis de confianza en la humanidad y en su capacidad para crearse, transformarse y sanarse a sí misma? Dice Foucault en un turno de palabra transcrito al final de esta conferencia que con ellos, «la salud sustituye a la salvación». Es una frase de 1860 de un historiador llamado García, del que Foucault no da más referencias. En francés, per-

---

[1]. Foucault, M.: «Nietzsche, Marx, Freud», op. cit., p. 597.

mite el juego de palabras *salut* (salvación) y *santé* (salud). Lo que señala es el paso de la metafísica y de la teología a la terapéutica como práctica que está en manos de los hombres y las mujeres concretos, que con su acción pueden cambiar sus formas de pensar y viceversa. Eso sí: siempre que acepten y comprendan que no pueden aspirar al control absoluto sobre sí mismos y sobre el mundo, porque están atravesados por fuerzas materiales, sociales y culturales que van más allá de ellos y de lo que en cada caso son capaces de ver.

Lo que nos enseñan los maestros de la sospecha es que la confianza no depende de la fe ni de la esperanza. No hace falta trasladar la creencia a otra instancia ni a una promesa de algo mejor, expectativa o resultado. La confianza descansa en nuestra capacidad de relacionarnos con lo que no sabemos ni podemos controlar del todo. La confianza es, así, un hecho social fundamental, pero ¿puede considerarse una actitud filosófica?

Se ha analizado la confianza como un hecho fundamental de las sociedades complejas. Más que una virtud antigua es un factor indispensable del funcionamiento de las sociedades de mercado, con intercambio de dinero y movilidad social. Locke ya decía que vivimos sobre la confianza. Otros autores han desarrollado más recientemente esta idea. Desde un punto de vista comunitarista, Francis Fukuyama ha dedicado una obra[1] a destacar los factores de confianza familiares, religiosos, de valor, etc., que siguen articulando la sociedad civil basada en el mercado y el estado de derecho. Desde un punto de vista de la teoría de los sistemas sociales, Niklas Luhmann ha explorado el concepto mucho más allá. En su *Confianza* (1973) analiza esta relación como un factor importante de reducción de complejidad. La confianza absorbe la incertidumbre y amplía las posibilidades de acción y de toma de decisiones allí donde no podemos analizar, vigilar y tener en cuenta todas las variables que interactúan en

---

1. Fukuyama, F.: *Trust. The social virtues and the creation of prosperity*, Nueva York, Free Press, 1995.

una sociedad compleja. «La confianza no es la única razón del mundo; pero una concepción compleja del mundo no podría establecerse sin una sociedad definitivamente compleja, que a la vez no podría establecerse sin confianza.»[1] Desde un análisis funcional, la confianza permite la aceptación del riesgo y el aprendizaje a un mismo tiempo. No se puede confiar en el caos, afirma Luhmann. Pero tampoco en el orden absoluto. La necesidad de confianza es consecuencia de la libertad de acción de las otras personas. Y la posibilidad de confianza descansa el sentido anónimo y latente que conforma el sentido del mundo. Implica que ninguna relación empieza de cero sin estar por ello completamente determinada, que hay una base recibida sobre la que se construye el aprendizaje de una racionalidad, que es aquella que elabora los criterios para moverse entre la confianza y la desconfianza.

Pero, más allá de este hecho social fundamental, ¿en qué sentido puede ser la confianza una actitud filosófica? De entrada, parecería situarse en las antípodas de la posición crítica, suspicaz y libre de prejuicios que la filosofía requiere como punto de partida. Pero precisamente, situarse en una posición crítica, capaz de combatir verdades reveladas, prejuicios y lugares comunes implica conquistar una confianza, que es aquella que sólo nosotros, entre nosotros, podemos darnos. Es la confianza en nuestra capacidad de elaborar una razón común a partir de lo que no parece tener sentido: nuestra existencia, parcial, frágil e irreductiblemente singular, en un mundo del que nunca podemos acceder a la comprensión de su totalidad. Este sentido filosófico de la confianza no descansa en ninguna instancia superior ni en ninguna expectativa o promesa. Aún menos en una pretensión acerca de la superioridad de lo humano como fuente de sentido. La confianza, como la filosofía misma, presupone un poder hacer en común, es decir, en continuidad, desde el aprendizaje y la reflexión crítica.

1. Luhmann, N.: *Confianza*, Barcelona, Anthropos, 1996, p. 164.

La filósofa norteamericana de origen neozelandés Annette Baier[1], que dedicó toda su carrera al estudio de la «voz femenina», como dice ella, de David Hume y sus implicaciones morales, propone desplazar la moral basada en principios abstractos y en el ideal de justicia, por una ética que emerge del trato y del juego de reciprocidades que componen la base empírica y plural de la vida social concreta. En esta ética la virtud principal es la confianza, como concepto puente entre la simpatía y la reflexión, el amor y el deber, el sentimiento y la razón. Es una ética que se desplaza de la concepción contractual de la vida política y social a su realidad cooperativa, como base real de la comunidad de aprendizaje moral. Esta comunidad de aprendizaje no está compuesta de partes contratantes, sino de vidas vulnerables: la confianza es la aceptación de la vulnerabilidad al daño que otros podrían infligir, pero que juzgamos de hecho que no ocasionarán. Desde ahí, la confianza no excluye la explotación y la desigualdad: nos sitúa en la tesitura de tener que examinar en cada caso las condiciones para la confianza recíproca. Confiar es explorar las condiciones para la confianza. Una actitud de atención crítica que no de vigilancia, por la que aceptamos hacernos dependientes, dando poderes discrecionales a quien otorgamos nuestra confianza. ¿Por qué y cómo necesitamos, pregunta Annette Baier, hacer esto?

Esta pregunta, formulada desde la filosofía moral, está en el corazón de toda la filosofía, como actitud en general. ¿Por qué nos confiamos a otros para pensar juntos lo que cada uno debe pensar por sí mismo? No hay filosofía que valga para uno solo. Pero no hay filosofía que no deba ser pensada y repensada por cada cual. Hacer filosofía es confiar en que todos podemos pensar por igual pero que nunca pensaremos todos igual. Es confiar en que las razones

[1]. Algunos de sus principales libros son: Baier, A.: *Death and Character: Futher Reflections on Hume*, Cambridge, Harvard University Press, 2008; *Reflections on How We Live*, Oxford, Oxford University Press, 2009.

que sostienen una idea no son ocurrencias personales sino necesidades colectivas que pueden ser también revisadas colectivamente. Y es confiar en que sólo desde esta confianza puede librarse un verdadero combate del pensamiento contra todo lo que no nos deja pensar ni, por tanto, vivir.

Esta confianza que no se agarra a promesas ni a expectativas, sino que se concreta en una actitud receptiva y a la vez crítica de compromiso con el mundo que compartimos, tiene la virtud de *inacabar* el mundo. Y lo hace, precisamente, porque se confía a lo que no puede ser vigilado, ni computado, ni controlado, sino a lo que sólo puede ser continuado. Más allá de una concepción terapéutica del pensamiento, como proponía Foucault siguiendo a Nietzsche, pienso que nos hace falta desarrollar un pensamiento capaz de recrear el mundo. Filosofía inacabada en un planeta agotado: la vida buena o el buen vivir que guía toda terapéutica filosófica tiene que enfrentarse hoy a la posibilidad de la autodestrucción de la humanidad, a través de la destrucción de sus condiciones de vida. Esto implica, no sólo confiar en el pensamiento como comunidad de aprendizaje en torno a las preguntas fundamentales de la humanidad (¿cómo vivir?, ¿cómo pensar?, ¿cómo actuar?), sino confiar en otros modos de pensar que no han formado parte de la tradición occidental y que no han configurado ese espacio de dominio mundial que llamamos la globalización. Europa ya no puede dar respuesta a los problemas que ha planteado al conjunto de la humanidad, decíamos al principio, recogiendo los planteamientos del pensamiento postcolonial. Este hecho señala una nueva situación filosófica para nuestro tiempo: la necesidad de tener que pensar juntos lo que ya nadie puede resolver por separado.

SEGUNDA PARTE
El siglo inacabado

Introducción

El siglo XX es el siglo de la muerte administrada e industrializada. Dios ya había sido asesinado antes. Entonces empezó a ser metódicamente ejecutada, también, la humanidad y numerosos animales y ecosistemas. Al mismo tiempo, el siglo XX es el siglo del desbocamiento demográfico. Aniquilación programada y superpoblación: las dos caras de una paradoja que se anuncia bajo el signo inminente de la catástrofe. El siglo XX es, por ello, el tiempo del fin de las esperanzas de la humanidad en el desarrollo como base del progreso ético y político. Lo que ya anunciaban ilustrados inquietos como Rousseau o Schiller en el siglo XVIII, que a medida que el conocimiento y la técnica avanzaban, la virtud retrocedía, se hacía evidencia en la muerte masiva y continua de millones de personas, en la desigualdad y en la injusticia social.

 La filosofía del siglo XX es, obviamente, la expresión polifónica de esta trágica experiencia histórica. Pero porque es filosofía, no es sólo su reflejo. Elaborar en conceptos el propio tiempo no es limitarse a analizarlo y diagnosticarlo. Implica también abrir sus problemas de tal manera que puedan ser atravesados. Una mirada sobre la filosofía del siglo XX ofrece una impresión inesperada y sorprendente: el siglo de la muerte administrada tiene una riqueza de pensamiento inagotable. De una crudeza dolorosa, es inseparablemente un caleidoscopio de una creatividad asombrosa. La herida del presente exige ir más allá sin negar su profundidad. Por eso, todas las filosofías de este siglo pasado son invitaciones a buscar nuevos caminos, a retomar los extravíos, a pensar de otra manera, a inventar conceptos nuevos, a dejar de ser lo que somos para ir al encuentro de lo que no sabemos, a crear otras posibilidades de vida, a escuchar lo inesperado, a pensar en el movimiento y el encuentro, a acoger lo rechazado, lo expulsado y lo negado por nuestra civilización mortífera. Son filosofías que aceptan la finitud del pensamiento, la fragmentación de la experiencia, lo que hay y no podemos decir, lo que escapa y vuelve a nosotros... En definitiva: lo inacabado como tarea del pensamiento.

Ahora que no sabemos muy bien qué se está pensado ni quién lo está haciendo, ahora que se hace difícil nombrar voces filosóficas de referencia y conceptos centrales para nuestro presente, podemos recurrir a una gran caja de herramientas, que es la que nos han dejado los filósofos y las filósofas que nos han precedido en tiempos recientes. Hay una cortina mediática, no sólo alimentada por los grandes medios de comunicación sino también por el uso que hacemos de la información en las redes sociales, donde se ha instaurado una ideología de la caducidad permanente. Todo se vive en pasado, aunque tenga pocas horas de existencia. Así, vivimos cerrando carpetas, olvidando enlaces en la red que ni siquiera hemos abierto, leyendo solapas de libros que no llegaremos a empezar y dejando caer en la desmemoria colectiva pensamientos e ideas que han necesitado mucho tiempo, mucha vida y mucha experiencia compartida para elaborarse y llegar hasta nosotros. Demos un paso atrás y empecemos a descubrir lo que no está tan lejos, ni en el tiempo ni en el espacio ni en los problemas que nos interpelan, aun hoy. Descubriremos la pobreza de este presente continuo y desmemoriado en el que estamos anclados. Encontraremos la riqueza de pensar a partir de lo ya pensado por otros, a partir de sus pistas y de sus sombras, desde otros cuerpos que han respirado, sufrido, creado y deseado una vida mejor en este mismo mundo que se nos agota.

Por eso esta segunda parte del libro. Lo que aquí propongo es abrir la posibilidad de un verdadero encuentro con algunos de los principales pensadores y pensadoras del siglo XX. Ir a su encuentro es adentrarse en el corazón de los problemas que han planteado y aprender a pensar con ellos. Los capítulos que siguen no componen un manual que aspire a ser ni exhaustivo, ni representativo. Tampoco se pretende explicar descriptivamente todo el pensamiento de cada autor, a través de sus tesis y sus obras. Para ello, ya existen excelentes enciclopedias y monográficos de referencia. Estas páginas son, más bien, un catálogo abierto de pistas y de problemas fundamentales articulados a la luz de la filosofía inacabada y de sus desafíos.

La lectura ordenada de los veintidós capítulos de esta segunda parte permite hacerse una idea de la continuidad discontinua de este siglo filosófico. Las voces de Nietzsche, Husserl, Heidegger, Wittgenstein se enzarzan en un diálogo inconcluso con los desafíos, vidas y conceptos que se van desarrollando a partir de su recepción, discusión y desplazamiento, a lo largo del convulso siglo XX. Pero esta parte del libro también permite una lectura discontinua, desordenada e instrumental, según los intereses, preguntas, lagunas y curiosidades de cada lector. En cualquier caso, lo importante es dejarse acoger por la sombra que proyecta cada pensamiento, para guarecerse en él, tomar aliento y salir de nuevo a la intemperie de este mundo inhóspito. Esto implica aprender a acercarse a lo que no se deja ver ni reconocer, abandonar las etiquetas que nos permiten clasificar a los autores y a sus conceptos en taxonomías tranquilizadoras y atrevernos a dejarnos asaltar por problemas que, aunque no nos lo parezca, son y siguen siendo los nuestros.

Un nuevo modo de preguntar por la verdad
En torno a F. Nietzsche y la filosofía de la sospecha

El siglo XX es el siglo que empezó tarde y que aún no sabemos si ha acabado. En el campo de la filosofía, el siglo XX desarrolló las consecuencias del giro radical que se había dado en el siglo anterior. Este giro puede ser explicado de diversas maneras: como crisis del mundo cristiano-burgués, como cuestionamiento de los ideales de la Ilustración o como disolución del sistema hegeliano y del horizonte de sistematicidad y totalidad del pensamiento filosófico. Son interpretaciones diversas de una misma ruptura histórica que, si bien son ciertas, todas ellas ponen el acento en el fracaso y en la clausura de una etapa del pensamiento y de la civilización occidentales. Desde ahí, la filosofía contemporánea sólo puede ser leída como expresión de esa crisis. Sin embargo, todos estos cambios, crisis y rupturas pueden ser interpretados también como la aparición de un nuevo modo de preguntar por la verdad que redefine el espacio del pensamiento. Este nuevo modo de preguntar por la verdad no es el efecto de un corte ni es la mera sustitución de un modelo de pensamiento por otro. Es un desplazamiento con el que se replantea el estatuto mismo de la filosofía.

Un nuevo modo de preguntar se pone en marcha cuando Marx, Nietzsche y Freud, junto a otros pensadores, escritores, científicos y artistas, desplazan la pregunta por la verdad o falsedad de los discursos a la pregunta por su sentido. Desde sus respectivas investigaciones sobre el sistema de producción capitalista, los valores culturales de Occidente y las patologías psíquicas del hombre moderno, se preguntan: ¿qué razón de ser tienen las leyes de la economía, nuestros valores morales o las narraciones que hacemos de nuestra propia vida? ¿Qué se esconde detrás de todas estas formas del discurso y del saber? ¿Qué fuerzas sostienen nuestras verdades? Este desplazamiento implica empezar a mirar de otra manera. Aparece una nueva técnica de interpretación de la realidad para la cual la verdad no es la meta sino precisamente el dato o el síntoma que hay que interpretar.

Esta mirada transforma radicalmente tanto lo que se entiende por realidad como el discurso que debe hablarnos de ella: por un lado, la realidad que nos interesa ahora no son estados de cosas y sus correspondientes fundamentos, sino interpretaciones. Ha aparecido una nueva profundidad que no es la que guarda las esencias y fundamentos de lo que vemos, sino la que esconde los conflictos, fuerzas, relaciones de poder, pulsiones y visiones del mundo en conflicto. Nuestras verdades son sus síntomas y, a la vez, sus herramientas de control. Por otro lado, este nuevo modo de interpretar el mundo pone en marcha un discurso que no pretende presentar una verdad transparente, adecuada y fundamentada. Si todo discurso es ya una interpretación de otras interpretaciones, sin origen ni término final, ¿qué objetivo puede tener entonces? Cuando la pregunta que se pone en el centro del análisis es la del sentido o valor de nuestras verdades, su objetivo sólo puede ser el de su evaluación crítica y su transformación.

El desplazamiento que Marx, Nietzsche y Freud introducen en la pregunta por la verdad tiene como consecuencia la aparición de una forma de racionalidad que no es fundamentadora sino crítica, terapéutica y transformadora. Ya no se trata de adecuar nuestros conceptos a la forma del mundo, sino de entrar en guerra contra el presupuesto que sostiene que el mundo tenga que tener una determinada forma.

La filosofía es un uso público de la palabra que, desde la multiplicidad irreductible de las voces y saberes de la ciudad, orienta la pregunta por el discurso dotado de sentido bajo el horizonte de la verdad. La metafísica, que es el tipo de discurso que nace de esta apuesta en Europa, presupone la identidad entre el ser y el pensamiento, entre lo que se dice y lo que hay. Apunta, así, a un objeto del discurso capaz de superar la multiplicidad de las apariencias que nos sumen en el engaño y al mismo tiempo defiende la posibilidad de un discurso universalmente válido que supere la multiplicidad de las opiniones. Estas dos caras inseparables de la metafísica pautarán, de manera escalonada, los principales momentos de su historia: hasta el siglo XVII, la filosofía estará focalizada en la pregunta por el objeto privilegiado del discurso, es decir, por la esencia. Las respuestas, desde el *arkhé* de los presocráticos, hasta la sustancia de Descartes o de Spinoza, pasando por las ideas platónicas o por el Dios de neoplatónicos y teólogos, serán variadas, pero el modo de preguntar será el mismo. A partir del siglo XVIII, sin embargo, se dará un primer giro que apunta ya no hacia el objeto sino hacia las condiciones de posibilidad del discurso verdadero. Es el giro autocrítico que recoge la mirada kantiana, haciéndose eco de las dificultades que encuentra la filosofía para mantener sus criterios de incondicionalidad, cuando pasa a ser el discurso de una razón autónoma, es decir, ya no dependiente ni garantizada por la inteligencia divina.

En un tercer momento, bajo la impronta de Marx, Nietzsche y Freud, irrumpe un nuevo giro filosófico que, frente a las actitudes anteriores, podría formularse así: ya no se trata de preguntar cuál es el objeto privilegiado o las condiciones de posibilidad de la verdad sino, ¿a qué responde la idea misma de verdad? ¿Qué valor tiene? Es una tercera pregunta, postmetafísica y postepistemológica, formulada por una nueva manera de mirar que, desde la sospecha como actitud crítica fundamental, ya no se limita a ser autocrítica sino que será desfundamentadora. La expresión filosóficamente más radical de este desplazamiento la encontramos en la obra de Nietzsche, cuyas palabras hacen estallar el vínculo que había unido de manera absoluta e incondicional el ser y el pensamiento. En la distancia que se abrirá entre uno y otro no sólo se diagnosticará una crisis, sino que aparecerán nuevas posibilidades para la vida y para la experiencia.

La voluntad de verdad

En el libro *La gaya ciencia*[1] Nietzsche analiza cómo la verdad ha sido siempre entendida como una esencia, como Dios, como instancia suprema. Las respuestas van cambiando, pero la voluntad de verdad persiste. Y es precisamente esta voluntad la que necesita ser sometida a una crítica. La tarea filosófica se define entonces como la crítica capaz de poner en duda el valor de verdad. Más concretamente, se trata de que esta voluntad de verdad llegue a tomar en nosotros conciencia de sí misma como problema. Más allá de un problema simplemente epistemológico, para Nietzsche, una voluntad de verdad consciente de sí misma significará, sin ninguna duda, la muerte de la moral.

El objetivo de Nietzsche no es cuestionar el contenido de la verdad conocida hasta entonces, ya sea Dios, la esencia o la instancia suprema, para sustituirla por otra. Lo realmente relevante es preguntar por qué ha querido el hombre buscar la verdad y relacionarse con ella, no sólo de hecho sino también de derecho. En un ensayo breve, muy conocido, Nietzsche pregunta: «¿De dónde procede en el mundo entero, en esta constelación, el impulso hacia la verdad?».[2] Lo que Nietzsche está preguntando es lo siguiente: por un lado, ¿quién es el hombre que pregunta por la verdad y qué busca? Por otro lado, ¿cómo llega a existir eso que llamamos verdad?

Es la doble pregunta genealógica con la que Nietzsche desmonta el andamiaje de la ontología y de la epistemolo-

---

[1]. Nietzsche, F.: *La gaya ciencia*, Madrid, EDAF, 2011.
[2]. Nietzsche, F.: *Verdad y mentira en sentido extramoral*, Madrid, Tecnos, p. 20.

gía metafísicas. Bajo su martillo, muestra que todo el material sobre el cual, y a partir del cual, trabaja y construye el hombre de la verdad –el investigador, el filósofo– procede, si no de las nubes, «en ningún caso de la esencia de las cosas».[1] Entre ellas y nuestro lenguaje sólo hay metáforas y usos convencionales del lenguaje. Lo que hay en la raíz de la idea de verdad o de la apelación a un mundo verdadero es la actitud moral con la que el hombre ha negado el poder de engaño que tiene la vida, en la multiplicidad irreductible de sus expresiones. Lo que hay por tanto en la raíz de la idea de verdad es una valoración, una valoración de la vida y del mundo. Es una valoración, en este caso negativa, por la cual el hombre ha querido inventar un mundo «mejor», más acorde con su debilidad y con sus ansias de supervivencia gregarias.

Nietzsche no está reprochando al hombre su error al haber inventado dioses, ideales, leyes universales o esencias inmutables. No lo ha hecho por ignorancia. Lo ha hecho por debilidad, porque en él han vencido las fuerzas del resentimiento contra la vida. El ser humano desespera de la debilidad de su propio cuerpo y de la finitud de sus fuerzas, y por eso inventa ideas y seres más allá, y un alma capaz de alcanzarlas, ya sea a través del raciocinio, ya sea a través de la salvación. Las verdades, que no son más que ilusiones que hemos olvidado que lo son, son la arquitectura de una muralla moral que el hombre ha construido contra la vida hasta quedar encerrado en una pequeñez, en una mediocridad, en la que nada tiene valor. Es decir: hasta quedar atrapado en el nihilismo.

La conclusión de esta genealogía de la voluntad de verdad, ¿tiene como consecuencia necesaria la afirmación escéptica o poética de que simplemente todo es ilusión? Hay momentos de la obra de Nietzsche, sobre todo sus primeros escritos, que parecerían afirmarlo. El arte sería el desborda-

---

1. Nietzsche, F.: *Verdad y mentira en sentido extramoral,* op. cit., p. 25.

miento contrario al de la voluntad de verdad: en vez de disimular la ilusión con la verdad construyendo la idea de un transmundo, borra la verdad con la ilusión. Es decir, hace poesía. Sin embargo, Nietzsche no se queda aquí. Si lo hiciera, su filosofía se restringiría a ser una propuesta de superación de la metafísica en el arte. Va más allá, hacia una reconfiguración de la ontología y del pensamiento filosófico en sí mismo.

La verdad de la ilusión

La labor de la genealogía muestra que tras las ilusiones no se esconde ninguna verdad, ya que todo son ya metáforas o todo son ya interpretaciones, pero que las ilusiones sí tienen una verdad. Esta verdad no está en lo que dicen, sino en la potencia que las crea. Puede ser una potencia reactiva, como la que ha engendrado el ideal de un mundo verdadero, o activa, como la que Nietzsche propone experimentar. Que no haya una verdad del mundo pensado ni una realidad del mundo sensible no significa que todo sea un sueño. Significa que todo es valoración. El ser es valor. No es sustancia ni fundamento, sino una interpretación del mundo que tiene un signo determinado: o afirmativo o negativo. Esto es la voluntad de poder. Un juego de fuerzas irreductible a la unidad de un concepto, irreductible a un fin o meta, irreductible a una verdad. Por sí misma, la vida no quiere nada. Sólo es un exceso que quiere ir más allá de sí mismo. El ser, como voluntad de poder, es un elemento genealógico, es el signo de los valores que se crearán. Ni verdaderos ni falsos, ni ciertos ni erróneos: afirmativos o negativos, activos o reactivos, nobles o bajos.

Por eso, en el juego de la filosofía, no puede tratarse de oponer una nueva verdad a las antiguas, o un nuevo modelo de pensamiento al anterior. Lo que hay que enseñar es un *querer* nuevo, una voluntad de potencia que en lugar de negar la vida y su multiplicidad, sea capaz de afirmarla. Situarse en el engranaje de la maquinaria interpretativa no es descubrir, por tanto, un nuevo objeto de conocimiento sino practicar una nueva virtud del conocimiento. Estar en la ilusión no es el problema ni es la solución: lo que hay que pensar es *cómo* estamos en ella.

La filosofía tiene por delante esta tarea. Despojada ya del elemento de lo verdadero, ha encontrado el elemento del sentido y del valor. De ser una racionalidad fundamentadora, se ha convertido, a través de Nietzsche, en una potencia de experimentación. Esto cambia por completo el escenario del pensamiento filosófico, tradicionalmente ocupado en el protagonismo del ser, el sujeto y la razón universal, los tres en busca de adecuación y de unidad. Cuando el ser es el valor, es decir, la interpretación de un juego de fuerzas en un sentido o en otro, pensar significa: diagnosticar y evaluar los movimientos de intensidad de lo que nunca podrá conocerse de manera transparente y apuntar, lo más alto posible, al interpretar sus síntomas. Si el objetivo del conocimiento no es reconducir la multiplicidad a la unidad, el problema que debe plantearse es hacia dónde va esta multiplicidad, cuál es su movimiento y su potencialidad. Pensar ya no es oponer entonces un mundo, que sería el verdadero, a otro mundo, el aparente. De lo que se trata es de crear nuevos valores. La tarea del conocimiento es una tarea de transvaloración, de cambio de signo de los valores. Sus evaluaciones son los elementos de un mundo nuevo porque indican una dirección y, con ello, una promesa. En esto consiste la liberación de la potencia. Y en esto consiste, en definitiva, la muerte de la moral. Someter a crítica la voluntad de verdad ha conducido a liberar la potencia de los dualismos morales de la metafísica: sensible e inteligible, bien y mal. Y en esto se juega para Nietzsche el sentido de la vida.

De la mano de Nietzsche, pero también con Marx, con Freud y otros, ha aparecido un nuevo modo de preguntar por la verdad que ha alterado las coordenadas del pensamiento metafísico. ¿En qué sentido puede afirmarse que los ejes principales de la filosofía contemporánea caminan sobre este nuevo escenario? Más allá de la impronta directa de Nietzsche, del marxismo y del psicoanálisis en la filosofía del siglo XX, hay un cambio decisivo en la manera de *hacer* filosofía. El ser se ha abierto a una profundidad sin fondo en la que no hay fundamentos últimos ni sustancias inmutables. Dicho de otra manera, el ser se ha hecho devenir y multiplicidad y su carácter sustancial, tradicionalmente vinculado a la idea de esencia, se ha hecho lingüístico. La identidad ser/pensar se ha desplazado a la multiplicidad de sentidos de la experiencia lingüística. Por otra parte, el pensamiento ha perdido su poder de unificación y ha ganado una nueva potencia de transformación: para Nietzsche, pensar es crear nuevos valores, para Marx, la filosofía debe realizarse transformando prácticamente el mundo, para Freud el análisis es intervención terapéutica. El movimiento por el que ser y pensar han estado buscándose dialécticamente a lo largo de toda la historia de la metafísica ha sido interrumpido.

A partir de aquí, la filosofía contemporánea se mueve sobre su propia ambivalencia: ¿es la filosofía que se puede hacer *tras el final* de la filosofía?, ¿o es la filosofía, que *por fin* se puede hacer, tras el final de la metafísica? Sobre esta doble valoración, que sitúa a la filosofía inacabada entre un final y un nuevo comienzo, entre el ocaso de una manera de pensar y la posibilidad de pensar de otro modo, el pensamiento contemporáneo se presenta como una salida de la filosofía a través de la filosofía misma. ¿De qué manera y con qué consecuencias? ¿Dónde nos lleva la nueva pregunta por la verdad y sus desplazamientos?

El gesto radical de la fenomenología
Edmund Husserl y su tarea infinita

La filosofía del siglo XX se sitúa en la ambivalencia de no saber si acabar definitivamente consigo misma o celebrar su nuevo y verdadero comienzo. Husserl apuesta radicalmente por la segunda opción. Así, en 1900 propone un lema filosófico que se convertirá en la consigna de un nuevo estilo de pensamiento: *volver a las cosas mismas*.[1] Es la invitación a un gesto radical. Abre la posibilidad, para el siglo XX, de volver a investigar filosóficamente y establece la estructura de una arquitectura abierta que a lo largo del siglo, en vez de irse construyendo según un plan, se irá poblando de desarrollos inesperados y de heterodoxias.

La propuesta de Husserl se plantea a diversos niveles. En primer lugar, *volver a las cosas mismas* es un gesto radical porque presenta un diagnóstico sin atenuantes de la gravedad de la crisis científica e histórica de la modernidad europea. Frente a esta situación, señala la necesidad de corregir las formas de producción y de legitimación del conocimiento del momento, basadas en el cálculo y manipulación de un universo objetivado en sus propiedades físico-matemáticas. Sólo rompiendo radicalmente con los errores cometidos por la etapa más reciente de la historia de la racionalidad, es pensable una refundación y la culminación del proyecto filosófico de la humanidad occidental.

En segundo lugar, v*olver a las cosas mismas* es un gesto radical porque no se plantea como un repliegue o como una

[1]. En Husserl, E.: *Investigaciones lógicas* (2 vols.), Madrid, Alianza Editorial, 2002.

renuncia en las ambiciones del pensamiento, sino todo lo contrario. Tiene como objetivo la conquista del mundo vivido, aquella realidad que la ciencia de Occidente ha perdido porque ya no sabe cómo pensarla. La fenomenología se propone recuperar la experiencia del mundo y su ingenuidad, llevar la experiencia muda a la expresión pura de su propio sentido. Ser humanos no es ser una cosa pensante. Es estar en un mundo. Y a esa relación, que se da antes de que las ciencias nos digan cómo es ese mundo, es a lo que la experiencia filosófica debe volver a apuntar.

Esto significa, para Husserl, que hay que abandonar el análisis y explicación de los hechos, en cuya superstición han caído las ciencias contemporáneas, en favor de la descripción de la corriente de vivencias de la conciencia. Este desplazamiento es el camino que abre la fenomenología no como doctrina sino como *Arbeitsphilosophie*, es decir, como filosofía que es antes que nada una tarea, un trabajo en favor de la humanidad. Pero ¿cómo realizar este desplazamiento con el que conquistar el mundo vivido y el sentido de nuestra experiencia? ¿Cómo acercarse al ámbito de lo que está antes de toda reflexión, previo a los conocimientos que explican el mundo?

La propuesta metodológica de la fenomenología es lo que Husserl llama reducción o *epokhé*. Es la metodología que se corresponde con el gesto radical de *volver a las cosas mismas*. Se define como suspensión, puesta entre paréntesis, inhibición... ¿De qué? De la creencia en la realidad en la que estamos instalados, tal como la percibimos en la actitud natural. Más allá de la duda cartesiana, que suspende los conocimientos de las ciencias heredadas, pero no cuestiona la actitud natural, Husserl retoma el gesto fundador del cartesianismo para radicalizarlo. Poner en suspensión el mundo y la manera como naturalmente nos relacionamos con él no tiene como objetivo buscar los fundamentos del método científico, sino captar las vivencias en toda su pureza. Éste es el verdadero sentido del lema de la fenomenología, *volver a las cosas mismas*.

En este desplazamiento de los hechos hacia la vida pura de la conciencia, la fenomenología se desarrolla en tres dimensiones: como ciencia de las esencias, como filosofía trascendental y como filosofía del mundo de la vida. Son los tres rostros inseparables de esta tarea filosófica que tiene como cometido, desde el principio hasta el final, la reconstrucción de la filosofía como ciencia universal.

La pureza de las vivencias

Captar las vivencias en toda su pureza significa, en primer lugar, captarlas en su esencia, disociadas de su existencia como objetos. La fenomenología, como ciencia de las esencias, es el resultado de una primera reducción, a la que Husserl llama *eidética*, que pone entre paréntesis el contenido de lo dado para dejar emerger el modo cómo se da. Es una propuesta que se aleja críticamente tanto del empirismo como del positivismo, porque considera que estas corrientes confunden las cosas mismas con los datos, y se someten acríticamente a ellos. La fenomenología no reivindica el dato, o la mera experiencia sensorial, sino la esencia como aquello que se expresa en una intuición vivida, como aquello en lo que se me revela la cosa misma dándose a sí misma.

Captar las vivencias en toda su pureza significa, en segundo lugar, hacerlo desde la conciencia pura. La fenomenología es una filosofía trascendental, no empírica, que no sólo pone entre paréntesis lo dado, sino que también pone en suspensión el yo empírico y psicológico. A esta segunda reducción, Husserl la llama reducción *trascendental*. Volver a las cosas mismas implica volver la conciencia hacia y sobre sí misma, levantar el velo que separa el yo de su verdad y hacer emerger la conciencia como radicalidad absoluta que funda toda trascendencia, es decir, toda relación con lo que hay más allá de ella.

El yo puro o trascendental se disocia entonces del yo empírico y de sus intereses respecto al mundo, pero no se encierra en una supuesta autosuficiencia de la conciencia. Este yo puro, que ya no es la identidad psíquica y concreta de cada uno sino la conciencia y sus relaciones, se descubre entonces como fundamento y raíz del sentido, pero no está solo ni es un principio vacío. Lo que encuentra es la posibilidad de experimentar y de pensar cómo se dan sus vivencias y, por tanto, cómo emerge todo aquello que va más allá del yo puro y con lo que necesariamente se relaciona.

Puede extrañar que tras esta doble reducción de la experiencia, que ha dejado a la conciencia sin contenidos empíricos respecto al objeto y respecto al sujeto, el yo no se haya quedado solo, como le pasaba, por ejemplo, al sujeto de Descartes. Ese yo que era solamente su propio pensamiento no sabía cómo explicarse su relación con los objetos de su pensamiento ni con las otras conciencias. Necesitaba recurrir, finalmente, a la intermediación divina. ¿Por qué no le ocurre lo mismo al yo que Husserl ha dejado en suspensión? Porque lo que Husserl plantea es que toda conciencia es conciencia de algo. Podemos obviar sus contenidos concretos, pero siempre nos quedará el hecho de que la conciencia tiene una estructura relacional. No hay conciencia que no sea conciencia de algo. Por eso, dirá Husserl, la estructura de la conciencia es la intencionalidad. Esta intencionalidad es la verdadera unidad natural del yo y el mundo, y no ese difícil encuentro exterior entre el sujeto y el objeto con el que se había debatido la filosofía moderna. Desde aquí, Husserl dirige sus críticas ya no sólo al empirismo sino también al formalismo racionalista y a toda consideración de la conciencia como una sustancia metafísica.

La fenomenología, como reflexión eidética y trascendental que se basa en una operación de puesta entre paréntesis de la realidad, es una *egología:* hace del yo y de la vida de su conciencia el fundamento del mundo. Pero ese yo no está aislado: está en el mundo gracias a la estructura intencional de la conciencia. La idea fundamental de la fenomenología es que el mundo y los otros se pronuncian incansablemente en nosotros. Es lo que la fenomenología, como descripción de la vida inmanente de la conciencia debe describir y mostrar. Por eso, describiendo las esencias y analizando los procesos constitutivos de la conciencia, es como volvemos a las cosas mismas. Paradójicamente, es en la conciencia donde descubrimos el conjunto de relaciones y de significaciones que articulan cotidianamente nuestro mundo y el de los otros. En el examen de la conciencia descubrimos, así, lo que a partir de 1934 Husserl denominará el *mundo de la vida*.

Filosofía del mundo de la vida

Captar las vivencias en toda su pureza, es decir, en su esencia y desde la conciencia pura, no tenía otro objetivo que conquistar el mundo, no tal como lo hemos conocido, sino tal como se nos da su sentido. Desde la estructura intencional de la conciencia la realidad del mundo y de los otros ha quedado incorporada a la estructura del yo puro, pero la justificación filosófica de la existencia de un mundo común y objetivo queda sin resolver. En unas conferencias que Husserl había dado en París en 1929, recogidas bajo el título de *Meditaciones cartesianas*,[1] aparecía ya el problema de la intersubjetividad como el tema clave que la fenomenología, en su apuesta por refundar la subjetividad moderna, debería afrontar. En esta dirección, Husserl da un paso importante en sus últimos trabajos y conferencias, que integran el libro *La crisis de las ciencias europeas*,[2] cuando incorpora el concepto de *mundo de la vida* y abre la pregunta acerca de su constitución.

---

1. Husserl, E.: *Meditaciones cartesianas*, Madrid, Tecnos, 2006.
2. Husserl, E.: *La crisis de las ciencias europeas y la fenomenología trascendental*, Buenos Aires, Prometeo Libros, 2008.

En la búsqueda de la relación que la conciencia mantiene con el mundo, relación que es anterior a lo que las ciencias nos dicen y enseñan acerca de su realidad, la filosofía trascendental desemboca, finalmente, en la reconciliación entre este tipo de saber abstracto y la vida concreta. La praxis vital, todo aquello que hacemos viviendo, aparece ahora como el ámbito originario del sentido. Este ámbito originario del sentido es el mundo de la vida, entendido como el conjunto de significaciones pre y extracientíficas que dan sentido a nuestras vivencias. La radicalidad del gesto fenomenológico, centrado hasta entonces en las vivencias puras de la conciencia, queda ahora expuesto a una reflexión sobre la historia y sobre las formas de la subjetividad en el presente.

Husserl había partido en 1900 de una crítica al positivismo. Concretamente, como matemático que era, había partido de la crítica al psicologismo y sus presupuestos. Estas críticas adquieren, en el transcurso de su pensamiento, la dimensión de un diagnóstico histórico sobre la crisis de la humanidad y de Occidente. El objetivismo científico, que a partir de Descartes ha cosificado la conciencia y a partir de Galileo ha matematizado lo real, ha dejado a las ciencias descabezadas de filosofía. Sin la filosofía como fundamento universal del conocimiento, la humanidad ha quedado despojada de su *fin* racional. El objetivismo científico, a pesar del aparente éxito de sus hallazgos e innovaciones, es en realidad el epicentro de la crisis de la humanidad europea, de sus desvíos y de sus desvaríos. Entregado al culto del objeto y del dato, oculta que el mundo es obra de la conciencia. Por eso, el proyecto racional y universal de la Europa moderna ha terminado extraviándose. Respecto a esta situación histórico-filosófica, la refundación de la filosofía universal y de las ciencias particulares a partir de su dirección, adquiere una dimensión histórica y colectiva: la fenomenología es una propuesta de rectificación del camino extraviado de Occidente, tarea para la cual los filósofos deben retomar el papel, humilde pero central, de «funcionarios de la humanidad».

Volver a las cosas mismas, no es sólo un gesto radical de alcance epistemológico, guiado por una apuesta por la validez del conocimiento universal. Es también una llamada histórica: se trata de devolver a la razón al camino por el que podrá volver a comprenderse a sí misma. Describir el mundo de la vida no es una huida anticientífica hacia el mundo de las vivencias y las intuiciones. Husserl defiende que es el paso imprescindible para encaminarse hacia la genuina racionalidad, una racionalidad que no está dada, sino que se presenta como una exigencia a desarrollar. Éste es, como dice Husserl, el heroísmo de la razón: el fin o *telos* que ha guiado a la humanidad europea desde Grecia y que, porque se ha planteado para todos en general, podemos considerar como un fin universal. Pero no nos equivoquemos: la universalidad a la que apunta es para Husserl la expresión de la máxima fidelidad al proyecto de Occidente. A pesar de su extravío mortífero, Occidente sigue siendo para Husserl el portador del único proyecto de civilización que, mediante el concepto de lo universal, apela al conjunto de la humanidad. Occidente es, para él, la civilización que ha hecho del racionalismo una tarea y creencia práctica en la que se descubre la esencia misma del ser humano.

Con su llamada, con su reivindicación de una vuelta a lo originario, Husserl desafía a la filosofía del siglo XX con una nueva tarea por acometer y con un sentido de la responsabilidad universal hacia la humanidad: hacerse cargo de su propio sentido, desde una concepción renovada de su inscripción en el mundo. La herencia de esta tarea condicionará gran parte de las corrientes de pensamiento que atraviesan el siglo que él ha inaugurado con la consigna *volver a las cosas mismas*. La filosofía contemporánea es, en gran parte, fenomenología: fenomenología como ontología, fenomenología como hermenéutica, fenomenología como filosofía existencial... Como escribió su discípulo Merleau-Ponty, la sombra que proyecta la figura husserliana es larga y deja muchos problemas por pensar. El mismo

Husserl intuyó en sus últimos años que esa tarea no podía ser más que un sueño infinito, una tarea inacabada: la filosofía como ciencia... ese sueño que habrá que soñar hasta el final.

Volver a preguntar por el ser
El camino de Martin Heidegger

Los títulos de sus últimos libros, *Sendas perdidas* y *Caminos del bosque*,[1] han convertido en recurrente la imagen del camino para referirse a la filosofía de Heidegger. No se trata solamente de que Heidegger hiciera de los caminos que rodeaban su cabaña en el bosque su espacio de pensamiento, sino que su trayectoria misma es un camino: el que va de un primer a un segundo Heidegger, del Heidegger de *Ser y tiempo*[2] (1927) al Heidegger de los textos más breves sobre la metafísica, el pensamiento del ser, el lenguaje y su escucha, así como también el de la obra de arte, la palabra poética o el destino de Occidente. Dos «Heideggers» separados por un *impasse*, un giro y por el abandono de su gran obra *Ser y tiempo*. Por lo tanto, el camino de un pensamiento inacabado que se mueve y avanza bajo la huella de un abandono inaugural.

El núcleo: el olvido del ser y la pregunta

Más allá de sus momentos y etapas, este camino del pensar está marcado por la insistencia de una pregunta que quiere abrirse paso desde el principio hasta el final: es la pregunta por el ser y la necesidad de formularla de nuevo para despertar la comprensión de su sentido. Los efectos de esta pregun-

---

1. Heidegger, M.: *Sendas perdidas*, Buenos Aires, Losada, 1960; *Caminos del bosque*, Madrid, Alianza Editorial, 1995.
2. Heidegger, M.: *El ser y el tiempo*, México, FCE, 1967.

ta insistente marcan los diferentes momentos de la filosofía heideggeriana, que a pesar de sus diferencias conceptuales y lingüísticas, se mantiene siempre en el empeño de un mismo proyecto: la construcción de una ontología que deje atrás los errores de la metafísica, una ontología que por fin rescate al ser del olvido y de su ocultación bajo los discursos filosóficos y científicos de Occidente. Es una ontología que recoge y radicaliza la herencia de Husserl: si la fenomenología pretendía refundar la filosofía como ciencia estricta más allá de los errores en los que la había extraviado el cartesianismo y retomar, así, el proyecto racional de Occidente, Heidegger propone superar la metafísica misma como historia de un olvido que ha impedido a Occidente relacionarse con el sentido del ser y de su propio destino.

El proyecto de Heidegger parte de una experiencia fundamental que a la vez es un diagnóstico sobre la metafísica y su historia. Heidegger parte de la perplejidad ante el hecho de que desde que Occidente ha empezado a preguntarse por el ser de las cosas (o por el ser como ente, como dice él) ha olvidado el verdadero sentido de la pregunta por el ser. Bajo la pregunta por la verdad de las cosas, el ser ha quedado abandonado, olvidado, convertido en un a priori obvio, indefinible, sobre el que no vale la pena preguntar. Bajo la presencia de las cosas, hemos perdido la posibilidad de relacionarnos con el sentido de su ser. El diagnóstico que Heidegger formula a partir de esta experiencia fundamental es que la metafísica occidental es la historia de una manera de pensar y de relacionarse con el mundo que tiene en su origen un olvido: el olvido del ser. Este olvido es el hilo conductor de la civilización occidental, desde la Grecia clásica hasta el mundo de la técnica, desde la plenitud metafísica antigua, hasta el nihilismo de la modernidad industrializada.

Pero ¿en qué consiste este olvido? ¿Por qué se nos ha escapado el ser? La filosofía occidental ha confundido la pregunta por el ser con la pregunta por el ente. Cuando desde la filosofía se ha preguntado por el ser, lo que ha buscado es un ente más fundamental, una cosa más importante o fundamental que todas las demás: una materia común, una sustancia o un Dios, y ha querido llevarlo a la presencia. El hombre ha preguntado por el ser de la misma manera que se relaciona cotidiana y normalmente con el mundo natural, con el mundo de las cosas. Lo que ha conseguido así es perderlo, perderlo hasta el punto de que ni siquiera se da cuenta de esa pérdida. Por eso el hombre occidental se mueve satisfecho en un mundo hecho de cosas y de discursos sobre las cosas. Por tanto, rescatar al ser del olvido significa hablar de cómo se ha olvidado la diferencia entre el ser y la cosa, es decir, de la diferencia entre la cosa y el hecho de que sea. Y, aún más allá de ello, hacernos conscientes del olvido de este olvido.

Volver a hacer la pregunta por el ser y despertar la comprensión de su sentido, significa entonces llevar a la luz esta diferencia y rescatarla de su olvido. De ahí se derivan las tres dimensiones de esta nueva ontología o pensamiento del ser: en primer lugar, la necesidad de destruir o deconstruir el contenido de la ontología tradicional, que es el que alberga y oculta este olvido. Heidegger no propone hacer tábula rasa y partir de cero sino ponerse a la escucha, buscar y ganar esas experiencias originales en las que emergió la pregunta por el ser. Se trata de hacer un salto atrás, que no es una vuelta al origen sino una apropiación creadora del pasado que busca abrir un espacio, imposible dentro de la metafísica, en el que la pregunta por el ser vuelva a tener sentido y a concretarse.

En segundo lugar, volver a hacer la pregunta por el ser implica la necesidad de elaborar un repertorio nuevo de conceptos que no se confundan con los que hemos usado tradicionalmente para referirnos a los entes. Por tanto, exige abrir un nuevo registro conceptual, un nuevo campo de visibilidad que no esté dominado por el modo como las ciencias hijas de la metafísica nos lo representan. Por eso, la ontología fundamental que propone Heidegger también es una fenomenología, o la reducción propuesta por la fenomenología husserliana llevada hasta el final.

En tercer y último lugar, si el ser no es una cosa sobre la que podamos hablar, esta nueva ontología más fundamental no puede pretender, simplemente, la construcción de un nuevo discurso teórico acerca de la realidad. Su verdad no apunta a la presencia de las cosas sino al desvelamiento de su sentido. Por eso su verdad no es un contenido, sino un acontecimiento. ¿Dónde tiene lugar este acontecimiento? Heidegger dirá: en ningún lugar fuera de nosotros, su lugar propio no es otro que la existencia humana misma. Por eso la ontología fundamental no es un nuevo discurso teórico acerca del mundo, sino una nueva relación con el ser que somos, una nueva relación que cada uno de nosotros, desde su singularidad, puede entablar con su propia existencia. La ontología fundamental es también, por tanto, un proyecto existencial. Hacer salir al ser de su ocultamiento metafísico implica, de forma inseparable, hacer salir al hombre de la existencia inauténtica en la que se halla perdido de sí mismo.

En resumen, esta nueva ontología que es superación de la metafísica, fenomenología radicalizada y proyecto existencial es la que traza, según su desarrollo, el camino del pensar de M. Heidegger. Pero ¿dónde nos lleva este camino del pensar? Su evolución puede recogerse en la enigmática frase con la que se cierra el curso de 1935, *Introducción a la metafísica*: «Poder preguntar significa ser capaz de esperar aunque fuese toda una vida».[1]

De la existencia a la ex-sistencia

Para entender qué significa esta frase, y por tanto dónde conduce el camino filosófico heideggeriano, hay que examinar una tesis importante que aparece dos veces a lo largo de la obra de Heidegger. La primera vez, en *Ser y tiempo,* dice

---

1. Heidegger, M.: *Introducción a la metafísica*, Barcelona, Gedisa, 1997, p. 185.

así: «La esencia del *Dasein* está en su existencia».[1] El *Dasein*, o el ser-ahí, es la existencia humana, el hecho de que el hombre está abierto al mundo en el que se halla inscrito. Lo que Heidegger sostiene es que esta existencia no es la realización de ninguna esencia determinada, sino solamente un conjunto abierto de posibilidades aún por realizar. Años más tarde, esta idea reaparece en *La carta sobre el humanismo* en los siguientes términos: «La esencia del hombre reposa en su ex-sistencia».[2] La frase es casi la misma, pero algunos términos y la ortografía de la existencia han cambiado. Con ellos, también, algunas posiciones fundamentales de la filosofía del mismo Heidegger.

Esta tesis, que se convertirá posteriormente en la divisa del existencialismo y que Sartre retomará con fuerza, es la carga de dinamita que Heidegger pone en los cimientos del edificio categorial de la metafísica y en su desarrollo moderno a través de la filosofía del sujeto. Lo que está afirmando es que el modo de ser del hombre no es el de un ente cualquiera, porque no es un ser que nos podamos poner ante los ojos y describirlo a partir de una serie de atributos. Por el contrario, sus caracteres son modos posibles de ser y estos modos sólo pueden definirse existiendo, escogiendo y realizando, cada uno, su propio existir.

Este punto de partida, que es la raíz de la verdadera ontología para Heidegger, no es un hecho cualquiera, no remite a un mero dato empírico. Lo que señala es una apertura a distintos modos de ser. Recoge, a nivel ontológico, la apertura al mundo de la intencionalidad de la conciencia husserliana. Si Husserl había ido más allá de la dualidad frontal y exterior entre el sujeto y el objeto a la hora de explicar el encuentro entre el yo y el mundo, ahora Heidegger pone seriamente en cuestión otra pareja de nociones importantes

---

1. Heidegger, M.: *El ser y el tiempo*, párrafo 9, México, FCE, 1967, p. 54.
2. Heidegger, M.: *Carta sobre el humanismo*, Madrid, Alianza Editorial, 2000, p. 37.

para la metafísica clásica: la dualidad esencia – existencia. La filosofía del sujeto de base cartesiana, que suponía que el sujeto era una sustancia cuya esencia era el pensamiento, queda ahora del todo puesta en crisis y abierta a una trascendencia que es pura apertura de posibilidades.

En *Ser y tiempo*, esta trascendencia o apertura que es la existencia se analiza a partir de dos estructuras básicas y superpuestas, que son la base de una propuesta activa de emancipación y de transformación de la existencia humana: el ser-en-el-mundo y la cura. Que el hombre esté inscrito en un mundo y tenga una relación de atención respecto a él y a los demás, no es una circunstancia que le sea exterior, sino que es su constitución originaria. La existencia es un «estado de abierto» que Heidegger recoge lingüísticamente en el *Da*, en el «ahí» en alemán, con el que bautiza la condición ontológica del hombre (*Dasein*). El *Da*, su «ahí», es la apertura de un ser inacabado que está ya siempre abierto a un mundo constituido por entes y por otras existencias. No tiene que llegar al mundo porque no está fuera de él. Heidegger no parte del problema del solipsismo. La existencia humana se encuentra arrojada ya siempre en el mundo, y en él comprende sus posibilidades de ser a través del lenguaje. Encontrarse, comprender y hablar no son acciones circunstanciales: son las tres dimensiones fundamentales de la relación con el ser. Su lugar: el lenguaje. Su estructura: el tiempo.

Pero si éstas son las estructuras del ser del *Dasein*, su esencial modo de ser posible, ¿por qué ha caído el sentido del ser en el olvido? Porque normalmente, cotidianamente, dirá Heidegger, el hombre vive alejado de su esencia. Vive como «caído». Esta condición de caído retoma el tema de la alienación humana, cuestión recurrente en la filosofía de los siglos XIX y XX. La vida cotidiana, imagen moderna y urbana de lo que significaba la vida terrenal para el cristianismo, es un escenario de extrañamiento respecto a la vida verdadera y auténtica. Por eso Heidegger dedica largos e importantes capítulos en *Ser y tiempo* a analizar la cotidianidad, y sus formas de dominio y de impersonalidad. Son los distintos aspectos de una existencia inauténtica, de una existencia perdida en el mundo, absorbida por él. Queriendo controlar y poseer el mundo, el hombre occidental se ha perdido a sí mismo. No ha elegido su propia esencia, porque no se ha comprendido a sí mismo como posibilidad, como poder ser. Desde esta incomprensión, ha hecho de sí mismo una cosa entre las cosas. Por eso su condición histórica es la de la errancia, la de un exilio que no encuentra otro destino que el de un nihilismo destructor.

Pero porque se ha perdido en un caída en la inautenticidad, la esencia humana puede reencontrarse a sí misma. Porque se ha extraviado y entregado al dominio impersonal de las cosas, el hombre puede volver a reapropiarse de su existencia. La existencia, decidida y resuelta a empuñar su cotidianidad de otra manera, avanzándose a su propia muerte, puede vaciarse de la angustia que la mantiene en permanente huida. Para ello debe mirar frente a frente a la nada, sin miedo porque sólo desde ella puede llegar a nosotros el sentido del ser. *Ser y tiempo* es una llamada a reapropiarse de la existencia, un proyecto emancipatorio que apunta a la autenticidad según la cual el hombre puede entenderse como posibilidad finita y abierta. Este proyecto es el que quedará interrumpido con el abrupto abandono del libro en 1927.

Un nuevo destino

En 1946, Heidegger escribe una carta a Jean Beaufret, respondiendo a su interpelación acerca del destino del humanismo. En esta carta, la tesis de *Ser y tiempo* reaparece terminológica y ortográficamente retocada: la existencia se ha convertido ahora en *ex-sistencia,* y en este cambio podemos leer el giro del camino heideggeriano. La existencia, como apertura esencial del hombre al mundo, se escribe ahora con el lenguaje del éxtasis y señala por tanto a una apertura que no es cura o atención sino principalmente disposición y entrega.

El hombre sólo se presenta en su esencia en la medida en que es interpelado por el ser. Sólo por esa llamada ha encontrado el hombre dónde habita su esencia. Sólo por ese habitar tiene el lenguaje a modo de morada que preserva el carácter extático de su esencia. A estar en el claro del ser es a lo que yo llamo la ex-sistencia del hombre.[1]

Y esta apertura, este estar en el claro del ser para poder acoger en el lenguaje su verdad, no lo decide el hombre. El pensamiento del ser lo es en el doble sentido de que dice su verdad y le pertenece. La ontología ha adquirido ahora, tras el giro en el camino heideggeriano, el estatuto de destino. Con ello, Heidegger presenta una nueva radicalización del diagnóstico histórico de Husserl en *La crisis de las ciencias europeas*. Para el destino de Occidente, extraviado en el nihilismo, no hay rectificación en manos de la voluntad humana. El decisionismo, el proyecto activista que aún guiaba *Ser y tiempo*, queda anulado en una filosofía del desasimiento, de la disposición, del estar a la escucha... y de la espera. Por eso preguntar, preguntar de nuevo por el ser ya no está en nuestras manos ni en nuestro lenguaje. Significa solamente ser capaz de esperar, aunque fuese toda una vida.

Entre 1927 y 1946, Europa también sufrió un giro en su destino, o más bien sufrió un revés irreversible. Heidegger, como es sabido, no quedó al margen de la funesta historia de Alemania y de los fascismos europeos, todo lo contrario. Participó de ella filosófica e institucionalmente. No pretendo entrar en la polémica en torno a una apología o una condena de la filosofía de Heidegger, en función de sus decisiones políticas y personales. Pero es evidente la correspondencia entre ellas y la evolución de su pensamiento, herido por una cesura incurable. Contra el sujeto moderno, que

---

1. Heidegger, M.: *Carta sobre el humanismo*, op. cit., p. 27.

sobreponía la soberanía de su conciencia y de su voluntad frente al mundo, convertido en un objeto de consumo y de dominio, Heidegger quiso abrirle otra vía de comprensión de sí mismo, como mera posibilidad, temporal y finita, inscrita en un entramado de relaciones que podía hacer suyas. Pero este proyecto de autenticidad se confundió con otra autenticidad que reclamaba fuerza, pureza y unidad de destino para la civilización occidental, sumida en el nihilismo. Heidegger, a partir de ahí, neutralizó toda capacidad de elección y de decisión en el hombre y optó por ponerlo en suspensión y a la espera de una salvación que, cuando quiere tomar en sus manos, sólo puede conducir a una catástrofe aún mayor. Heidegger se convirtió así, en la voz del camino sin salida de una tradición del pensamiento occidental que, aún a sabiendas de sus errores, persiste en no querer salir de sí misma.

Los silencios de la filosofía
Los juegos de Ludwig Wittgenstein

Más allá de las dificultades que presentan sus análisis lingüísticos y de la influencia que han ejercido en el desarrollo posterior de la lógica y de la filosofía analítica, la filosofía de Wittgenstein despierta una gran fascinación que tiene que ver, precisamente, con todo lo que no dice, con todo lo que calla. Y es que el silencio, todo lo que excede los límites del lenguaje y no se deja decir, es el corazón de su pensamiento, la problemática central de esta filosofía que busca, con todas sus fuerzas, deshacer los falsos problemas que han enredado al pensamiento. En un primer momento, pretende haberlo hecho para siempre, de forma definitiva y formalmente acabada. En un segundo momento, la fuerza irreductible y plural del lenguaje vivo acaba inundando las primeras pretensiones de claridad para reabrir la filosofía como un juego inacabado.

La arquitectura filosófica del Tractatus

El *Tractatus lógico-philosophicus*[1] (1921) es la minuciosa articulación de un mundo de claridad y de certeza, retratado con toda la precisión de su estructura lógica. Todo él es claro como el cristal, decía el mismo Wittgenstein a Bertrand Russell en 1918. Un mundo de confines cristalinos, que no dejan lugar a ninguna sombra, pero sí a mucho silencio. Demasiado.

1. Wittgenstein, L.: *Tractatus logico-philosophicus*, Madrid, Alianza Universidad, 1987.

Wittgenstein, formado en ingeniería y matemáticas, había crecido en el ambiente de la cultura vienesa finisecular, en la que dominaban diversas corrientes: por un lado, la impronta de la psicología y del psicoanálisis. Por el otro, las expresiones artísticas, especialmente literarias y musicales, de un mundo en crisis, que ve cómo se descompone la relación entre el mundo, el yo y el lenguaje. El texto conocido como *Carta a Lord Chandos* (1902) de Hugo von Hofmannsthal es su máxima expresión. Es un mundo que se tiene que enfrentar a los nuevos rostros de lo indecible. «Las palabras abstractas que de forma natural debe usar la lengua para emitir cualquier juicio, se me deshacían en la lengua como hongos podridos...»[1] Con estas palabras, Hofmannsthal no se resigna a hablar de la vida, sino que declara su incapacidad de nombrarla.

Wittgenstein se enfrenta al silencio de Hofmannsthal circunscribiendo, férreamente, los límites de un ámbito de significado legítimo. Lo definen el conjunto de proposiciones de las ciencias naturales, proposiciones que son contingentes y descriptivas. ¿Por qué son válidas? Wittgenstein basa su teoría de la significación en la idea del retrato o de la figuración. De ahí que pueda hablarse de una teoría figurativa del lenguaje: hay una relación por la cual la estructura lógica de las proposiciones coincide con la estructura lógica del mundo, la forma de la realidad. Los nombres remiten a los objetos y las proposiciones se corresponden con la articulación de los hechos o estados de cosas. Como afirma en el *Tractatus*: «Nos hacemos figuras de los hechos» (2.1).[2] La lógica es, así, un espejo de la naturaleza. Todo lo que podemos decir cabe en sus estructuras. Añade en la proposición 5.471: «dar la esencia de la proposición es dar la esencia del

---

[1]. Hofmannsthal, H. von: Una carta (*Carta a Lord Chandos*), Cuadernos de Tarazona 3, 2002, p. 8.
[2]. Las citas del *Tractatus logico-philosophicus* de L. Wittgenstein se harán según la edición citada, pero como son muchas sólo se indicará su numeración en el texto.

mundo». Por eso el análisis lógico del lenguaje es la tarea central de la filosofía: nombres, proposiciones elementales, proposiciones moleculares... y la proposición como función de verdad.

Pero ¿qué hemos obtenido con una descripción del mundo correcta y eficaz? «Absolutamente nada», dice el mismo Wittgenstein. Lo argumenta en 6.432: «Cómo sea el mundo es de todo punto indiferente para lo más alto...». O en 6.52: «Sentimos que aun cuando todas las posibles cuestiones científicas hayan recibido respuesta, nuestros problemas vitales todavía no se han rozado en lo más mínimo». Contra las oscuridades del psicologismo y los abusos de la metafísica, y fiel al contenido de verdad de las ciencias naturales, Wittgenstein acaba poniendo en cuestión, también, la fe del positivismo, es decir, la absolutización de los hechos y los datos. Si el positivismo sostiene que sólo es importante lo que se puede decir con sentido, Wittgenstein mostrará, con su *Tractatus*, que precisamente todo ello es lo que menos importancia tiene. O mejor dicho, que no tiene ninguna. Los discursos de los que disponemos no nos dicen nada importante.

Esto es así, porque las ciencias naturales sólo pueden describir el conjunto de hechos que componen el mundo: «Fuera de la lógica todo es casualidad» (6.3), no hay en ellas nada a priori ni nada que pueda indicar una necesidad. «Sólo hay necesidades lógicas» (6.37). Por su parte, la lógica, que nos muestra su estructura y su verdad, es en sí misma tautológica. «Las proposiciones de la lógica son tautologías. (...) No dicen nada...» (6.1) «Las proposiciones lógicas describen el armazón del mundo, o más bien lo representan. No "tratan" de nada» (6.124).

Así, la filosofía es una actividad que no puede aportar contenidos, que no puede hablar de nada. Se tiene que limitar a esclarecer y a fijar los límites de lo decible y de lo indecible. «El objetivo de la filosofía es la clarificación lógica de los pensamientos. La filosofía no es una doctrina sino una actividad...» (4.111) Y añade: «Debe delimitar desde dentro lo impensable por medio de lo pensable. Por eso es la escalera que una vez arriba hay que tirar...» (4.112). Finalmente, sentencia en la proposición 6.54: «Es una actividad que se autodisuelve, que se suprime a sí misma».

Lo decible tiene lugar sobre un fondo que es lo indecible. El límite, contra lo que el positivismo sostiene, existe. Y hacemos experiencia de él. Esta experiencia del límite, este choque con el mundo como totalidad limitada, es lo que Wittgenstein llama «lo místico». «Lo inexpresable ciertamente existe. Se muestra, es lo místico.» (6.522) «Sentir el mundo como todo limitado es lo místico.» (6.45) «No es lo místico cómo sea el mundo sino que el mundo sea.» (6.44) Es la experiencia del gran silencio que rodea al mundo cierto, claro y transparente, una vez hemos limpiado al lenguaje de todos sus abusos y confusiones.

Los límites de mi mundo

Lo que encontramos en esta experiencia del límite es la pregunta por el sentido, la pregunta por el hecho de que el mundo sea. Lo que encontramos, también, es al sujeto y a su condición ética. Encontramos, por tanto, la parte no escrita del *Tractatus*. Como escribía el mismo Wittgenstein a propósito del *Tractatus:* «El sentido de mi libro es ético... Mi obra se compone de dos partes: de la que aquí aparece y de todo aquello que no he escrito. Y precisamente esta segunda parte es la importante. Mi libro, en efecto, delimita por dentro lo ético, por así decirlo; y estoy convencido de que sólo puede delimitarse así. Creo, en una palabra, que todo aquello sobre lo que muchos parlotean lo he puesto en evidencia yo en mi libro guardando silencio sobre ello».[1]

Sobre el sentido, hay dos indicaciones importantes en el *Tractatus*. «El sentido del mundo tiene que residir fuera de

---

1. Fragmento de carta escrita en 1919, citado por I. Reguera y J. Muñoz en la introducción a la ya citada edición del *Tractatus*.

él» (6.41), porque en el mundo sólo hay hechos, no valores. Y lo desarrolla así: «Dios no se revela en el mundo» (6.432).

El sujeto, por su parte, también aparece como límite del mundo: como sujeto empírico y psicológico se ha disuelto en el mundo de los hechos, pero el mundo sigue siendo *mi* mundo (5.63). «El sujeto no pertenece al mundo, sino que es un límite del mundo.» (5.632) Esta condición que sin embargo no constituye ni conforma el mundo es el sujeto solipsista, reducido a un punto, que Wittgenstein retira a los márgenes de lo que se puede decir. Para él, el yo es lo más profundamente misterioso, porque es la condición de un mundo que, sin embargo, le es ajeno. Lo dice aún en la proposición 6.373: «El mundo es independiente de mi voluntad».

Este sujeto lo es no de sus representaciones, sino de una voluntad que no puede nada sobre el mundo. El mundo, conjunto de los hechos y estados de cosas, no contiene valores. Como afirma en la famosa *Conferencia sobre la ética*, de 1930, ésta, la ética, es inexpresable, sobrenatural, porque no cabe en nuestro lenguaje. Si toda expresión ética es, entonces, fruto de un sinsentido, sin embargo, la tensión hacia ella existe.

La ética es un impulso que arremete continuamente contra los límites del lenguaje, que pretende ir más allá del mundo. ¿De qué puede ocuparse? Si no puede versar sobre lo bueno y lo malo que acontece en el mundo, sí puede ocuparse de la *felicidad*. Ésta lo es del propio sujeto, retirado en el margen. La voluntad sólo puede actuar sobre el propio sujeto como límite, cambiando su disposición respecto al mundo como totalidad: lo único que puede el sujeto, por tanto, es aceptarlo o rechazarlo. Como dice en 6.43: «Si la voluntad buena o mala cambia el mundo, entonces sólo puede cambiar los límites del mundo, no los hechos; no lo que puede expresarse mediante el lenguaje. En una palabra, el mundo tiene que convertirse entonces en otro enteramente diferente. Tiene que crecer o decrecer, por así decirlo, en su totalidad. El mundo del feliz es otro que el del infeliz.»

En la ética se mantiene la consigna antiproblemática que guía toda la filosofía de Wittgenstein: dejar el mundo como está. Pero para ello hace falta cambiar la disposición, tanto lingüística como vital, que tenemos respecto a él. Tenemos que aprender a vivir de tal manera que desaparezca lo problemático, es decir, disolver los falsos problemas y sustraernos a la tiranía de lo contingente, incluida la muerte. Lo resume perfectamente en 6.521: «La solución del problema de la vida se nota en la desaparición de ese problema», o como deja entender en la *Conferencia sobre ética*,[1] también los problemas vitales se resuelven cuando desaparecen.

El misticismo y el solipsismo son finalmente las actitudes que se corresponden con una filosofía que ha atajado el problema de la significación, la crisis de la relación lenguaje – mundo, de la manera más radical: mostrando, en primer lugar, lo único que tiene validez para nuestro lenguaje y mostrando, en segundo lugar, la poca o ninguna importancia que tiene. De lo demás hay que callar. Y es lo que hace Wittgenstein: recluye su propia vida en el silencio y abandona la filosofía y la vida pública.

Juegos de lenguaje

Pero en su retirada, el silencio se puebla de voces, de prácticas, de gestos, de expresiones, de rostros... ¿Qué hacemos con ellos? ¿Seguir en el encierro del solipsismo como imagen muda de la genialidad? Wittgenstein se acerca, cuando vuelve a Cambridge y a la filosofía, al lenguaje natural y expresivo. Ahora, el lenguaje límpido y cristalino de las descripciones de las ciencias naturales aparece como uno entre los otros usos posibles del lenguaje. Hacer de su estructura lógica la estructura misma del mundo, dicho de otro modo, sustancializar la lógica, es un acto de superstición. La lógica ha pasado de espejo del mundo a espejismo. «Una figura nos

---

1. Wittgenstein, L.: *Conferencia sobre ética*, Barcelona, Paidós, 1989.

tuvo cautivos...», dice en *Investigaciones filosóficas*, §115.[1] Wittgenstein renuncia a la pregunta por el orden sustancial del mundo y, en su lugar, aparece la pregunta sobre cómo lo interpretamos. ¿Qué reglas estamos siguiendo cuando nos comunicamos y esa comunicación funciona?

Esta pregunta indica la reorientación, la reformulación de la teoría de la significación que la crítica ha señalado como el segundo Wittgenstein. Pasa del análisis de la estructura lógica y de la definición denotativa como punto de partida a una concepción funcional e inmanente del significado. El punto de partida ya no es que hay enunciados que describen el mundo, sino el hecho de que nos comunicamos. Éste es un hecho social, no lógico, que indica que hay frases que nos sirven para ello. Esta nueva teoría del significado tiene tres elementos clave: en primer lugar, la regla, que es aquello que seguimos cuando una frase «funciona». La frase produce sentido inmanente a las relaciones. En segundo lugar, la forma de vida, como marco funcional en el que se siguen las reglas y, finalmente, el juego de lenguaje, como nueva condición de lo lingüístico. Dice en *Investigaciones filosóficas* § 25: «Llamaré juego de lenguaje al todo formado por el lenguaje y las acciones con las que está entretejido». Las palabras adquieren significación no porque remitan a la estructura del mundo y sus objetos, sino en la *praxis*. Sus reglas y su articulación se tejen ahora en el tapiz de la vida.

La consecuencia de esta reorientación de la teoría del significado es que el lenguaje pierde su idealidad, su unidad ideal apriorística. Es sustituida por la efectividad real de una multiplicidad de juegos, de formaciones lingüísticas indefinidamente emparentadas entre sí. La imagen para esta unidad del lenguaje es ahora la de una «ciudad antigua» en la que se han ido superponiendo casas y cruzando barrios de forma siempre inacabada (*Investigaciones*, §18).

---

1. Wittgenstein, L.: *Investigaciones filosóficas*, Barcelona, Crítica, 1988. Como en el caso del *Tractatus*, se indicará la numeración original de los párrafos.

Si antes había construido la arquitectura de un mundo cristalino, ahora Wittgenstein dibuja el mapa de sistemas necesario para la inteligibilidad y la operatividad, basado no ya en un orden rígido y taxonómico de atributos de identidad, sino en una relación abierta de parecidos de familia. Wittgenstein consigue la unidad de lo diverso mirando ya no a la esencia sino a la superficie, al cambio y persistencia de lo inmanente. Como leemos en *Investigaciones*, §66: «Considera ahora, por ejemplo, los procesos que denominamos juegos. No digas "ha de haber algo común puesto que los denominamos juegos", sino mira si hay algo común entre ellos. Porque si los miras, aunque no verás nada que sea común a todos, verás similitudes y parentescos, y no pocos. Como ha quedado dicho: ¡no pienses, mira!». El arte le sirve en algún momento de modelo de esta *episteme:* comprender es saber usar y esto significa reconocer un principio de organización suficiente, de la misma manera que es posible seguir una frase musical o los diferentes gestos expresivos de un mismo rostro.

¿Qué ha ocurrido con el silencio, con ese centro problemático de la filosofía antiproblemática de Wittgenstein? Moverse por una ciudad antigua también sigue teniendo sus peligros y fantasmas. Son las trampas que nuestro propio lenguaje nos sigue tendiendo cuando abusa de sus posibilidades y distorsiona los juegos de lenguaje en los que funciona habitualmente. La filosofía, como actividad, tiene que seguir desempeñando su labor terapéutica: deshacer falsos problemas para dejar, como siempre ha perseguido Wittgenstein, las cosas como estaban. Pero ahora «dejar las cosas como estaban» ha adquirido un nuevo sentido: hemos pasado, acompañando a Wittgenstein a lo largo de su vida, de la experiencia solipsista del místico, a la praxis vital, múltiple e inmanente a sus expresiones. Nos hemos acercado a una vida del lenguaje que, aunque sigue rechazando las sombras y las trampas que le tiende la filosofía, ya no necesita protegerse tras las prohibiciones como las del *Tractatus* y se atreve a mirar sin miedo su ausencia de fundamento y moverse, sin sustento, en ella. La de Wittgenstein es una filosofía inquietante, porque abre radicalmente una interrogación que el sujeto moderno occidental no se ha atrevido aún a plantearse y que yo traduciría así: ¿y si lo más importante que podemos hacer es deshacer lo que ya hemos hecho?

Existencia y libertad
Jean-Paul Sartre en escena

El existencialismo, en un sentido restringido, es la forma y expresión que toma la filosofía de la existencia en Francia en torno a un nombre, el de Sartre, una fecha, 1945, y una ciudad, París. Este nombre, esta fecha y esta ciudad conforman un escenario en el que encontramos figuras como Simone de Beauvoir, Maurice Merleau-Ponty, Albert Camus, la revista *Temps Modernes* y un estilo de vida que marcó, por un periodo de tiempo, la vida cultural de la ciudad.

Es importante mantener la distinción entre el existencialismo y la filosofía existencial, porque si no perderíamos de vista una corriente de pensamiento mucho más amplia que el fenómeno de postguerra francés. La filosofía de la existencia, como corriente, se remonta a Kierkegaard y a su rebelión, mediante la pasión, contra la totalidad del espíritu absoluto hegeliano. Se remonta también a Nietzsche y la experiencia del nihilismo tras la muerte de Dios en sus distintas expresiones, como la que en el ámbito de la literatura protagonizó Dostoyesvki, entre otros. La misma filosofía de la existencia pasa en Alemania por la figura central de Heidegger y sus análisis del *Dasein* en *Ser y tiempo*, pero también por la decisiva aportación de Karl Jaspers; en Francia, por el pensamiento de Gabriel Marcel, el personalismo cristiano de Emmanuel Mounier y la revista *Esprit*. Y la misma corriente se prolonga, pasado el momento central del existencialismo, en los trabajos, entre otros, de autores como Emmanuel Lévinas o Paul Ricoeur.

La filosofía de la existencia, en conjunto, tiene que ver con un descubrimiento trágico: el de la finitud del sentido, cuando éste deja de estar vinculado a la plenitud del ser sustancial, perfecto, y racional, para pasar a emerger de la situación irremediablemente fáctica, subjetiva e inacabada que es mi existencia. Ésta es la mirada, el nuevo *pathos*, con el que Kierkegaard rompe el edificio hegeliano. La irreductibilidad del individuo frente al mundo inaugura una situación de desgarro en la que la trascendencia ya no apunta al ser en sí o al ser supremo, es decir, a la idea de fundamento, sino al movimiento de apertura que es la existencia misma. Esta apertura es apertura hacia el vacío o, dicho de otro modo, la experiencia del abandono de Dios. De ahí la presencia típicamente existencialista de temas como la angustia, el sufrimiento, el temor, el abandono, etc. Pero la apertura se experimenta también como un movimiento de proyección: hacia el futuro, hacia las cosas y hacia los otros, desde una experiencia nueva de la libertad. De ahí también la presencia de temas como el futuro, lo posible, la autenticidad, la creación... En esta dualidad se resume la ambivalencia trágica de toda la corriente de la filosofía existencial, en el marco de la cual se da el fenómeno específicamente francés cuya figura central es Sartre.

La escena sartreana

El mejor punto de partida para leer a Sartre es situarse en la teatralidad de su pensamiento, que se expresa no sólo en sus obras dramatúrgicas sino incluso en sus ensayos más áridos, como *El ser y la nada* (1945).[1] Hay una escena de la pieza teatral *Las moscas* en la que pienso que se pone en juego el núcleo fundamental del pensamiento de Sartre. Esta obra, además, es representativa del escenario histórico en el que nace el existencialismo francés: obra de resistencia, escrita y representada en el París ocupado con el objetivo de intervenir y transmitir un mensaje de compromiso a sus conciuda-

---

1. Sartre, J. P.: *El ser y la nada*, Madrid, Alianza Editorial, 1984.

danos. Es la escena en la que Orestes se enfrenta al dios Júpiter:

> ORESTES: Eres el rey de los dioses, Júpiter, el rey de las piedras y las estrellas, el rey de las olas del mar. Pero no eres el rey de los hombres.
> JÚPITER: ¿No soy tu rey larva desvergonzada? Entonces ¿quién te ha creado?
> ORESTES: Tú. Pero no debías haberme creado libre.
> JÚPITER: Te he dado la libertad para que me sirvas.
> ORESTES: Es posible, pero se ha vuelto contra ti y nada podemos hacer ninguno de los dos.
> JÚPITER: ¡Por fin! Ésta es la excusa.
> ORESTES: No me excuso.
> JÚPITER: ¿De veras? ¿Sabes que la libertad de la que te dices esclavo se asemeja mucho a una excusa?
> ORESTES: No soy ni el amo ni el esclavo, Júpiter. ¡Soy mi libertad! Apenas me creaste, dejé de pertenecerte.
> JÚPITER: (...)Orestes: has formado parte de mi rebaño, pacías la hierba entre mis ovejas. Tu libertad sólo es una sarna que te pica, sólo es un exilio.
> ORESTES: Dices la verdad: un exilio.
> JÚPITER: ¿Esperas vivir? Te roe un mal inhumano, extraño a mi naturaleza, extraño a ti mismo. Vuelve: soy el olvido. Soy el reposo.
> ORESTES: Extraño a mí mismo, lo sé. Fuera de la naturaleza, contra la naturaleza, sin otro recurso que en mí. Pero no volveré bajo tu ley; estoy condenado a no tener otra ley que la mía. No volveré a tu naturaleza; en ella hay mil caminos que conducen a ti, pero yo sólo puedo seguir mi camino.[1]

Lo que se expresa en este diálogo, en este enfrentamiento entre Orestes y Júpiter, es el descubrimiento de la libertad

---

1. Sartre, J. P.: «Las moscas», en *Obras completas*, Tomo I, Madrid, Aguilar, 1970, p. 122.

como punto de partida del problema existencial. Éste será el núcleo del existencialismo sartreano, cuyos rasgos principales se encuentran perfectamente delineados en este fragmento. En primer lugar, la libertad anula los órdenes y esquemas trascendentes: «Dejé de pertenecerte», «No eres el rey de los hombres». Así, la libertad sitúa al hombre en una condición de exilio: «fuera y contra la naturaleza», de la que Júpiter sigue siendo el rey, el hombre se encuentra separado, expulsado, enfrentado. En este exilio, el hombre no tiene «otro recurso» ni «otra ley que sí mismo». Finalmente, no es una situación conquistada o elegida por Orestes, sino que es una «condena», ante la cual «no pueden hacer nada ninguno de los dos». Sólo pueden huir, hacer caso de la llamada de Dios al olvido y al reposo.

La libertad y la ontología de la ambigüedad

En la situación descrita por esta escena encontramos el nudo del pensamiento de Sartre y de su recepción de la filosofía existencial a través de la lectura de Husserl y de Heidegger especialmente. Esta libertad radical del hombre, que es presentada como ausencia tanto de esquemas trascendentes como de fundamento interno y como facticidad en la que el hombre se encuentra condenado, es a la que da una formulación ontológica en el libro *El ser y la nada*.

¿Cómo se puede definir al hombre como libertad radical sin caer en el idealismo de una conciencia constituyente y sin olvidar que toda existencia se desarrolla en una situación concreta que no puede ignorar? Sartre lo hace a partir de dos conceptos con los que articula toda su ontología: el en-sí y el para-sí, que toma prestados de la dialéctica hegeliana. El ser en sí es el ser de las cosas: lleno, opaco e idéntico a sí mismo. Es lo que *es* y desde su contingencia no es el fundamento de nada.

El ser para sí, en cambio, es el ser de la conciencia: llena únicamente cuando algo se le aparece o cuando piensa algo, es un ser vacío, es *nada*. Mientras que las cosas son lo que son, la realidad humana nunca coincide consigo misma: es un pasado que se aniquila a sí mismo haciéndose otro, proyectándose a un futuro del que nada sabe. Sartre ha convertido la intencionalidad de la conciencia husserliana, por la que la conciencia y el mundo estaban unidos por la intencionalidad, en la irrupción de la nada en el mundo. Pero la conciencia, para Sartre, no es un yo: es una nada que apunta al ser. ¿Cómo? Precisamente, como libertad.

El hombre es libertad radical porque no es nada: nada más que una conciencia vacía. Pero está en el mundo porque esta nada es precisamente la condición para que las cosas aparezcan y la condición de la acción en el mundo. Así, no hay libertad sin situación, pero toda libertad es aniquilación de esa situación. Como Heidegger, Sartre piensa la facticidad de la existencia. El hombre está arrojado en el mundo. Pero esto no es la expresión de un destino. Porque es libertad, el hombre no puede estar arrojado en el mundo sin, a la vez, agujerear su realidad. Desde aquí se recoge y se entiende fácilmente la famosa tesis del existencialismo: «La existencia precede a la esencia»: el hombre primero existe, después se define. Porque su subjetividad no es más que una conciencia vacía, porque no hay una naturaleza humana que dicte lo que tiene que llegar a ser, el hombre es tal como se concibe, se quiere y se hace. La vida no tiene ningún sentido a priori. El hombre es proyecto, su propio proyecto. Como Orestes, no tiene otra ley que sí mismo.

Elección, angustia y responsabilidad

De esta descripción de la libertad humana como facticidad, a partir de la dualidad ontológica del en-sí y del para-sí, se derivan los principales temas del existencialismo. Sartre los expone en *El ser y la nada* pero también, con especial simplicidad, en la famosa conferencia *El existencialismo es un humanismo* (1946).[1]

En primer lugar, para el existencialismo la existencia es elección. Puesto que no hay Dios, naturaleza ni esencia que dicte su camino, sino sólo situaciones que debe enfrentar, el hombre está condenado a escoger y a escogerse. Pero ¿cómo decidimos? Sin apoyo y sin excusa, con sus elecciones el hombre debe inventar al hombre. De él depende el sentido del ser. Por eso, en segundo lugar, la existencia es angustia. Recogiendo el tema que ya habían pensado primero Kierkegaard y después Heidegger, Sartre asocia la vida entre posibles a una angustia que no es un estado psicológico sino existencial. La realidad humana, en tanto que conciencia es libertad. Y la conciencia de la libertad es angustia. Y va más allá: no sólo es angustia, sino que está atravesada por la náusea que le provoca su gratuidad, la contingencia radical de estar aquí, de ser sin fundamento. Éste es el tema que hizo famosa la novela *La náusea*.[2] Pero si de la elección depende el sentido del ser, es que no hay una arbitrariedad absoluta. La existencia es, en tercer lugar, responsabilidad. No la otorga ningún rango ni ninguna naturaleza común ante la que los hombres deban responder. Es una responsabilidad sin valores a priori, tan vacía de contenido como la propia existencia. Es responsabilidad de actuar y esto siempre tiene para Sartre valores absolutos, nunca derivados. Podríamos huir, escapar, hacer como si la vida no fuera con nosotros, escuchar la llamada de Júpiter al reposo y al olvido... Esta huida, por la que la conciencia se niega a sí misma como *nada* buscando la identidad de lo que es, es lo que Sartre llama la *mala fe*. ¿Por qué no hacerlo? ¿No es lo que hace normalmente todo el mundo? ¿No es lo que hace la Francia colaboracionista? No hay ningún fundamento para no hacerlo. La subjetividad, hecha de facticidad y de trascenden-

---

[1]. Sartre, J. P.: *El existencialismo es un humanismo*, Barcelona, EDHASA, 2007.
[2]. Sartre, J. P.: *La náusea*, Madrid, Alianza Editorial, 2011.

cia, es necesariamente ambigua. Pero sí tenemos una certeza: todo esto no ocurre en un mundo integrado únicamente por cosas, sino poblado de otras conciencias de las que dependen y sobre las que recaen nuestras acciones. Por eso, en cada elección de mi voluntad libre se juega también el proyecto de los otros hombres.

Son los temas en que se percibe que la filosofía de Sartre es, sobre todo, una filosofía moral. Como cuentan tanto Sartre como Simone de Beauvoir, su pensamiento no sólo se forjó en la lectura de autores como Husserl o Heidegger. Tomó cuerpo durante la Segunda Guerra Mundial, cuando la historia estallaba ante sus ojos y la vida de millones de hombres corría una suerte común. Pero ¿cómo fundamentar una acción moral y política desde una filosofía de la libertad radical, desde una concepción de la conciencia como nada que irrumpe en el mundo para negar su situación?

Libertad y compromiso

Volvemos así a Orestes. El que hace la afrenta a Dios para reivindicar su libertad radical, el que afirma no tener otra ley que sí mismo, es el vengador de la muerte del padre, es el que ha actuado, pasando incluso por el asesinato de Egisto y de Climenestra, en favor del honor y para liberar a la ciudad de su culpa e ignominia. Con su acto libre, Orestes libera a la ciudad de la presencia de las moscas que entorpecían su vida. Con su acto libre, representado en el París ocupado no sólo por los alemanes sino por la connivencia del colaboracionismo francés, ¿a qué tipo de acción está exhortando? ¿Cuál es el horizonte moral de una figura como la de Orestes?

El horizonte moral de una filosofía de la libertad radical y de la ausencia de fundamento de la existencia no puede ser otro que el compromiso libre, tomado también desde su absoluta falta de fundamento. No hay ningún acto gratuito, porque todo acto tiene efecto, pero no hay ninguna determinación exterior que lo condicione. Asimismo, el compromiso no es el efecto de una situación objetiva, sino la elección libre de negarla y transcenderla.

Pero el compromiso, este acto puro, fruto de una voluntad libre y absoluta, en el que se juega la apuesta de la moralidad existencialista sartreana, ¿puede fundamentar una praxis común? Se hace teniendo en cuenta a los otros, pero ¿puede hacerse *con* los otros? Estas preguntas ponen sobre la mesa dos de las cuestiones que atravesarán y tensarán el trabajo filosófico de Sartre en las décadas siguientes y, especialmente, en la siguiente gran obra después de *El ser y la nada*, que es *La crítica de la razón dialéctica* (1960).[1] Son el problema de la intersubjetividad y su paso a lo colectivo y la relectura del materialismo marxista, dentro del compromiso con el comunismo. Entrar más a fondo en estas cuestiones conduce a constatar cómo el aparato ontológico sartreano, construido en su reinterpretación de la fenomenología husserliana y del ser-en-el-mundo heideggeriano en vistas a fundamentar una concepción radical e irreductible de la libertad, hace muy difícil pensar una praxis común, así como la idea de un encuentro entre libertades y entre conciencias. Al final, el propio Sartre parece condenado a actuar como Orestes, solo con su conciencia libre, en medio de la ciudad infestada.

---

[1]. Sartre, J. P.: *Crítica de la razón dialéctica* (2 vols.), Buenos Aires, Losada, 2004.

La filosofía del nosotros
Pensando con Maurice Merleau-Ponty

En un ensayo titulado «El filósofo y su sombra», dedicado a Husserl, Merleau-Ponty presenta a su maestro como un buceador que, zambulléndose en el pozo de su conciencia, sale a mar abierto y descubre el mundo. «Redescubre la identidad del «entrar en sí» y «salir de sí» que para Hegel definía el «absoluto»[1] pero en ese movimiento de entrada y de salida emerge no el punto de vista de la totalidad autotransparente sino el de un horizonte inacabado, con sombras y opacidades. El mar abierto de Husserl es el mundo de la vida.

La filosofía de la conciencia apunta así, más allá de sí misma, a una rehabilitación ontológica del ser sensible. Pero Merleau-Ponty nos avisa: este camino es el impensado de Husserl, la sombra que proyectan las luces de lo que efectivamente pensó. Recorrer los márgenes e indicios de esta sombra, de este impensado, es lo que Merleau-Ponty se propone. Llevar hasta sus últimas consecuencias esta filosofía que en vez de sobrevolar el mundo se zambulle en él para encontrar su secreto: «El secreto del mundo que buscamos tiene que estar contenido en mi contacto con él».[2] Más que Husserl, él es el filósofo buceador que, dejando atrás la conciencia, sale al encuentro de la realidad sensible y común con la que estamos ya siempre en contacto. «La certeza in-

---

1. Merleau-Ponty, M.: «Le philosophe et son ombre», *Signes*, París, Gallimard, 1960, p. 263.
2. Merleau-Ponty, M.: *Le visible et l'invisible,* París, Gallimard, 1964, p. 53.

justificable de un mundo que nos sea común es para nosotros la base de la verdad»[1].

Pensar esta certeza injustificable pone en marcha un pensamiento que hace de la fenomenología la puerta de entrada a una ontología del ser sensible, expresivo y común. Una filosofía de la inmanencia, una filosofía de la promiscuidad. En todo caso, una filosofía que lleva la fenomenología del Yo y de la conciencia a su propia imposibilidad. Merleau-Ponty realiza el impensado husserliano: la conquista del ser sensible, no como ámbito parcial del ser sino como ámbito de la ontología.

Merleau-Ponty puede dar el vuelco a la filosofía de la conciencia y encaminarse hacia otra relación con la verdad porque pone en la raíz del pensamiento filosófico la experiencia del nosotros. Su zambullida, a diferencia de la de Husserl, no se da desde la conciencia de un Ego singular, sino en el campo de relaciones de un Yo puesto en plural.

> Nuestra relación con lo verdadero pasa por los otros. O bien vamos a los verdadero con ellos, o no es hacia lo verdadero donde vamos. Pero el colmo de la dificultad es que, así como la verdad no es ningún ídolo, los otros tampoco son dioses. No hay verdad sin ellos, pero no basta estar con ellos para alcanzar la verdad.[2]

El error del alter ego

La intersubjetividad es un problema típicamente moderno, propio de una filosofía que ya ha hecho del sujeto y de su conciencia el pilar central y soberano de la metafísica. Y las filosofías de la existencia lo reciben a través de dos plantea-

---

[1]. Merleau-Ponty, M.: *Le visible et l'invisible,* op. cit., p. 27.
[2]. Merleau-Ponty, M.: Éloge de la philosophie, París, Gallimard, 1953, p. 37.

mientos básicos: en el siglo XIX, a través del modelo hegeliano de la lucha entre conciencias, y en el siglo XX, a través de las paradojas husserlianas sobre el acoplamiento trascendental y la comunidad fenomenológica. Que la subjetividad es intersubjetiva es pensado, en el primer caso, desde un modelo dialéctico en el que la negatividad de la relación entre las conciencias apunta, a través de la lucha, la dominación y el reconocimiento, a un nosotros final. En el segundo caso, a través de un modelo fenomenológico para cuyas descripciones de la corriente de vivencias puras de la conciencia el nosotros sólo puede emerger como una paradoja, en la tensión entre el análisis trascendental y la fidelidad a la experiencia.

Merleau-Ponty tiene la audacia de romper de raíz el problema de la intersubjetividad como problema de acceso (sea conflictivo o armónico) al otro. No se propone encontrar una buena y definitiva solución al problema del solipsismo, sino mostrar que el problema mismo es fruto de un error, que es un falso problema. El punto de partida de este error es el que comete la filosofía de la conciencia o del sujeto cuando pone al otro «ante mí», como esa conciencia que se esconde tras el objeto que enfrento y que percibo como el cuerpo o como el rostro de otro. «El otro ante mí» es la trampa ante la cual, una vez tendida, la filosofía no puede sino sucumbir. Nunca se podrá comprender que el otro aparezca ante nosotros; lo que hay ante nosotros es un objeto. La filosofía reflexiva nos condena a la alteridad radical. «No sólo reprochamos a la filosofía reflexiva haber convertido el mundo en noema, sino también haber desfigurado el sujeto de la reflexión al concebirlo como pensante y haber hecho impensables sus relaciones con otros sujetos en un mundo que les es común.»[1]

Para el imperialismo del «yo pienso», la pluralidad de conciencias siempre será un escándalo. Incluso cuando, como en el caso de Sartre, la conciencia se ha vaciado de toda positividad, el yo ha sido defenestrado y sólo queda su

---

1. Merleau-Ponty, M.: *Le visible et l'invisible,* op. cit., p. 67.

mirada. A pesar de su larga y difícil amistad, de su andadura compartida en *Temps modernes* y de su continuo diálogo filosófico, Merleau-Ponty no deja nunca de denunciar el precio filosófico y político del dualismo sartreano del en-sí y del para-sí. Sartre no puede dar razón, filosóficamente, de la intersubjetividad: en su filosofía sólo puede haber una pluralidad de sujetos en lucha, pero nunca una verdadera experiencia del otro. Sartre mismo deja clara su postura: «el conflicto es el sentido original del ser-para-otro»[1] y el nosotros sólo puede ser una experiencia psicológica, subjetiva y circunstancial de la estructura ontológica del ser-para-otro.

De esta disputa filosófica de raíz ontológica se derivarán todas las diferencias políticas concretas y coyunturales que conducen finalmente a la ruptura entre Sartre y Merleau-Ponty. Cuando lo social sólo puede entrar en la filosofía por la vía del alter ego, desde la relación entre conciencias, no se puede pensar ni la situación ni la acción común. Toda dimensión común queda reducida a efecto de una violencia, de una conquista de una libertad sobre otra y la política, a una decisión de mandarines. Merleau-Ponty emprende, filosófica y políticamente, otra vía. Una vía capaz de dar cuenta de una acción sostenida por categorías y por una relación con el mundo y con los otros que la filosofía del Yo y del Otro no puede explicar.

La reformulación de la cuestión de la intersubjetividad está en el centro de esta otra vía. No se trata de explicar mi acceso al otro sino nuestra implicación en un mundo común. La comunicación entre conciencias cede su lugar a la necesidad de explicar una coimplicación o un cofuncionamiento para el que la unidad sustancial del sujeto o del individuo ha sido históricamente un obstáculo. Del yo pienso al yo puedo, de la primacía de la separación a la prioridad del vínculo y más allá del esquema Yo-Otro, sujeto-objeto, Merleau-Ponty apunta una nueva problemática que tendrá consecuencias filosóficas de largo alcance. Explicar ya no la

---

[1]. Sartre, J. P.: *L'être et le néant*, París, Gallimard, 1943, p. 431.

relación entre individuos sino la imposibilidad de ser un individuo será el cometido de una filosofía que tendrá que replantear, de raíz, el sentido de la palabra filosófica y de su pregunta por el ser.

Parece que Merleau-Ponty haya huido de *El ser y la nada* hacia *Ser y tiempo*, del ser-para-otro sartreano hacia el *Mitsein* (ser con) heideggeriano. Pero el desplazamiento de Merleau-Ponty va mucho más allá. El *Mitsein* heideggeriano es un aspecto más de su estructura existenciaria, pero no juega ningún papel decisivo en su relación con el ser. En *Ser y tiempo*, la relación con el ser propio es una decisión/elección que no pasa por los otros. En textos posteriores de Heidegger, la relación con el ser se hace colectiva al adquirir el carácter de destino, pero es un destino que adviene sin que la relación con el otro juegue tampoco ningún papel. En Merleau-Ponty este ser-con pasa de ser parte de la relación con el ser a ser *la* relación con el ser, inscrita en lo más concreto de nuestra relación natural, práctica y social con el mundo. En la sombra de la fenomenología husserliana Merleau-Ponty avanza con una compañía decisiva para su pensamiento: la filosofía de Marx. La intersubjetividad, concreta, práctica y corporal, en Merleau-Ponty, es el armazón del ser.

Topografía del nosotros

Disolver la polaridad *ego – alter ego* y su relación como positividades externas una respecto a la otra no puede significar, para Merleau-Ponty, apuntar a su fusión en una pasta común o a su superación en un universal trascendente o en una idea de alma del mundo. Ir más allá de la perspectiva del *cogito* cartesiano, solo ante el mundo y frente a los demás, significa para Merleau-Ponty descubrirse en situación, aprender a pensarse desde la perspectiva colectiva de un «On», en francés, de un plural impersonal primordial.

Ser fieles a la experiencia del nosotros, la que tiene el niño cuando sonríe o la que tenemos en la acción común, implica descubrir que toda vida individual contiene un halo de generalidad, que toda vida personal es excéntrica e intermitente respecto a una vida anónima que la atraviesa y de la que forma parte. Frente a las filosofías de Sartre y de Heidegger, que a pesar de ir más allá del sujeto siguen siendo filosofías de la singularización a través de una elección fundamental, Merleau-Ponty reivindica el anonimato como dimensión de apertura colectiva al mundo. Que mi vida no es sólo mía, que siempre hay un anonimato en mí del que mi yo personal es sólo un momento o aspecto, es la condición de posibilidad para tener mundo, un mundo común.

¿Cómo pensar este anonimato que hay en mí, que no me disuelve sino que me envuelve y me implica, que no me uniformiza sino gracias al cual puedo singularizarme en mi relación con los otros? Desbordando el esquema Yo-Otro, Merleau-Ponty también ha inutilizado la falsa alternativa separación-fusión, que prevalecía en la relación entre conciencias. En su lugar, Merleau-Ponty propone el modelo de la intersección, un pensamiento del entrelazamiento o del quiasma. ¿Desde dónde pensar esta relación que no es encuentro entre positividades sino intersección en una dimensión de experiencia anónima? Merleau-Ponty lo tiene claro desde sus primeras obras: desde el cuerpo. La intersubjetividad es nuestra intercorporalidad constitutiva.

Filosofía del cuerpo

A lo largo de su obra, la intercorporalidad es pensada desde distintos aspectos y planos. Desde sus primeros trabajos, directamente vinculados a la fenomenología y a la psicología, hasta sus últimas notas de trabajo, plenamente ontológicas, Merleau-Ponty está pensando esta dimensión de la relación corporal por la que un cierto nosotros está en el mundo.

En la primera etapa, esta intercorporalidad que hace pensable el nosotros es desarrollada desde el análisis de la *percepción* como actividad del cuerpo propio *(Leib)*. A partir del análisis que ya había iniciado Husserl sobre el cuerpo propio pero desde el nuevo punto de vista que le imprime este yo puesto en plural, Merleau-Ponty descubre en la experiencia del cuerpo el lugar de la subjetividad, de esa subjetividad que a la vez es individual y general, personal y anónima. Tengo conciencia del mundo por medio de mi cuerpo, pero no porque mi cuerpo sea pasivo y receptor, a través de los sentidos, sino porque tengo el mundo como individuo inacabado a través de mi cuerpo como potencia de este mundo. Que yo sea mi cuerpo, mi cuerpo no como dato biológico sino como actividad perceptiva y como nudo de significaciones que me trascienden, es lo que hace posible que me piense desde el «on», desde el nosotros.

En primer lugar, porque mi comportamiento remite a un *campo* del que tanto el otro como yo participamos. La intencionalidad deja de remitir así únicamente a los objetos de las representaciones de mi conciencia. La intencionalidad apunta al campo común de nuestros comportamientos relacionados. Toda sensación pertenece a un determinado campo y «un campo no excluye a otro campo, como un acto de la conciencia, por ejemplo una decisión, excluye otro, sino que tiende incluso a multiplicarse, ya que es la apertura a través de la cual me hallo expuesto al mundo»[1]. Por eso, en segundo lugar, gracias a que soy mi cuerpo me descubro como una subjetividad que no puede ser absoluta, una subjetividad que se define por su encarnación, por su implicación en un determinado mundo natural y humano. Desde la percepción, el acceso al otro ha dejado de ser un problema y una amenaza: «el cuerpo del otro y el mío son un todo, el derecho y el revés de un solo fenómeno de existencia anónima de la que mi cuerpo es en cada momento el trazo y que habita los dos cuerpos a la vez».[2] El derecho y el revés de

---

1. Merleau-Ponty, M.: «La percepción del otro y el diálogo», *Prosa del mundo*, p. 199.
2. Merleau-Ponty, M.: *Phénoménologie de la perception*, París, Gallimard, 1945, p. 408.

una existencia anónima: aquí tenemos la articulación, la intersección que ni es fusión ni es suma de individualidades, sino relación intercorporal por la que se constituye un nosotros y un mundo común. Este análisis de la intersubjetividad como intercorporalidad, por el que se ha conquistado la intersección como punto de vista anterior a la polarización de la individualidad, se generaliza y adquiere carácter ontológico cuando Merleau-Ponty pasa de la centralidad de la percepción al fenómeno de la visión, o de la visibilidad nunca acabada del ser. «La visión hace lo que la reflexión nunca podrá comprender: que el combate resulte a veces sin vencedor y el pensamiento sin titular. Ya no conciencias con su propia teleología sino dos miradas, una en la otra.»[1] Una mirada en la otra: Merleau-Ponty anula el conflicto a muerte de la mirada en la composición de perspectivas de la visión. Por eso quizá escribe Deleuze que Merleau-Ponty ofrece una versión tierna y reservada del ser agujereado de Sartre: donde Sartre abre un agujero, Merleau-Ponty pone un pliegue.[2] Un pliegue de la *carne*, que es el término con el que Merleau-Ponty dará estatuto ontológico a la concepción del mundo que se deriva de su análisis de la intersubjetividad como intercorporalidad. Mi cuerpo y el del otro son el derecho y el revés de una existencia anónima, decíamos hace un momento. Mi existencia y la del otro son perspectivas, visiones o dimensiones de un solo fenómeno de visión para el cual no puede haber un punto de vista privilegiado ni totalizador. De una visibilidad que siempre arrastra un invisible, de un sentido en el que siempre resuena un silencio. De un mundo que no podemos cerrar sino que constituimos con nuestra implicación en él.

De la lucha por el reconocimiento al perspectivismo, y de la dualidad ontológica a una ontología de la reversibilidad y

---

[1]. Merleau-Ponty, M.: *Signes*, París, Gallimard, 1960, p. 31.
[2]. Deleuze, G.: «Il a été mon maître», *L'île déserte et autres textes (1953-1974)*, París, Minuit, 2002.

de la inmanencia de las visiones, Merleau-Ponty se sitúa en un lugar del pensamiento para el cual el otro no me roba el mundo, según la expresión de Sartre, sino que es la dimensión por la cual tengo mundo. El otro ya no está ante mí. La trampa de la filosofía reflexiva ha sido salvada. Ahora me descubro envuelto por el otro, como dos círculos casi concéntricos que no se distinguen más que por un ligero y misterioso desencaje. El otro no es apresable por el modelo de la presencia. Es la presencia de un impresentable. Por eso hay que reaprender a ver el mundo. Veremos entonces aparecer a los otros no como objetos ni como miradas que nos anulan o nos alienan, sino como dimensiones de la carne del mundo. Los otros «tienen que estar ahí como relieves, desvíos, variantes de una sola visión en la que yo también participo. (...) Es cierto que no vivo su vida, que están definitivamente ausentes de mí y yo de ellos. Pero esta distancia es una extraña proximidad desde el momento en que reencontramos el ser de lo sensible, ya que lo sensible es lo que, sin moverse de sitio, puede acechar a más de un cuerpo».[1]

Dimensión común

La manera como Merleau-Ponty reformula la cuestión de la intersubjetividad es la raíz de una nueva ontología inmanente y expresiva del ser sensible. Esta reformulación es la vía por la que Merleau-Ponty efectúa la zambullida a la que Husserl había apuntado en su pensamiento impensado, desde la conciencia, ahora ya dejada muy atrás, hacia las implicaciones de una realidad común. Y esto es así porque para Merleau-Ponty pensar el ser es principalmente entrar en contacto con nuestra situación encarnada, con nuestra implicación en el mundo natural y humano que no nos podemos representar sino que expresamos viviendo. Descubrirse en situación no es representar adecuadamente el mundo ni

---

[1]. Merleau-Ponty, M.: *Signes*, op. cit., p. 29.

fundamentar la realidad desde principios universales. La filosofía es una reconquista del ser bruto o salvaje y su lenguaje, siempre indirecto, incompleto e interrogativo

Discernir las articulaciones es hundirse en lo sensible, en el tiempo, en la historia, preguntar por la presencia del mundo en mí y de mí en el mundo. Podríamos decir que pensar el ser no es tener una representación adecuada sino tomarle las medidas, y esto sólo puede hacerse en contacto con él, desde la experiencia concreta, parcial y en movimiento. Está claro, con todo lo dicho, que el ser, para Merleau-Ponty, no es ninguna esencia. Su unidad es la de una dimensión común.

Por eso, el armazón del ser es la intersubjetividad y su unidad básica es la intersección. La intersubjetividad de los cuerpos es la dimensión fundamental del mundo. Es el campo de todos los campos. Es la bisagra en la que el mundo encuentra su unidad. El ser, por tanto, no es totalizable ni categorizable en un universal trascendente. Su visibilidad arrastra siempre una invisibilidad; la concreción de una perspectiva que no vemos, ese otro que está conmigo pero que sigue siendo un impresentable. El ser está disperso en la opacidad de nuestras experiencias intramundanas, es el estallido del mundo sensible entre nosotros.

La de Merleau-Ponty es una ontología del *entre*, de la no-coincidencia, de un ser pensado como estallido y como diferenciación, como relación entre variantes y desvíos: de una dimensión común cuya unidad cristaliza en sus diferencias. Merleau-Ponty habla también del ser como un «sistema diacrítico universal», tomando como punto de partida y de inspiración la lingüística de Saussure, a quien dedicó una gran atención en los últimos tiempos. Tenemos, por tanto, una de las primeras expresiones de una filosofía, la de la diferencia, que en los mismos años en que Merleau-Ponty murió repentinamente estaba empezando ya a dar sus primeros pasos decisivos.

A la verdad se llega con los otros

El ser sólo puede ser recorrido desde sus articulaciones: es la conclusión de una filosofía que, poniendo la experiencia del nosotros en la raíz del pensamiento, ha salido en busca de la realidad común. ¿Cuál es su verdad? ¿Qué relación mantiene con ella? Decía Merleau-Ponty que a la verdad sólo se llega con los otros. Ahora podemos entender por qué. Pero falta una última precisión: si pensar es entrar en contacto, experimentar nuestra intercorporalidad hundiéndonos en el tiempo, en lo sensible y en la historia; si pensar el ser no es tener representaciones adecuadas sino tomar la medida de nuestra situación, la verdad no puede ser descubierta pero tampoco es una creación pura. La verdad es siempre una verdad por hacer.

Aquí aparece el rastro del compañero de buceo que discretamente ha estado siempre presente en la zambullida de Merleau-Ponty hacia la certeza injustificable de un mundo común. Es Marx y, sobre todo, el Marx pensador de la praxis concreta e histórica del género humano, en su materialidad y en su potencial innovador y creativo.

A través de la intercorporalidad y del intermundo que hemos visto emerger en los análisis de la percepción y de la visión, Merleau-Ponty ha materializado y colectivizado el ser-en-el-mundo y su facticidad. La vida anónima que hemos podido descubrir en nosotros como sujetos encarnados es el campo sentidos sedimentados en el que se desarrolla la acción común. Ser fiel a la experiencia del nosotros que está en la base de nuestro mundo no es proyectarse en una identidad trascendente ni en acuerdo comunicativo trascendental, sino saberse y experimentarse implicado en el nudo de relaciones de una misma situación. Habitar coimplicadamente la equivocidad de los hechos. Retomar el mundo para recrear su sentido. Es un proceso sin teleología. Ambiguo y equívoco porque su mirada no es la del pensamiento de sobrevuelo que tanto disgustó siempre a

Merleau-Ponty. No hay principios ni fines exteriores que contraponer a la realidad: ni estados de salud y reconciliación final ni juicios morales absolutos. Merleau-Ponty corta de raíz tanto con las lecturas teleológicas del marxismo, que pretenden poner el mundo y la historia a sus pies, como con la propuesta moral del compromiso sartreano que, porque parte de la libertad absoluta de una conciencia frente al mundo, no puede sino expresar la negación del vínculo entre nosotros y el mundo.

La experiencia del nosotros, la relación con un ser que es intersección y dimensión común reclama, para la acción, una virtud maquiaveliana. Merleau-Ponty se ocupa de ello de un breve ensayo, «Nota sobre Maquiavelo». Así como la política moralizante ignora al otro, la virtud política maquiaveliana se instala en la relación con el otro. Esta relación, que es el nudo de la vida histórica y social, no está exenta de rivalidad, lucha, violencia y conflicto. Lo afirma, con Maquiavelo, Merleau-Ponty, quien precisamente ha hecho de su filosofía un canto al nosotros. Pero no se engaña y va más allá de Sartre cuando afirma: «La vida colectiva es el infierno».[1] Por eso mismo de nada sirven los grandes principios morales ni las utopías externas. Lo que hace falta es un acción capaz de ir más allá de lo que sabe, de entrar en contacto con lo que no puede ver ni prever. Una acción cuya virtud no se mide por sus soluciones prefabricadas sino por su capacidad de plantear, en concreto y con toda radicalidad, el problema del vivir-juntos. Este problema se resume, para Merleau-Ponty, en una cuestión que nunca será resoluble de una vez por todas: «constituir el poder de los sin-poder»[2]. Es el problema de una lucha singular y universal a la vez, que desde la concreción y la contingencia de la situación histórica interpela a todos los hombres. Pero en esta lucha no está en juego un conflicto entre conciencias, ni su acuerdo ni su reconocimiento.

1. Merleau-Ponty, M.: «Note sur Maquiavel», *Signes*, op. cit., p. 344.
2. Merleau-Ponty, M.: «Note sur Maquiavel», *Signes*, op. cit., p. 362.

Tampoco depende de una toma de conciencia. Lo que está en juego es el advenimiento, que es creación, de un intermundo. Ésta es la verdad que, como decíamos, siempre está por hacer y a la que sólo se llega con los otros.

Mundo, lenguaje y comprensión
La hermenéutica de Hans-Georg Gadamer

Tradicionalmente, la hermenéutica era la disciplina que se ocupaba de la correcta interpretación de los textos bíblicos y jurídicos, mediante técnicas filológicas. Era, por tanto, una disciplina metodológica, prescriptiva y particular. En cambio, la hermenéutica, como propuesta filosófica desarrollada por el filósofo alemán H. G. Gadamer, se presenta como la exploración y reivindicación de unas experiencias de la verdad que, en inferioridad de condiciones respecto al ámbito de la verdad científica, necesitan de una nueva y sólida fundamentación. Son experiencias que tienen que ver con el arte, la filosofía y las ciencias del espíritu. Con ello, Gadamer consolida la hermenéutica como propuesta de comprensión filosófica de alcance universal.

Esta propuesta, en continuación y a la vez con importantes desviaciones respecto a la senda abierta por Husserl y por Heidegger, hace de la hermenéutica una de las corrientes principales del giro lingüístico del siglo XX. El lenguaje, en la hermenéutica filosófica, es el lugar de la verdad. Escribe Gadamer: «Desde Herder entendemos por comprender algo más que un recurso metodológico para descubrir un sentido determinado. Ante la amplitud de la comprensión, la circularidad que media entre el sujeto que comprende y el objeto comprendido debe reclamar una verdadera universalidad...»[1].

---

[1]. Gadamer, H. G.: *Verdad y Método*, vol. II, Texto e interpretación, Salamanca, Sígueme, 1994, p. 324.

Recogiendo el análisis heideggeriano de la comprensión como estructura ontológica de la existencia,[1] Gadamer establece que la comprensión no es un comportamiento subjetivo por el que el hombre conoce el mundo, sino el modo del hombre de estar en el mundo. La comprensión es lo que configura la experiencia real y humana de las cosas. Éste es el punto de partida de una filosofía que tendrá su correlativa tesis ontológica: si esto es así, la lingüisticidad debe caracterizar todo lo que puede ser comprendido: El ser que puede ser comprendido es lenguaje. El lenguaje se configura así como el medio en el que vivimos, el lugar en el que se nos representa y nos viene al encuentro el mundo. Es la estructura común del mundo y de la subjetividad. Desde este encuentro entre el lenguaje y el mundo, Gadamer propone explorar en qué consiste el acontecer de la verdad y cómo queda caracterizada la experiencia hermenéutica, esa experiencia de la comprensión siempre abierta, de la que el método científico no puede dar cuenta.

En medio del lenguaje

Como es habitual en su trabajo filosófico, y de acuerdo con su propia concepción de la verdad, Gadamer avanza desde el diálogo permanente con la tradición filosófica. En este caso, la discusión se establece con la filosofía del lenguaje tradicional y con la filosofía moderna de la conciencia, de quienes critica la formalidad y la instrumentalidad de la concepción que tienen del lenguaje.

La filosofía del lenguaje tradicional, representada sobre todo en Alemania por Hamann, Herder y Humboldt, se ha desarrollado, según Gadamer, dentro de una concepción formal de las funciones del lenguaje. El interés de estas concepciones por el despliegue del lenguaje en una diversidad muy amplia de estructuras, desemboca en estudios compa-

---

1. Heidegger, M.: *El ser y el tiempo*, México, FCE, 1967, §§. 31 y 32.

rativos en los que cada lengua es considerada como un organismo con un grado mayor o menor de perfección. Frente a este enfoque, Gadamer defiende la inseparabilidad de forma y contenido del lenguaje, hasta el punto de que la lengua materna es caracterizada por el *olvido de sí*, de su propio orden. El ser propio del lenguaje reside entonces no en sus estructuras sino en lo que en él se dice, en lo que en él se representa, en lo que desde él nos viene al encuentro. Y lo que en él se nos representa, de manera especular, es precisamente el mundo, el conjunto de los sentidos y acepciones que conforman las infinitas caras del mundo.

Por otro lado, la filosofía moderna, que es sobre todo una filosofía de la conciencia, ha considerado el lenguaje como un conjunto de herramientas, como un medio instrumental para dar expresión a una conciencia subjetiva que ha aprendido a manipularlo adecuadamente. Aprender a hablar, desde esta concepción moderna del lenguaje, consiste en aprender a manejar unos instrumentos con una triple función: designativa, expresiva y comunicativa. Frente a ello, Gadamer desplaza el lugar del lenguaje: no pertenece a la conciencia subjetiva sino al mundo, un mundo que lejos de presentarse entonces como un objeto de nuestra conciencia, se presenta ahora como un *nosotros* en el que entramos y que nos implica en un diálogo.

Este lenguaje que es el mundo, ese mundo-lenguaje que nos interpela es, según Gadamer, la voz polifónica de la tradición. Para Heidegger, el lenguaje tampoco era una herramienta del sujeto. No pertenecía al ámbito del conocimiento sino al ser. Era, más concretamente, la *casa del ser*. Gadamer es heredero de esta dislocación pero la traduce a términos más humanos: este lenguaje en el que habitamos es, directamente, el lenguaje de la tradición.

Con este doble desplazamiento, respecto a las filosofías del lenguaje y respecto a la filosofía de la conciencia, con el que el lenguaje se llena de sentido, de contenido hasta el punto de confundirse con el mundo, Gadamer pasa a concebir el lenguaje como el *medio* en el que vivimos. «El lenguaje no es sólo una de las dotaciones de que está pertrechado el hombre tal como está en el mundo, sino que en él se basa y se representa el que los hombres tengan mundo.»[1] Más allá de un instrumento y de una forma, la relación entre el lenguaje y el mundo es ahora máximamente estrecha: de la misma manera que el mundo sólo es mundo cuando accede al lenguaje, el lenguaje sólo tiene su razón de ser en tanto que el mundo se representa en él.

El sentido y el juego

Este mundo mediado por el lenguaje no es una naturaleza en bruto sino la voz polifónica e inagotable de la tradición, en su multiplicidad de sentidos y de acepciones. El mundo es un mundo humano. Esto significa para Gadamer que tener mundo se opone a estar determinado por el *entorno*, implica haber adquirido una distancia y una libertad que sólo pueden venir de la constitución lingüística de nuestra experiencia. Concretamente, «lo que caracteriza a la relación del hombre por oposición a la de los demás seres vivos es su libertad frente al mundo»[2]. Este proceso humano de elevación del entorno a categoría de *mundo* no es una huida o un cambio de localización. Es la adopción de una actitud respecto al medio que tiene que ver con la condición lingüística del hombre, es decir, con el *logos*.

Esta relación entre el entorno y el mundo se apoya en el análisis heideggeriano del lenguaje poético como desvelamiento de la verdad del ser. En *El origen de la obra de arte* (1935), Heidegger muestra cómo la obra de arte, que es esencialmente poesía, tiene una doble dimensión: instala un *mundo* a la vez que elabora la *tierra*. Tierra y mundo se articulan, entonces, de manera similar a la de entorno y mundo

---

1. Gadamer, H. G.: *Verdad y Método*, vol. I, Salamanca, Sígueme, 1994, p. 531.
2. Gadamer, H. G.: *Verdad y Método*, op. cit., p. 532.

en Gadamer. La obra de arte nos abre y ofrece un mundo porque elabora la tierra y la lleva al abierto en tanto que es lo que se oculta y se queda a la distancia. En la obra de arte, como acontecer de una verdad, el mundo se ilumina como lo que hace referencia al hombre. La obra de arte es la chispa que ilumina este acontecimiento. De la misma manera, el lenguaje es para Gadamer el lugar en el que acontece el sentido y se nos hace presente un mundo destacado del entorno. Siguiendo con el análisis de la obra de arte, esta llegada a nosotros del mundo en el lenguaje tiene para Gadamer el carácter de un *juego*. El mismo juego con el que la obra de arte nos implica en el movimiento de su sentido. Un juego que no depende de la conciencia sino de un esfera del sentido que la incluye.

Este mundo que se configura en el lenguaje, representándose en él, no remite para Gadamer a ningún *mundo en sí*. No hay, por tanto, un mundo-objeto original frente a las perspectivas diversas de cada experiencia lingüística. ¿Significa esto la afirmación de un radical perspectivismo, una amenaza de ausencia de criterio y relativismo? «El baremo para la ampliación progresiva de la propia imagen del mundo no está dada por un mundo en sí externo a la lingüisticidad».[1] El solipsismo o la privacidad de los lenguajes no son un peligro para la hermenéutica gadameriana, que ha puesto el fenómeno de la comprensión, universalizado, en su corazón: el mundo no es más que sus diferentes acepciones, pero éstas no se excluyen entre sí. Cada acepción lingüística está capacitada para ampliarse a las demás, para comprender y dialogar con las otras acepciones del mundo.

A partir de esta caracterización de la lingüisticidad del mundo, se plantean tres preguntas, con las que es posible interrogar el carácter de la experiencia hermenéutica de la verdad y establecer las determinaciones de la comprensión como centro de la filosofía gadameriana. En primer lugar, si

---

1. Gadamer, H. G.: *Verdad y Método*, vol. I, op. cit., p. 536.

el lenguaje no es el instrumento de designación y comunicación de una cosa en sí por parte de nuestra conciencia, ¿qué peculiar objetividad tiene el lenguaje? ¿Qué relación mantiene con el monopolio y dominio del mundo por parte de la ciencia? En segundo lugar, si siempre tenemos acceso al mundo a través del horizonte de una de sus acepciones del que no podemos prescindir, ¿es el lenguaje la marca de nuestra finitud? ¿Cuál será entonces la fuente de su universalidad? Finalmente, ¿en qué términos se reformula la pertenencia del hombre al mundo, más allá de la dualidad moderna sujeto-objeto?

Alteridad, finitud y verdad

El lenguaje no es el instrumento de una conciencia autónoma sino el medio en el que vivimos. Por eso, en primer lugar, la verdad y el mundo que se representan en él no pueden tener el carácter ni de un objeto científico, disponible y calculable, ni de un producto subjetivo creado por el yo. La objetividad del lenguaje es de otro tipo. En palabras de Gadamer: «Lo que habla en el lenguaje son constelaciones objetivas; cosas que se comportan de este modo o del otro; en esto estriba el reconocimiento de la alteridad autónoma, que presupone por parte del hablante una cierta distancia respecto a las cosas».[1] La objetividad propia del lenguaje es, por tanto, la que no somete, domina ni mide el mundo, sino la que, gracias a la distancia que pone entre él y el hombre, lo deja hablar. Escuchar, dejar que el otro nos hable y nos venga al encuentro con toda la potencia de su alteridad es la experiencia fundamental de la hermenéutica. Por eso da primacía a la estructura dialogal del lenguaje, que se configura como su forma esencial. La hermenéutica es, fundamentalmente, experiencia de la alteridad y comprensión dialógica.

1. Gadamer, H. G.: *Verdad y Método*, vol. I, op. cit., p. 534.

Desde aquí, la hermenéutica entra en conflicto con la ciencia moderna, que también pretende ser el lugar de la verdad, hasta tal punto y con una pretensión tan universal, que ha invadido todos los ámbitos de la experiencia humana. Precisamente, la hermenéutica gadameriana había partido de esta situación inadecuada de la ciencia, a favor de otras experiencias de la verdad, olvidadas y deslegitimadas bajo el dominio de la ciencia. Recoge así la herencia de Husserl en su crítica a las ciencias europeas y de Heidegger al mundo de la técnica, y se convierte en correa de transmisión de lo que en desarrollos de este mismo siglo XX será la crítica a la racionalidad técnica e instrumental, a través de la Escuela de Frankfurt o de autores como Jürgen Habermas y George Steiner, entre otros.

Junto a la alteridad y al diálogo, la experiencia hermenéutica de la verdad nos abre la experiencia de nuestra propia finitud. La finitud de nuestra experiencia histórica es el fundamento del fenómeno hermenéutico. De la misma manera que el lenguaje es el lugar de nuestra experiencia, él mismo será el rastro de nuestra finitud, el horizonte que siempre podemos ampliar pero nunca suprimir. La comprensión no puede pretender la totalidad desde un punto de vista neutro y privilegiado: siempre se da a partir de la adecuada fusión de mi horizonte con el horizonte de aquello por lo que pregunto. De ahí la importancia del prejuicio como condición de la comprensión. Como ya había argumentado Heidegger al situar la noción de comprensión como estructura fundamental de una existencia abierta y arrojada, no hay nunca un partir de cero, una tábula rasa para la comprensión. Ésta es siempre circular, y de ahí se deriva su potencia conformadora del mundo.

Precisando más, no es que el lenguaje sea finito por la diversidad de lenguas en que se concreta, sino por la manera como nos vincula con el mundo. El lenguaje para Gadamer es lenguaje humano, lenguaje de la tradición. Es, por tanto, un lenguaje que siempre se sitúa en un punto de este flujo histórico en el que estamos y sin el cual no podríamos avanzar. Sin embargo, esto implica también una apertura hacia un diálogo potencialmente infinito, que puede ser proseguido indefinidamente. Esto es lo que le da al lenguaje un carácter de universalidad, de relación siempre inacabada con el todo, con todo lo no dicho aún.

Finalmente, la experiencia hermenéutica no sólo es alteridad, diálogo y finitud sino encuentro con la tradición, y por tanto, universalidad concreta. Gadamer había partido del hecho de que con el método científico, tanto la pertenencia del sujeto y del objeto, como la relación de la verdad con el ser, habían perdido legitimidad. La hermenéutica se propone recuperarla desde la centralidad del lenguaje y de su estructura dialógica, abierta a la alteridad. Pertenece al mundo quien sabe escuchar, quien deja que la palabra de la tradición se acerque y le interpele como un «tú».

De esta manera, la hermenéutica vuelve a dar peso al «hacer de la cosa», frente a la tentación idealista de dar prioridad a la actividad de la conciencia libre. La cosa, o lo objetivo, es ahora la tradición desplegándose siempre ante un nuevo receptor y proyectando gracias a él su sentido inagotable. Este diálogo es el acontecer de la verdad, una comprensión siempre renovable por la que el hombre tiene mundo y le pertenece. Este acontecer no es un espectáculo. Porque toda comprensión es fusión de horizontes, la verdad implica, para darse, que se produzca un desplazamiento en quien la recibe. No hay diálogo sin que las dos partes se desplacen. No hay comprensión, por tanto, sin que haya un proceso de autoformación. El juego debe ser jugado. No hay margen para la actitud contemplativa. La hermenéutica se presenta, así, no sólo como una filosofía que persigue la fundamentación y legitimación universales de la experiencia lingüística, sino como una propuesta de filosofía práctica. Su tarea infinita: reapropiarse del pasado, de todas las voces no escuchadas de nuestra tradición.

De la razón vital a la razón poética
La voz de María Zambrano

Los principales temas de la filosofía europea de los años veinte y treinta del siglo xx encuentran su eco en España en las figuras de Ortega y Gasset y María Zambrano. Estos temas son, entre otros, la crítica de la fenomenología husserliana al objetivismo científico, la relectura que hace Heidegger de esta misma cuestión y que presenta como desmontaje de la historia de la metafísica y del destino de Occidente, y la búsqueda de uno y otro de una experiencia de la verdad anterior a toda teoría. Ortega estudió en Marburgo, Alemania, aunque no recogió tanto las enseñanzas neokantianas de esa escuela cuanto las de la innovadora fenomenología de Husserl y del giro hermenéutico inmediatamente posterior. Ortega y su en un inicio discípula María Zambrano son, en este contexto, las figuras de un encuentro filosófico, entre ellos y con la filosofía europea del momento. Pero son también las dos figuras de un desafío filosófico: hacer filosofía en España, una realidad cultural en la que no hay tradición filosófica y científica sino poética y religiosa. Son, también, un desafío en una realidad histórico-política que avanza de dictadura en dictadura y que pronto los abocará a la herida de la guerra civil y los cuarenta años de franquismo.

A pesar de este enlace directo con la filosofía alemana del momento, las respectivas apuestas filosóficas de Ortega y de Zambrano no se dirigirán hacia una refundación de la ciencia, como en Husserl, ni hacia una crítica radical de la filosofía en su desarrollo metafísico, como en Heidegger, pero tampoco hacia una dicotomía entre verdad y método como posteriormente hará Gadamer. Su interrogación hermenéutica apuntará en la dirección de una reconciliación: hacia el lugar en que sería pensable un entendimiento de razón y vida.

Escribía María Zambrano a propósito de Ortega y Gasset: «¿Qué hacer para que vida y razón se entiendan? Ortega la ha pensado hasta hallar la Razón Vital, Histórica, Viviente. Que la razón se disuelva a sí misma a fuerza de entenderse; que la vida se apure para dejar, celosa, de ocultarse. Que vida y razón no se oculten la una a la otra. ¿Se podrá lograr?».[1]

Dos filosofías encadenadas

La *razón vital* es el concepto central de la reforma filosófica que Ortega y Gasset introduce en el contexto español a partir de la lectura de Husserl, Scheler y Brentano. La razón vital pretende, en primer lugar, ocupar el imperio agotado de la razón pura, la que ha guiado esa tradición moderna de pensamiento que en España no ha llegado a triunfar y que por eso mismo puede ser combatida con más eficacia y con más recursos. En segundo lugar, la razón vital no se propone representar la realidad, sino que se ofrece como un método de acceso a una realidad más radical que es la vida, mi vida. El pensamiento no es entonces una facultad superior del entendimiento, sino una función vital que tiene como propósito ayudarnos a saber a qué atenernos. Por ello mismo, es una razón que está adscrita a la circunstancia que es mi vida y que somete al mundo, por tanto, a un radical perspectivismo. Como concepto clave, tomará diversos rumbos dentro del desarrollo de la propia filosofía de Ortega, quien finalmente traducirá esta razón vital en términos de razón histórica. María Zambrano, reconociéndose discípula y deudora de estas enseñanzas, empezará a hablar, a partir de 1956, de razón poética.

---

1. Zambrano, M.: *España, sueño y verdad*, Barcelona, Edhasa, 1982, p. 127.

En el caso de Ortega, el enraizamiento de la vida humana, de cada yo, en su circunstancia, abre una vía para pensar la historicidad esencial de la existencia humana y es el punto de partida para una teoría de la historia y de la sociedad construida no desde los hechos sino desde la experiencia. Sus conceptos clave: generación, ideas y creencias, en su dialéctica y sus crisis. Son el trasfondo de algunos rasgos de la filosofía de María Zambrano cuya obra se prolonga, desde España y desde el exilio, a lo largo de todo el siglo XX.

María Zambrano hace de la razón vital una razón poética. Es la idea clave de una «hermenéutica generativa», según la expresión de Chantal Maillard[1] que, desde la Europa de Nietzsche y de Heidegger, irá a encontrarse con el misticismo, antiguo y español y con la tradición poética de Machado o de Unamuno. Es una hermenéutica generativa porque su propósito es dejar aparecer el continuo nacimiento del hombre, siempre inacabado. No apunta al ser como algo fuera de nosotros sino a la acción esencial y creadora por la que el hombre se aparece a sí mismo y puede conquistar su ser. Este propósito filosófico nos exige partir de dos preguntas: ¿qué concepción del hombre tiene Zambrano para hablar de esta acción esencial, de este nacimiento a sí mismo? ¿Por qué la razón poética va a ser la clave de este pensamiento y en qué consistirá?

El hombre: sueño y vigilia

Para María Zambrano, el hombre es un ser que padece su trascendencia, en el mismo sentido pasivo y no activo de la trascendencia con la que Heidegger caracterizaba la existencia: la trascendencia es fruto del desgarro por el que nace como sujeto y se separa de la realidad, a la que ya no pertenece. El ser del hombre se identifica con un sentir originario

---

1. Maillard, Ch.: *La creación por la metáfora. Introducción a la razón poética*, Barcelona, Anthropos, 1992, p. 58.

con el que no puede coincidir plenamente. Es un ser descentrado, un ser que difiere de sí mismo. «¿Cuándo empieza el hombre a sentirse sujeto? Cuando ha reflexionado, cuando se ha mirado a sí mismo. Mas lo primero en el hombre no es mirar sino sentirse mirado...»[1]

Este sentir originario es un núcleo atemporal en el que mora lo que íntimamente somos y nos acompaña a lo largo de toda la vida, el «infierno de la memoria y de la conciencia».[2] Es el centro de gravedad del sujeto. Tenemos testimonio de él en los sueños: no en sus argumentos sino en su forma misma, en su estar fuera del tiempo, que también penetra la vigilia.

Frente a ello, lo que llamamos realidad es ante todo tiempo y luz, conciencia. Es a lo que despertamos, pasando del ser al estar, de la atemporalidad a la repetición del tiempo. Sueño y vigilia, como el inconsciente y la conciencia para el psicoanálisis, parten de la persona y de su acción. ¿Cómo mantenerlas unidas? Así como en el caso de vida y razón, ¿es pensable su reconciliación? María Zambrano se embarca, con estas preguntas, en una fenomenología de la forma-sueño.

Filosofía y poesía

Aquí es donde encuentra su contexto la crítica de María Zambrano a la filosofía y al conocimiento positivo o metódico, propia de toda la corriente fenomenológica-hermenéutica. En su caso, esta crítica va siempre acompañada de una reflexión sobre la poesía y la relación entre ella y la filosofía. Lo demuestran los títulos de varios libros y ensayos: *Filosofía y poesía* (1939), «Poema y sistema» (en *Hacia un saber sobre el alma*, 1944) o «Disputa entre filosofía y poesía» (en *El hombre y lo divino*, 1955).[3]

---

1. Zambrano, M.: *Notas de un método*, Madrid, Mondadori, p. 51.
2. Zambrano, M.: *op. cit.*, p. 90.
3. Se pueden encontrar todos en *Obras completas*, Barcelona, Galaxia Gutenberg / Círculo de Lectores, 2011.

La filosofía es violenta porque, especialmente en la modernidad, ha entronizado la conciencia como centro del hombre y ha abierto, así, una grieta insalvable entre el conocimiento de las cosas y el saber del alma, entre conocimiento y saber como modos de atesorar la experiencia y legitimarla. Pero esta violencia viene de antiguo: en la confrontación entre la filosofía y la poesía que emerge ya con el nacimiento mismo de la filosofía en Grecia. Surgidas, ambas, del asombro ante las cosas, despliegan dos formas de tutelar nuestra experiencia, desde dos regímenes de discurso distinto. Si ante ese asombro, la poesía se entrega a él y «canta», la filosofía se arranca de él a través de una pregunta. Ésta es su violencia esencial, la violencia de la interrogación que nos pone en búsqueda de algo, que la presencia de las cosas no nos regala.

Sostenerse en la pregunta para convertir el conflicto de la existencia humana en problema es lo que hace la filosofía. La poesía, en cambio, se mantiene en el conflicto sin proyectar ningún horizonte ni solución, sino añorando el centro perdido. No busca sino que recibe. No proyecta un horizonte sino que espera una donación. Su palabra no es en la razón sino en el amor. En el conflicto que es el hombre, en su desgarro o descentramiento, el poeta, busca des-nacer en el amor. El filósofo, re-nacer en la razón.

La razón poética es, así, la razón mediadora entre filosofía y poesía. En este programa mediador, la mística adquiere actualidad, puesto que la propia crisis de la filosofía moderna puede ser la mejor ocasión para pensar la cercanía entre ambos discursos y el acceso, por tanto, al sentir originario del hombre: «Filosofía y poesía están en proceso de fusión de disparidades antagónicas. En ambas aparece el apaciguamiento en que los secretos anhelos se aplacan y donde la vida encuentra su adecuado espejo, el espejo del conocimiento vivificante».[1]

Ya en 1937, en uno de sus primeros textos filosóficos, «Reforma del entendimiento español», recogido en

---

1. Zambrano, M.: *Filosofía y poesía*, México, FCE, 1987, p. 106.

Senderos,[1] Zambrano planteaba que volver la razón hacia la vida, en el sentido orteguiano, implicaba encaminar la razón hacia la sombra, es decir, incluir una conciencia de todo aquello que no entra en la luz del entendimiento. Pero ¿cómo incluir las sombras, los ínferos, las entrañas, sin romper el juego? O en los términos de antes ¿cómo incluir la intemporalidad de los sueños en el tiempo? Ésta será la búsqueda constante de la escritura de María Zambrano en la noche oscura de lo humano: la expresión de una razón capaz de desactivar la violencia filosófica de la interrogación.

Esto significa, por un lado, desarrollar una actitud cognoscitiva comprensiva, entendida como una activa pasividad. Dicho de otro modo, significa entrar en la vida sin dañarla, hacerse capaz de entrar en contacto con la *physis* o materia antes del concepto, de la filosofía y del ser; encontrar el *logos* repartido en las entrañas para que la admiración primera se vuelva participación y hacer posible, así, una nueva experiencia de lo sagrado. Pero esto significa también, por otro lado, desplegar una acción creadora por la que la persona debe realizarse en su dimensión más absoluta y acercarse a la unidad primordial, en un camino que va de la no-diferenciación del sentir originario a la re-unión lúcida, pasando por la libertad y la conciencia de la vida temporal, de la vigilia. La principal herramienta de este proceso es la metáfora, como palabra poética con la que el hombre crea sus sucesivas máscaras e identificaciones. La razón poética es, así, la aventura del hombre que despierta y reconquista su derecho a tener alma.

Éste es el encuentro de fenomenología y misticismo. En él, la filosofía aparece como un saber sobre la experiencia, un saber del alma que es, inseparablemente, actividad transformadora. Las formas que toma la filosofía, son entonces: escritura íntima, entrañada y ejercicio místico.

---

1. Zambrano, M.: *Senderos*, Barcelona, Anthropos, 1986.

Relación con Heidegger

El tránsito de la fenomenología a la palabra poética y al misticismo es también el camino del pensar que define al pensamiento heideggeriano. Se ha discutido y escrito mucho sobre la relación de Zambrano con la filosofía de Heidegger. Entre muchos otros, hay un rasgo de este encuentro filosófico sobre el que es preciso detenerse: la necesidad de conjurar la *hybris* o desmesura de la razón.

Heidegger empieza reclamando la necesidad de volver a poner una pregunta olvidada y acaba buscando la manera de conjurar todo voluntarismo en el preguntar, de hacer de la interrogación una forma de pertenencia y de correspondencia. El último Heidegger, que conduce la necesidad de la pregunta a la necesidad de la espera, es un pensador místico, que señala la senda hacia un claro en el que puede aparecer el ser. Señalar en silencio, para no decir, para solamente acoger la verdad, y dejar que acontezca.

María Zambrano, a pesar de la diferencia radical en el punto de partida, ya que desde un inicio condena la violencia interrogadora de la filosofía en su búsqueda del ser, coincide con este planteamiento final, aunque la suya no es una filosofía especulativa que quede entregada a los enigmas del destino. En la noche del hombre, que es la noche de Occidente, hay una tarea práctica que realizar. Porque la sombra no es la ausencia del ser sino la propia entraña, material, carnal, corpórea. Se trata no sólo de desasirse, sino de transformarse para vivificar nuestras entrañas y encontrar el *logos* repartido en ellas. ¿Qué encontrará María Zambrano en el claro del bosque, expresión heideggeriana que da título a su último libro? No el ser, ni su verdad, sino el amor herido, herido siempre, cuando va a recogerse.[1]

La presencia tenue y a la vez intensa de María Zambrano en la filosofía española es una referencia inquietante de las

---

1. Zambrano, M.: *Claros del bosque*, Madrid, Cátedra, 2011.

posibilidades, de las especificidades y de las terribles dificultades del pensamiento filosófico en el contexto ibérico. La temprana valentía de una mujer filósofa choca con falta de tradición propia, la pobreza de las instituciones científicas y educativas y la interrupción de la actividad intelectual por causas políticas, que desgraciadamente son las constantes en la historia de esta península. Obviamente, estas condiciones tienen sus consecuencias en la manera de poner en práctica el pensamiento, en Zambrano y en otros pensadores. Cuando la filosofía tiene que esconderse y no cuenta con una interlocución científica y política sólidas, se acerca inevitablemente a la literatura o a la religión, o a ambas a la vez. Ahora que han transcurrido cuarenta años de supuesta «normalidad» institucional en España, me pregunto cuáles son los frutos del camino recorrido y si realmente hemos conseguido ir mucho más lejos. ¿Qué hace falta para que perdamos, de una vez, el miedo a las ideas? Más que una filosofía inacabada, tenemos aún una filosofía inencontrada. Si le damos la vuelta, este desencuentro más que una carencia puede ser la condición para un salto adelante. Sólo de los márgenes del corazón de la cultura europea, pienso que pueden nacer hoy formas de pensamiento capaces de exponer a la cultura del viejo continente a los desafíos de un mundo común.

De la comprensión a la acción
Hannah Arendt, apátrida

La recepción de Hannah Arendt en los últimos tiempos ha estado acompañada de un leitmotiv acerca de su carácter inclasificable, tanto filosófica como políticamente. Ante su obra surgen diversas preguntas: en primer lugar, ¿a qué corriente de pensamiento pertenece su filosofía? Alumna de Heidegger y de Karl Jaspers, heredera de su filosofía de la existencia, desplaza, sin embargo, sus parámetros y presupuestos hacia cuestiones políticas que no eran el centro de atención de sus maestros y deja de lado cuestiones ontológicas y epistemológicas que para ellos resultaban centrales.

En segundo lugar, ¿en qué disciplina encuadrar sus trabajos? Parece que lo más evidente, por los temas de sus trabajos, como el totalitarismo, la revolución o la acción política, es que Arendt es una filósofa política. Sin embargo, ella misma rechaza este lugar teórico y la relación tanto con el mundo como con la experiencia que le correspondería. ¿Qué hace entonces? Y, finalmente, lo que más debates ha encendido y más ha condicionado su recepción en décadas pasadas es la pregunta ¿cómo alinearla políticamente? Es famoso el desespero del politólogo Hans Morgenthau, quien en una conferencia en Toronto le preguntó: «Diga, ¿qué es usted? ¿Es conservadora? ¿Es liberal? ¿Cuál es su posición en las posibilidades contemporáneas?».[1] Su celebración de la revolución americana y de los consejos obreros,

---

[1]. Conversación que tuvo lugar en Toronto, 1972, recogidas por Melvyn Hill en *Hannah Arendt, The Recovery of the Public World*. Publicadas en castellano en la revista *El Cultural*, 12/10/2006.

su crítica al marxismo y a toda consideración de lo social, su defensa de la propiedad privada y sus críticas a la sociedad de consumo, entre otras posiciones fuertes, impiden usar las categorías existentes y ha conducido a inventar, por parte de sus comentadores, expresiones paradójicas como conservadora revolucionaria.

La dificultad de responder a estas tres preguntas, junto con su condición de filósofa, mujer y judía que ni siquiera asume ninguna de estas tres determinaciones de manera activa, explica la insistencia en su inclasificabilidad, en su condición de «paria», que es el hilo de lectura propuesto por su biógrafa Elisabeth Young-Bruehl. Sin embargo, la resistencia a la clasificación no debe ocultar su implicación en el propio tiempo y en algunas de las principales problemáticas filosóficas del momento. En particular, la figura de Hannah Arendt se sitúa en el cruce de dos problemáticas que guían el pensamiento existencial y hermenéutico en el que ella se ha formado: el problema de la experiencia del mundo y la cuestión de la comprensión como centro de la vida humana en su actividad tanto teórica como práctica.

Mundo y comprensión

Hannah Arendt rechazó en repetidas ocasiones su condición de filósofa y presentaba sus trabajos, lejos de cualquier pretensión sistematizadora, como meros «ejercicios». En este rechazo de la teoría y en la fidelidad al acontecimiento que le exige cada vez ponerse a pensar, se produce el encuentro entre política, mundo y comprensión que articula su pensamiento inclasificable convertido así en un ejercicio siempre inacabado.

El acontecimiento que pone a prueba todo su pensamiento tiene una fecha, 1933, y un nombre propio: Hitler. Tiene por tanto una historia, que es la del totalitarismo y la del exterminio sistemático de millones de personas, de la que ella es una protagonista más, bien pronto desde un exilio que, a diferencia de otros judíos de origen alemán, nunca dará por cerrado. No hay pensamiento sin experiencia y ella va a permanecer vinculada a esta experiencia fundacional a lo largo de toda su vida intelectual. Comprender el totalitarismo coincidirá, en su desarrollo, con una teoría política encaminada a la recuperación del mundo público mediante el lenguaje y la acción comunes. Son las dos caras, esta exigencia de comprensión y esta búsqueda de un mundo público, de una teoría política que se propone no como una doctrina para ser aplicada sino como una herramienta de iluminación del pasado, de lo ocurrido. Comprender no es perdonar, es reconciliarnos con el mundo, como dirá en su ensayo «Comprensión y política».[1] Y por eso, como había afirmado Heidegger y repetirá también Gadamer, es el modo específicamente humano de vivir, ya que cada persona necesita reconciliarse con el mundo en que ha nacido como extranjero.

Para ello no valdrán las causalidades históricas ni la reconducción de lo contingente a un principio fundamental. Son las dos caras de la teoría, histórica y filosófica, que Arendt rechaza. Sitúa su pensamiento, y en esto es claramente contemporánea, sea cual sea la corriente en que decidamos clasificarla, en un doble después: en el después de la muerte de Dios y por tanto después de la metafísica y su partición de mundos (sensible/suprasensible, fundamento/fundamentado). Pero también en el después de una tradición rota. Rota, porque no nos sirven las categorías del pasado. Rota, también, porque reconstruir linealidades históricas implica justificar lo ocurrido como lo único que pudiera haber sucedido. El totalitarismo ha destruido las categorías de pensamiento y los criterios de juicio anteriores. Más cerca de Walter Benjamin que de Gadamer, Arendt piensa que la relación que podemos mantener con el pasado no se puede unificar bajo el horizonte de la tradición. No

---

[1]. Arendt, H.: «Comprensión y política», en Cruz, M. (ed.), *De la historia a la acción*, Barcelona, Paidós, 1995, pp. 29-46.

hay fusión posible. Sólo la posibilidad de iluminar el pasado repentinamente, produciendo un acontecimiento del pensar que irrumpe y transforma lo que vemos.

Postmetafísico y libre de tradición aunque no de pasado, Arendt presenta, en su última obra póstuma, el pensamiento como un viento «que deshace y descongela lo que el lenguaje ha congelado en el pensamiento».[1] Deshacer y descongelar: es la actividad demoledora que caracteriza al pensamiento contemporáneo desde Nietzsche. Pero en Arendt no hay tentaciones de nihilismo: para ella, comprender tiene que producir una reconciliación con el mundo, es el *amor mundi* que ya aparecía en su tesis doctoral sobre San Agustín. Para ello, habrá que partir, como en toda buena hermenéutica, de la precomprensión: «el lenguaje popular abre el paso al proceso de la auténtica comprensión, y su descubrimiento debe permanecer siempre como el contenido de la verdadera comprensión si no quiere perderse en las nubes de la mera especulación».[2] Esto es lo que ocurre cuando se destruye el *entre* que articula nuestro mundo y nuestro sentido común. Pueden vencer, entonces, las ideologías, tanto científicas como totalitarias. La comprensión y el mundo común se juegan en un mismo proceso de pérdida o de recuperación.

¿En qué condiciones actuamos y pensamos?

Arendt es una analista incansable de los acontecimientos políticos del momento y de sus referentes históricos. Sin embargo, el núcleo de su pensamiento y la clave de su propia vinculación con la experiencia se encuentra en una teoría del hacer y en una teoría del pensar que se desarrollan, respectivamente, en *La condición humana* (1958) y en *La vida del espíritu* (1977, póstuma). De la reflexión sobre lo

---

1. Arendt, H.: *La vida del espíritu*, Barcelona, Paidós, 2002, p. 207.
2. Arendt, H.: «Comprensión y política», op. cit., p. 34.

que hacemos y sobre qué nos hace pensar se derivarán los diagnósticos de un mundo moderno caracterizado por la ausencia de una acción verdadera y de una efectividad del pensamiento.

Normalmente no actuamos, normalmente no pensamos. Heidegger fue el gran analista de la cotidianidad del mundo moderno y de los olvidos que la sostienen. El olvido del ser era la clave para la comprensión de la metafísica y del mundo de la técnica como destino de Occidente. En el caso de Arendt no es el ser lo que se oculta. Es el espacio en el que es posible la acción como ejercicio político de la libertad y del pensamiento como acuerdo con uno mismo. Este espacio encontrará su imagen más transparente en el ágora griega: espacio de aparición y de visibilización del vínculo político entre los ciudadanos y espacio de interrogación socrática.

¿Qué pone en juego el ocultamiento de este espacio? Para Heidegger, lo que se jugaba en el olvido del ser era la inautenticidad de la existencia humana, condenada a la errancia y al alejamiento de su esencia. Para Arendt, fiel al acontecimiento que ha hecho nacer a su pensamiento, lo que está en juego es el mal. Mal radical, que es la posibilidad de destruirlo todo y hacer al hombre superfluo. Mal radical que se expande como un hongo sobre la superficie del planeta desde su total banalidad. Eso es lo que se juega en la posibilidad de la acción y del pensamiento. Comprender el totalitarismo como régimen político de este mal significa, por tanto, ser capaces de interrogar por la posibilidad de esta acción y de este pensamiento.

Teoría de la acción

Arendt plantea el problema de la acción a través de una indagación acerca de «lo que hacemos», de lo que llama la vida activa. Esta indagación conduce a una caracterización de tres ámbitos de la actividad humana claramente diferenciadas: la labor, que son todas las actividades encaminadas a la reproducción y mantenimiento del propio cuerpo y de la especie (comer, vestir...); el trabajo, que es todo lo que se refiere a la manipulación de la naturaleza para la producción de objetos durables, y la acción, que es la capacidad de ser libre (libertad), de empezar algo nuevo (natalidad) y de introducir un sentido en el mundo (actividad simbólica).

Los dos primeros ámbitos de acción se dan en la esfera de lo privado y de la reproducción social. Son opacas y no permiten singularizarse. La tercera es la que constituye un espacio público, caracterizado por la pluralidad, siempre irreductible, y por la imprevisibilidad. Lo que la acción inaugura sólo puede ser valorado como comienzo, no se sabe cómo va a ser proseguido ni por quién. El espacio público, representado por Arendt en el ágora griega, no es ninguna institución. Es el «entre» que abre la distancia, que permite que irrumpan la novedad y la singularidad y que deja espacio, por tanto, a la acción libre. Esta acción libre ya no es entonces la del individuo en el mercado o libertad de elección. Es la acción de un poder, en este caso ya político, porque es acción concertada en un mundo común. Este «entre», este mundo común y su pluralidad irreductible, es lo que el totalitarismo ha anulado de manera brutal y para nada homologable a otras formas de tiranía anteriores. El totalitarismo es la desertización, la pérdida del mundo.

¿Qué es lo nuevo y específico del totalitarismo, ahora que tenemos las herramientas conceptuales para comprenderlo? Bajo esta pregunta Arendt arranca estas tres categorías de la vida activa de su aparente intemporalidad. Lo que ha ocurrido en el mundo moderno es que lo social y lo privado, es decir, la esfera del trabajo y de la labor, han inundado la esfera pública hasta anularla. El totalitarismo es la culminación de este proceso de disolución de la separación entre lo público y lo privado, lo social y lo político en la que la aparente politización de todos los ámbitos de la vida impide ver la anulación del espacio político verdadero. De la misma manera, la fusión de los hombres en la masa impide ver la radicalización de su experiencia de la soledad, de la imposibilidad de aparecer ante el otro y actuar en común. La masa y la destrucción en masa, son las formas extremas del desarraigo del hombre moderno.

Si éste, descrito a pinceladas, es el destello, la iluminación que Arendt devuelve a su pasado más inmediato, intentando comprender el totalitarismo, ¿cómo pensar la correspondiente reconciliación con el mundo? La comprensión no ofrece soluciones, sino sólo herramientas de relación. No permite construir doctrinas ni teorías, sólo trazar experiencias. Y a su rastreo es a lo que se dedica el trabajo filosófico de Arendt. Lo hará por tres vías: rastrear experiencias del pasado (en Grecia, en Roma, en la Edad Media); indagar en las grandes rupturas de la modernidad, en libros como *Sobre la revolución* (1963), y aproximarse a las figuras que habitan las sombras de nuestra historia, en investigaciones como *Hombres en tiempos de oscuridad* (1968), *Rahel Varnhagen. Vida de una mujer judía* (1958).[1]

Por otro lado, ya en sus últimos años, Arendt abre la cuestión sobre el pensar. Arendt había hecho experiencia de la excepcionalidad del pensar en su asistencia al juicio de Eichmann en Jerusalén. En las banales declaraciones del criminal nazi se le reveló de manera particularmente insultante algo que la filosofía anunciaba desde sus orígenes: que lo habitual es no pensar. Que el pensar sea algo extraordinario que no coincide con el conocimiento, la comprensión o la sabiduría práctica, tal como dicen las palabras de Heidegger con las que Arendt abre *La Vida del Espíritu*, puede ser asumido. Pero ¿cómo entender que algo monstruoso sea cometido con total ausencia de reflexión? ¿Cómo aceptar que no disponemos incluso ni del amparo clásico de la estupidez o de la ignorancia para justificar el mal? Estas cuestiones tan punzantes son las que impulsan a Arendt a embarcarse en una larga y erudita investigación sobre la actividad del pen-

---

1. Arendt, H.: *Sobre la revolución*, Madrid, Alianza Editorial, 2013; *Hombres en tiempos de oscuridad*, Barcelona, Gedisa, 2001; *Rahel Varnhagen*, Barcelona, Lumen, 2000.

sar, su origen y su relación con el resto de nuestras actividades. Si lo habitual es no pensar, si normalmente nos movemos sin reflexión entre las fijaciones de la vida cotidiana, ¿qué es lo que nos hace pensar? ¿y dónde estamos cuando lo hacemos?

El pensamiento, para Arendt, sólo se da fuera del orden, desde ninguna parte. Su condición es apátrida. Sin embargo, no puede encerrarse en una torre de marfil ni profesionalizarse desde las alturas. Sócrates fue un *outsider*, un solitario entre los hombres, entre los cuales no dejó nunca de caminar, a los que no dejó nunca de interrogar, hasta que fue condenado a muerte. Arendt, exploradora de modelos y de referentes, siempre tiene la figura socrática presente e incorpora, como criterio frente al mal, su exigencia dialógica: hay que pensar de tal manera que por lo menos estemos de acuerdo con nosotros mismos, aunque tengamos, como decía Sócrates en el *Gorgias*, a cientos en contra. Esta amistad con uno mismo, ¿será la clave de la reconciliación con el mundo?

Entre la dialéctica de la ilustración y la dialéctica negativa
El pensamiento herido de Th. W. Adorno

Hay una frase de Adorno en la que se concentra su pensamiento filosófico más singular: «La filosofía consiste en el esfuerzo del concepto por curar las heridas que necesariamente inflige el propio concepto».[1] La filosofía es una tarea inacabable e incurable, que se reabre sobre la herida que ella misma provoca. Para situar esta frase e intentar captar todo lo que implica la paradoja que expresa, hay que situarla en el contexto del diagnóstico que la Teoría Crítica, desde la Escuela de Frankfurt, ofrece al mundo occidental después de la Segunda Guerra Mundial. El diagnóstico se resume en la frase con la que Theodor W. Adorno y Max Horkheimer abren el libro a cuatro manos *Dialéctica de la ilustración*, la obra más emblemática de este periodo: «La tierra enteramente ilustrada resplandece bajo el signo de una triunfal calamidad».[2]

La Escuela de Frankfurt es el nombre colectivo con el se conoce al grupo de filósofos, sociólogos y psicólogos que se reunieron para trabajar juntos en el Instituto de Investigación de Frankfurt, creado en 1923. Había iniciado su labor de investigación con el objetivo de desarrollar una teoría social crítica que, en ruptura tanto con el positivismo como con los sistemas metafísicos, recuperara la dimensión filosófica del marxismo y la capacidad de transformación social

---

[1]. Adorno, Th. W.: *Terminología Filosófica* I, Madrid, Taurus, 1983, p. 43.
[2]. Adorno, Th. W. y Horkheimer, M.: *Dialéctica de la Ilustración*, Madrid, Trotta, 1997, p. 59.

de la teoría. Planteaban la necesidad de elaborar una crítica de la sociedad burguesa desde un materialismo que atendiera a la totalidad de mediaciones que constituyen la sociedad, sin privilegiar ninguna de sus facetas, ni la económica, ni la ideológica por separado.

Pero a partir de la segunda mitad del siglo XX, el horror del nazismo, del que todos los miembros de la Escuela de Frankfurt, muchos de ellos judíos y marxistas, fueron víctimas, la burocratización de la revolución soviética, que impugna muchas de sus esperanzas políticas, y la consolidación de la sociedad de consumo capitalista en las democracias occidentales marcan un punto de inflexión decisivo en las tesis de la Teoría Crítica. Constatan que el proceso de racionalización de la sociedad no ha estado vinculado a un progreso hacia una sociedad más libre. Recogiendo lo que ya había anunciado Walter Benjamin en uno de sus últimos escritos, las *Tesis sobre la historia* (1940),[1] los miembros de la Escuela de Frankfurt desplazan el foco de sus anteriores trabajos, que se centraban en la crítica de la sociedad burguesa, y lo amplían al fenómeno de la Ilustración, como proyecto global de progreso y emancipación del hombre. La racionalización, que empezó ya en los siglos XVII y XVIII, no ha supuesto una mayor emancipación del hombre sino todo lo contrario: la modernización ha desembocado en la barbarie y las promesas de liberación del hombre no han hecho sino someterlo a una nueva esclavitud. El diagnóstico, por tanto, desemboca en la idea fundamental de que la Ilustración contiene el germen de su autodestrucción. Ésta es la dialéctica que expresan en una de sus tesis más famosas: el mito es ya Ilustración; la Ilustración recae en la mitología.

Encontramos en ella una nueva radicalización, en este caso en clave política, del diagnóstico que Husserl había ofrecido acerca de la humanidad y del destino de Occidente en su libro de 1934, *La crisis de las ciencias europeas*. Según

---

1. En Benjamin, W.: *Discursos interrumpidos I*, Madrid, Taurus, 1988, pp. 177-191.

él, el objetivismo era la nueva prisión del hombre moderno, la jaula de hierro de la que también el sociólogo Max Weber había empezado a hablar en esas décadas. Queriendo desencantar el mundo y vencer sus temores, lo hemos dominado y han aparecido nuevas formas de terror. La voluntad de desencantar el mundo y conjurar sus peligros ha desplegado sobre la naturaleza, y así también sobre el hombre y el pensamiento, la ley totalitaria de la identidad, aquella que sólo reconoce lo que puede ser reconducido a la unidad, y por tanto, al cálculo y a la utilidad.

El pensamiento y el mundo se *reifican*, se presentan como cosas ante nosotros: la naturaleza se convierte en un conjunto de datos inapelables a los que la razón debe someterse como instrumento. Pero la ley de la identidad no sólo tiene consecuencias en nuestra manera de representarnos el mundo. Auschwitz, el genocidio que de manera calculada y racional ha homogeneizado a millones de individuos hasta aniquilarlos, es su encarnación más escandalosa.

> La Ilustración se relaciona con las cosas como el dictador con los hombres. Éste los conoce en la medida en que puede manipularlos. El hombre de ciencia conoce las cosas en la medida en que puede hacerlas. De tal modo, el en sí de las mismas se convierte en para él. En la transformación se revela la esencia de las cosas siempre como lo mismo: como materia o sustrato de dominio.[1]

La consecuencia de este diagnóstico es que la modernidad como proyecto emancipador del hombre, Marx incluido, queda condenado a un callejón sin salida. Los miembros de la Escuela de Frankfurt, Horkheimer y Adorno particularmente, no son antimodernos y explícitamente rechazan las opciones filosóficas que destruyen la razón en nombre de categorías como la intuición o la vida. Pero se atreven a

---

1. Adorno, Th. W. y Horkheimer, M.: *Dialéctica de la Ilustración*, op. cit., pp. 64-65.

diagnosticar la aporía que recorre el interior a la modernidad y su proyecto emancipatorio.

Frente al extravío de la razón, diagnosticado por Husserl, o frente al olvido del ser y la necesidad de abrirse a un nuevo destino de Occidente, según anunciaba Heidegger, Adorno y Horkheimer afirman que la razón está atrapada en un círculo que ella misma ha causado. No es una razón extraviada, y por tanto, su trayectoria y objetivos no pueden ser rectificados. Sólo queda un trabajo inacabable de crítica inmanente, que tiene como objetivo la abolición del principio ciego del dominio mediante la intransigencia de la teoría. Su horizonte: apuntar hacia una utopía negativa, innombrable, lo único que puede darnos la medida inconmensurable de la esperanza.

Esta crítica inmanente, en la que se encuentran este objetivo y este horizonte, da lugar a dos líneas de trabajo divergentes en algunos aspectos fundamentales, y que corresponden a lo que se conoce como las dos Escuelas de Frankfurt: una línea, paradójicamente ilustrada, prolonga el camino de autocrítica de la razón que va de Kant a Marx. Es una crítica que pone de nuevo sobre la mesa el problema de la legitimidad: ¿dónde y cómo puede avanzar el uso de la razón? El principal objeto de sus críticas es la racionalidad instrumental, que sería el uso instrumental de la razón que ha triunfado en la modernidad. Max Horkheimer y Herbert Marcuse son sus principales voces en una primera etapa. Jürgen Habermas, discípulo directo de estos autores, culminará esta línea de crítica a la razón instrumental y, desde ahí, reivindicará el proyecto inconcluso de la modernidad, y su núcleo emancipador más que autodestructivo. La otra línea de pensamiento que se desarrolla a partir de la evolución de la Teoría Crítica consistirá en la radicalización de la aporía de la modernidad, en la que ahondará precisamente la filosofía de Adorno.

La vida dañada y la dialéctica negativa

Adorno lleva la lectura de la aporía de la modernidad hasta sus últimas consecuencias filosóficas. El callejón sin salida al que nos ha conducido la Ilustración no se puede explicar como un error histórico, porque la dialéctica responde a la naturaleza misma del concepto. Dicho de otra manera: para Adorno no ha habido un extravío de la razón, porque no hay otra enfermedad para la razón que la razón misma. Pero paradójicamente, añadirá siempre, no hay otra salud que la racionalidad. Por eso, abolir el principio ciego del dominio mediante la intransigencia de la teoría no significará otra cosa que lo que se resume en la frase de la que partíamos: «el esfuerzo del concepto por curar las heridas que necesariamente inflige el propio concepto».

Este lugar paradójico del pensamiento ya se anunciaba en los primeros trabajos filosóficos que Adorno empezó a escribir en los años treinta, concretamente en el ensayo *Actualidad de la filosofía*.[1] Contra Heidegger y contra su pretensión de hallar un nuevo suelo para el pensar en lo originario, la autenticidad, o el lenguaje, Adorno constataba lo siguiente: en primer lugar, la desintegración de la adecuación entre el pensamiento y el ser como totalidad y, a partir de ahí, la necesidad de estar a la altura de una realidad fragmentaria y contradictoria sobre la que las categorías de la tradición metafísica occidental han ejercido tradicionalmente su violencia.

Adorno no cree en la invención de conceptos nuevos que no sean totalizadores, ni en la posibilidad de proclamar nuevas verdades o descubrir contenidos inéditos para el pensamiento. De lo que se trata, para él, es de instaurar un nuevo modo de proceder en el trato con la realidad: liberar la realidad concreta, fragmentaria y ambigua de las formas totalitarias del pensar que la hieren, la escinden y la

[1]. Adorno, Th. W.: *Actualidad de la filosofía*, Barcelona, Paidós, 1991.

cosifican. Interpretar, de manera provisional, pero siempre con pretensión de verdad, estos materiales ruinosos, contradictorios y carentes de intención que constituyen la realidad. Preguntar por el ser, buscar el sentido o remontarse al fundamento son las grandes ilusiones que han sometido la plenitud de lo real a la violencia del concepto y a la ley de la identidad.

La propuesta de curar con conceptos les heridas que necesariamente inflige el propio concepto es entonces la fórmula de un pensamiento crítico que se entiende a sí mismo como un pensar contra el pensar. Su objetivo es hacer decir al concepto lo que no se deja decir. «La utopía del conocimiento sería penetrar con conceptos lo que no es conceptual sin acomodar éstos a aquéllos.»[1] Es la dialéctica negativa: la forma que toma el pensamiento que asume las aporías de la dialéctica de la Ilustración y se pone a la altura de lo que le es heterogéneo, desposeyendo así al concepto de su violencia totalitaria. Su propósito es hacerlo hablar de otra manera y hacerle mostrar lo que hay en él de irracional, de no conceptual. Si pensar es esencialmente identificar, sólo aquella aventura filosófica que apunte a las grietas que desmienten la ley de la identidad puede salvar, aunque sea de manera precaria, lo que Adorno llama la plenitud de lo real.

La dialéctica negativa de Adorno no tiene nada que ver con el ejercicio de una crítica que, con voluntad antidogmática, miraría de establecer el ámbito de legitimidad de la razón. Ni la legitimidad ni la normatividad tienen cabida en una dialéctica que se mantiene en la inmanencia de un trabajo negativo y que no pretende ponerse fuera ni por encima de los fragmentos y las ruinas de los que está hecha la realidad. Por eso curar con conceptos, aunque sea un movimiento reparador, no es una propuesta de solución ni la planificación de un nuevo camino de desarrollo y de progreso. Es la práctica fundamental de una filosofía que se dispone a asu-

---

1. Adorno, Th. W.: *Dialéctica negativa*, Madrid, Taurus, 1990, p. 18.

mir un compromiso ético con toda forma de sufrimiento. Y el sufrimiento, el grito de un solo órgano herido, sea en el pasado, sea en el futuro, es lo que jamás puede ser justificado. No hay nada más abominable para el pensamiento que la justificación de lo que es injustificable y eso es lo que hace cualquier pensamiento cuando, al inventarse una nueva ruta de progreso, está dando sentido a todo lo que ha ocurrido hasta ese momento.

Utopía negativa

Sólo un ejercicio de la crítica que prohíba las imágenes de la esperanza puede dar cuenta del sufrimiento humano sin justificarlo, apuntar al dolor sin subsumirlo en una explicación omnicomprensiva de la realidad. La dialéctica negativa pone en marcha una resistencia al presente basada en la fidelidad a esta prohibición: no es el sueño idílico de lo que vendrá lo que ha de fundar la crítica, sino que ésta encuentra su medio en la pobreza y el horror con los que se nos muestra este mundo.

Por eso la experiencia del sufrimiento es su núcleo. Por un lado, el sufrimiento es lo no-conceptual hacia lo que tiene que apuntar el concepto: es material y somático, es la particularidad de un grito, de cada grito, que la generalidad o universalidad de nuestras categorías no puede aferrar, pero que tampoco debe olvidar. Por otro lado, el sufrimiento se presenta siempre como lo que debe ser eliminado. Por eso es la puerta de acceso a una utopía negativa que Adorno describe así: «su meta sería la idea de una constitución del mundo en la cual no sólo quede erradicado el sufrimiento establecido, sino incluso el que tuvo lugar irrevocablemente».[1] Prohibir las imágenes de la esperanza no quiere decir eliminarla. Al contrario, es la única oportunidad que nos queda, según Adorno, para mantenernos esperanzados.

---

1. Adorno, Th. W.: *Dialéctica negativa*, op. cit., p. 401.

Hay un texto de 1944 que expresa de una manera trágica y hermosa el lugar de esta esperanza vana que surge cuando, huyendo de cualquier tentación de justificación o de sentido, se opta por afrontar el horror. Dice así:

> Hasta el árbol que florece miente en el momento en que percibe su florecer sin la sombra del espanto; incluso la más inocente exclamación por lo bello se convierte en excusa de la ignominia de la existencia y no queda belleza ni consuelo a no ser para la mirada que, dirigiéndose al horror lo afronta y, en la conciencia no atenuada de la negatividad, afirma la posibilidad de algo mejor.[1]

No es difícil ver el lugar al que apunta la radicalidad que en todo momento quiere mantener el impulso radicalmente crítico del pensamiento adorniano. El rechazo del progreso, o de un nuevo horizonte de progreso, hace saltar el tiempo de la historia. La utopía y la esperanza no son para Adorno, como no lo eran tampoco para su amigo Walter Benjamin, una cuestión de futuro. La utopía negativa que está a la altura de toda forma particular de sufrimiento incluye también el sufrimiento que ha tenido lugar irrevocablemente. Por eso, el tiempo y la perspectiva de un pensamiento crítico que se agarra al poder de la negatividad y a la experiencia determinante del sufrimiento sólo puede ser, finalmente, el tiempo mesiánico de la salvación. Ponerse bajo su perspectiva, aunque sea asumiendo su imposibilidad, es la única manera que tiene el pensamiento de hacer justicia al mundo y a sus incurables heridas, pasadas y futuras. Sólo desde ahí pueden estallar sus formas acabadas, sus sentidos, valores y verdades. Esto, o embarcarse en una abismal travesía del nihilismo. Por eso el libro fragmentario *Mínima Moralia. Reflexiones desde la vida dañada* (1951) acaba con el siguiente párrafo, que

---

[1]. Adorno, Th. W.: *Mínima Moralia. Reflexiones desde la vida dañada*, Madrid, Taurus, 1998, p. 22.

puede ser leído como un compendio de toda la filosofía de Adorno:

> El único modo que aún le queda a la filosofía de responsabilizarse a la vista de la desesperación es intentar ver las cosas tal como aparecen desde la perspectiva de la redención. El conocimiento no tiene otra luz iluminadora del mundo que la que arroja la idea de la redención: todo lo demás se agota en reconstrucciones y se reduce a mera técnica. Es preciso fijar perspectivas en las que el mundo aparezca trastocado, enajenado, mostrando sus grietas y desgarros, menesteroso y deforme en el grado en que aparece bajo la luz mesiánica. Situarse en tales perspectivas sin arbitrariedad ni violencia, desde el contacto con los objetos, sólo le es dado al pensamiento. (...) Pero frente a la exigencia que de ese modo se impone, la pregunta por la realidad o irrealidad de la redención misma resulta poco menos que indiferente.[1]

En estas palabras se recoge, a mi entender, la tragedia de la experiencia revolucionaria europea. Queriendo cambiar el mundo con las propias manos y hacer un hombre nuevo con la propia acción, la modernidad europea ha culminado en el desastre bélico del siglo xx. El curso del progreso se ha roto. Las esperanzas han perdido el horizonte. Como expresará el punk pocos años después, ya *no hay futuro*. ¿Cómo mantenerse en relación con la esperanza, entonces? ¿Cómo mantener la apuesta por cambiar las cosas? El utopismo que Marx ya había combatido desde su materialismo revolucionario, vuelve ahora bajo la forma de mesianismo. La única esperanza es disponernos al cambio sin provocarlo, sin dañar más lo que ya hemos maltratado demasiado. Heidegger, el enemigo filosófico de Adorno, convirtió la pregunta por el ser en una espera, en una actitud de abandono de la voluntad hacia la llegada de un nuevo destino para Occidente. Adorno, curiosamente, también espera ya, úni-

---

1. Adorno, Th. W.: *Minima Moralia*, op. cit., p. 250.

camente, la salvación. Pero para ello mantiene, como indispensable, la necesidad de un trabajo crítico cuya misión sería la de deshacer la violencia con la que hemos pretendido hacer el mundo. Este mesianismo crítico basado en la despotenciación del sujeto moderno será uno de los hilos, aún inacabados, que recorrerá la filosofía contemporánea europea hasta hoy. El problema, quizá, es que en esta actitud de espera crítica el mundo se nos ha ido descomponiendo. El fin del progreso se pudre. No iremos hacia delante, quizá, pero ¿cómo relacionarnos hoy con las consecuencias de una destrucción que no cesa?

Racionalización y emancipación
La respuesta de Jürgen Habermas

Jürgen Habermas es conocido, dentro y fuera del ámbito filosófico, como el defensor de la modernidad entendida como un proyecto inacabado y como un continuador de los ideales ilustrados frente a las posiciones postmodernas, deconstruccionistas, escépticas, neoconservadoras y fundamentalistas. ¿A qué responde esta imagen y qué problemas filosóficos la alimentan? ¿Y qué propuesta se desprende de ella?

Racionalidad y emancipación

El problema del que parte y que articula todo el pensamiento de Habermas, en sus múltiples dimensiones, es el de defender la continuidad entre la racionalización y la emancipación de la sociedad. ¿Sobre qué bases se puede afirmar que una sociedad más racionalizada es más libre? La necesidad de esta continuidad es lo que habían defendido tanto Hegel como Marx, en su combate contra la arbitrariedad del utopismo. La idea de utopía desconecta, como dos realidades distintas, la sociedad real, alienada, y la sociedad ideal o reconciliada, la sociedad de clases y la sociedad liberada. Entre una y otra tiene que haber un nexo, y Marx lo encuentra en la demostración de que el capitalismo contiene la semilla de su propia destrucción. El comunismo no es un ideal, es el movimiento mismo de lo real en su desarrollo racional. Pero esta continuidad entre racionalización y transformación social, que caracteriza al espíritu del marxismo, sufre un fuerte revés en el siglo XX. Ante el desarrollo de nuevas formas de dominio en las sociedades industrializadas, se levanta la sospecha de que esta continuidad no es tan evidente.

Max Weber es quien a principios del siglo XX ya ofrece el diagnóstico más agudo, quizá, de esta nueva situación, cuando analiza la ambigüedad de la modernización como proceso de racionalización: la racionalización del mundo moderno, que ha supuesto mayor eficacia, formalización, etc., ha conducido a la vez al desencanto y a la desacralización del mundo y a la construcción de una nueva cárcel para el hombre, que vive en una jaula de hierro deshumanizada. Weber analiza la paradoja de la modernización, como ese proceso por el cual la racionalización comporta a la vez emancipación y cosificación, unidas por una misma lógica interna. Es la paradoja que, a través de Lukács, habían heredado también como problema a pensar los miembros de la Escuela de Frankfurt y que Adorno y Horkheimer radicalizaron en su *Dialéctica de la Ilustración*. La paradoja adquiere el rango de aporía cuando se demuestra el círculo en el que se retroalimentan mito e ilustración, fetichización y desencantamiento del mundo. Paradoja o aporía, lo que vienen a poner sobre la mesa estos diagnósticos es el triunfo, en el mundo moderno, de la racionalidad instrumental como lógica inseparable del proceso de modernización. Con este triunfo, se ha roto la promesa que hacía del proceso de modernización y de racionalización el camino más directo hacia una sociedad emancipada. Recuperar el espíritu de Marx implica para Habermas demostrar que este vínculo es posible y que, por tanto, la paradoja de la modernidad, tal como se ha presentado de Weber a Adorno, no es irremediable.

Ir «de Parsons a Marx a través de Weber»:[1] es el camino irónico y retroactivo que guía su búsqueda de una ciencia

---

1. Habermas, J.: *Teoría de la acción comunicativa II*, Madrid, Taurus, 1992, p. 427.

social crítica, capaz de restaurar la conexión entre racionalización y transformación de la sociedad y a la vez incorporar los diagnósticos de las patologías modernas y la realidad de nuestras sociedades altamente complejas. Habermas se refiere, como punto de partida, a los estudios del sociólogo norteamericano Talcott Parsons sobre la acción en sistemas sociales complejos. ¿Cómo conectar la racionalidad funcional con el principio de la emancipación? Esta pregunta supone partir de la premisa de que defender la modernidad no es defender un ideal. Reducir a idealismo el pensamiento de Habermas sería tan falso como hacer de Marx un pensador utópico. Defender la modernidad como proyecto inacabado es apostar por reestablecer la conexión perdida entre racionalización y emancipación, lo que es lo mismo que recuperar la capacidad crítica y emancipadora tanto de la ciencia como de la razón.

Para ello, Habermas replantea, en un primer momento, el estatuto del conocimiento y de la crítica al positivismo, que es en lo que trabaja hasta la publicación de *Conocimiento e interés*, en 1968.[1] En un segundo momento, construye esa ciencia buscada, una ciencia social crítica capaz de contener a la vez un potencial racionalizador y emancipador. Es lo que desarrolla en *Teoría de la acción comunicativa*,[2] de 1981, y que aplicará, en distintos ámbitos a partir de entonces y hasta hoy. La teoría de la acción comunicativa es la máquina teórica con la que intenta disolver la paradoja de la modernidad, romper su círculo aporético y reabrir su camino desde bases filosóficas y científicas nuevas.

Tal como había mostrado en *Conocimiento e interés*, la crítica al positivismo no pasa por huir de la ciencia hacia otras experiencias de la verdad, como propone la hermenéutica, sino por establecer una distinción entre los intere-

---

1. Habermas, J.: *Conocimiento e interés*, Madrid, Taurus, 1982.
2. Habermas, J.: *Teoría de la acción comunicativa* I y II, Madrid, Taurus, 1999.

ses que guían al conocimiento. Para Habermas, abandonar el presupuesto de la neutralidad científica para reivindicar el prejuicio histórico y cultural, como sostiene la hermenéutica, sólo supone cambiar de referente, pero la actitud sigue siendo igualmente positivista y acrítica. Lo que hay que hacer, según él, es construir una ciencia guiada por un interés no técnico o práctico sino emancipador. Esto es lo que pretende ser la teoría de la acción comunicativa.

Desde ahí, tiene tres tareas por delante: una, desarrollar una teoría de la racionalidad capaz de salir de los atolladeros de las teorías de la racionalidad instrumental. Para ello habrá que salir del paradigma de la filosofía del sujeto hacia una teoría de la intersubjetividad y de la comunicación. En relación con ésta, la siguiente tarea es la de desarrollar una teoría de la sociedad que salga de la unidimensionalidad que condena al desarrollo en una única dirección. Para ello acudirá al doble nivel que distingue entre mundo de la vida y sistema. Finalmente, su apuesta pasa por desarrollar, desde ahí, una teoría de la modernidad capaz de dar razón, a un mismo tiempo, de sus patologías y de sus vías de rectificación.

Teoría de la racionalidad

Las teorías modernas de la racionalidad se desarrollan en el marco de la filosofía del sujeto. Condicionada por la relación entre el sujeto y el objeto, la racionalidad sólo puede ser pensada, a fin de cuentas, en términos instrumentales. Es el mal que aún padecen, según Habermas, los críticos de la razón, Adorno y Horkheimer incluidos.

Habermas propone un desplazamiento: del sujeto al lenguaje, o más concretamente, de la filosofía de la conciencia a la teoría de la comunicación. No es en las facultades de un sujeto y su conciencia donde encontraremos los rasgos de la racionalidad sino en las formas en que intersubjetivamente usamos el lenguaje para comunicarnos.

Este análisis pragmático le permite establecer la distinción entre dos tipos de acción lingüística, irreductibles entre sí: por un lado, las acciones estratégicas, guiadas por la relación entre medios y fines. Por otro lado, las acciones comunicativas, guiadas por la búsqueda de un acuerdo. Las primeras son las que corresponden a la racionalidad instrumental. Pero ¿y las segundas? Son precisamente la base de lo que Habermas bautizará con el término de racionalidad comunicativa. Esta forma de racionalidad, irreductible a la primera, no traducible bajo la relación entre medios y fines, es la base de la comunicación humana, el estándar básico que está contenido en la estructura del habla. De ahí la tesis que está en la base de todo el edificio habermasiano: el lenguaje y el acuerdo son cooriginarios. Es decir: que el lenguaje humano está hecho para entendernos y ponernos de acuerdo unos con otros y que la acción humana es básicamente comunicativa.

Esta tesis lingüística es el suelo sobre el que podrá echar raíces una nueva utopía social que consiste para Habermas en una intersubjetividad basada en el reconocimiento libre y recíproco. Es desde ahí que podrán volver a conectarse racionalización y emancipación.

Teoría de la sociedad

Para dar este paso, la teoría de la racionalidad tiene que ser también una teoría de la sociedad. Por eso, en continuidad con la distinción entre los dos tipos de racionalidad y sus correspondientes acciones lingüísticas, Habermas establece la distinción entre dos niveles o tipos de integración social: el mundo de la vida y los sistemas. Estos dos conceptos, tomados de la fenomenología y de la teoría general de sistemas, respectivamente, le permiten construir una teoría dinámica de las sociedades modernas.

El mundo de la vida, en la obra de Habermas, pierde todas las connotaciones subjetivistas y culturales propias de la fenomenología y de la hermenéutica. Es el horizonte en el que encuentra su contexto la acción social, es decir, la práctica comunicativa de la vida cotidiana en todas sus dimensiones. A medida que las sociedades se hacen más complejas, los ámbitos de la vida social se diversifican y autonomizan sus funciones. Concretamente, los ámbitos de los que depende la reproducción material de la vida se formalizan y tecnifican. Esto es lo que Habermas analiza como el proceso de formación de los sistemas económico y administrativo. El concepto de sistema, tomado de la sociología de Talcott Parsons y de Niklas Luhmann, es para Habermas la herramienta más adecuada para desarrollar su ciencia social desubjetivizada: desubjetivizada en la integración comunicativa del mundo de la vida; y desubjetivizada, también, en el funcionamiento de los sistemas sociales como la Economía o el Estado.

En las sociedades modernas, estas dos dimensiones de la vida social son complementarias y se requieren entre sí, siempre que acoplen bien sus relaciones. Como se puede ver, la distinción entre los dos tipos de racionalidad, comunicativa e instrumental, no está dirigida a criticar a la segunda desde la primera sino a reivindicar su buen uso, es decir, su uso no patológico. ¿En qué consistirá? ¿Bajo qué condiciones podremos decir que la relación entre el mundo de la vida y los sistemas no producen las patologías que Weber, Lukács, Adorno y Horkheimer habían descrito tan descarnadamente en los procesos modernos de cosificación y de deshumanización?

Teoría de la modernidad

Desde la tesis de la primacía de la racionalidad comunicativa y con las herramientas de análisis social que ofrecen los conceptos de mundo de la vida y de sistema, es posible abordar una teoría de la modernidad que cumpla los dos requisitos perseguidos: dar razón de sus patologías así como pistas acerca de su posible rectificación.

Dialéctica de la Ilustración, de Adorno y Horkheimer, empezaba con la imagen de la triunfal calamidad en que se había convertido un mundo enteramente desencantado. Era la imagen de una sociedad racionalmente administrada y deshumanizada, que ha cosificado a los hombres y reificado sus relaciones, hiriéndolas y sometiéndolas a la dictadura política y positivista de la ley de la identidad. Según el análisis habermasiano, esta sociedad no es el efecto lineal de la racionalización del mundo de la vida. Se debe a la imposición de los modos de reproducción sistémica, necesariamente instrumental, sobre los distintos campos de la reproducción simbólica del mundo de la vida. Es lo que Habermas llama la colonización del mundo de la vida: las lógicas del mercado y de la administración, la racionalidad de medios y fines, inundan los demás ámbitos de la vida (personal, cultural, social...) y los subordinan a sus lógicas e imperativos.

Pero este proceso no es necesario. La relación entre mundo de la vida y sistema, actualmente bajo una dinámica colonizadora, puede ser distinto. Si los sistemas económico y político se limitaran a la reproducción material y subordinaran sus intereses a los establecidos por consenso en los distintos ámbitos de la vida, las patologías del mundo moderno desaparecerían. Por tanto, la paradoja de la modernidad no es tal: según el análisis habermasiano, la relación entre racionalización y deshumanización no responde a una lógica interna de la propia razón, sino a una relación externa entre modos de integración social y sus correspondientes formas de racionalidad que puede ser modificada.

Explicada la patología, se abre también la vía para explicar su rectificación: se trata de descolonizar el mundo de la vida, ampliando las zonas en las que la acción se coordina por la vía de un acuerdo alcanzado libre y comunicativamente. La promesa de la Ilustración puede, así, ser invocada de nuevo. Lejos del marco de la filosofía del sujeto, el programa ilustrado recibe ahora otro contenido: apunta a la reconciliación en un mundo de la vida comunicativamente racional. Habermas ha roto el tabú frankfurtiano de no nombrar lo otro. La utopía deja de ser negativa, para abrirse a una pragmática comunicativa concreta y socialmente situada. La sociedad emancipada puede ser pensada ahora como aquella sociedad en la que los mecanismos sistémicos estarían sometidos a las necesidades de los individuos y establecidas por consenso. En esta práctica tan básica consiste la democracia.

De Parsons a Marx a través de Weber, el camino ha sido recorrido. Pero el horizonte y su paisaje han cambiado del todo. Si abrimos el arco del recorrido completo, de Marx a Habermas, lo que encontramos es el desplazamiento de la revolución a la defensa de las instituciones democráticas; y de la praxis, como actividad transformadora del mundo, a la acción comunicativa, como base del acuerdo político. Si el problema de Marx era cómo pensar la destrucción del capitalismo desde su propia lógica, el de Habermas es cómo defender y profundizar la democracia desde su propia normatividad. Que ésta sea o no la renovación del espíritu del marxismo es algo que ha mantenido a Habermas en el foco de una permanente discusión pública a lo largo de las últimas décadas y que le ha llevado a él mismo a distanciarse radicalmente de otras lecturas y propuestas dentro de la misma tradición. Evaluar todas las consecuencias implicaría atravesar uno a uno los distintos debates que la filosofía de Habermas, con esta antorcha en la mano, ha ido provocando y que aún restan inacabados: con Foucault, con Derrida, con Rorty, con Sloterdijk, con Luhmann, dentro y fuera de la filosofía... incluso en un momento dado con Ratzinger, ya nombrado papa Benedicto XVI.[1] Si la filosofía de Adorno, su maestro en Frankfurt, expresaba la tragedia de la acción revolucionaria, la de Habermas expresará su domesticación en el marco de la socialdemocracia europea. Pero lo que parecía una solu-

---

1. Habermas, J. y Ratzinger, J.: *Entre razón y religión. Dialéctica de la secularización*, Madrid, FCE, 2008.

ción, un pacto estable o un punto de llegada se encuentra hoy nuevamente en un *impasse* y el problema abordado por Habermas se plantea de nuevo en un contexto globalizado: ¿qué tipo de racionalización es necesaria para una nueva y más efectiva emancipación de la humanidad?

El marxismo y el problema de la filosofía
De Lukács a Althusser

La relación del marxismo con la filosofía está condicionada por las afirmaciones más conocidas de Marx sobre la vigencia y propósito de la filosofía. En la tesis número 11 de las *Tesis sobre Feuerbach* (1845)[1] o en el comienzo de *La ideología alemana* (1846),[2] donde Marx ataca a los críticos alemanes que sólo «luchan contra frases» sin tocar nunca la realidad, Marx propone superar la filosofía realizándola, esto es: transformando las estructuras profundas de la realidad, que es una realidad material, humana y social. Realizar la filosofía como devenir filosófico del mundo, como superación de las contradicciones de la realidad material: ésta es la tarea que Marx deja como legado y como exigencia a sus continuadores.

Sin embargo, esta exigencia de superación de la filosofía cambia de sentido rápidamente, porque el marxismo ortodoxo opta por superar la filosofía dejándola simplemente de lado y entregándose, en sintonía también con las tendencias de finales del siglo XIX, al positivismo, ya sea de tipo economicista, ya sea de tipo historicista. Pero superar la filosofía realizándola, según la propuesta de Marx, no es simplemen-

---

[1]. Publicadas por primera vez póstumamente en 1888 por F. Engels como apéndice a su opúsculo *Ludwig Feuerbach y el fin de la filosofía clásica alemana*, desde la traducción de Wenceslao Roces en 1936 se encuentran en castellano diferentes ediciones. Entre ellas, *Tesis sobre Feuerbach y otros escritos filosóficos*, Grijalbo, México, 1970, pp. 9-12.

[2]. Marx, K.: *La ideología alemana*, Madrid, Akal, 2014.

te dejarla de lado sino llevar la filosofía hasta el final, poner en marcha una razón práctica que entienda que el conocimiento del mundo es inseparable de su transformación. Pasar de la crítica a la revolución: ésta es la apuesta superadora de la filosofía que está haciendo Marx. Y para ello nos hará falta la filosofía. Como diría más tarde Deleuze: sólo se puede salir de la filosofía a través de la filosofía misma.

Precisamente porque no corta con la filosofía sino que replantea el problema de su estatuto, se puede afirmar que todo el marxismo del siglo xx, especialmente a partir de los años veinte, está atravesado por la pregunta acerca de la relación entre filosofía y marxismo y por una nueva reivindicación de la filosofía frente a las interpretaciones positivistas y mecanicistas. Los autores más relevantes de esta reivindicación filosófica del marxismo son Karl Korsch, Georg Lukács y Antonio Gramsci, que levantarán sus posiciones contra la ortodoxia de la II Internacional. Más adelante, se añadirá a ellos Louis Althusser, que también tendrá sus propios enemigos dentro del marxismo, concretamente el estalinismo y su alternativa humanista.

Pero reivindicar la filosofía marxista o una filosofía *para* el marxismo, como dirá Althusser, implica hacer la filosofía que Marx no desarrolló. Esto es lo que se proponen, desde lugares distintos, algunos de estos pensadores: desarrollar la filosofía no metafísica a la que Marx había abierto la puerta. La cuestión clave de estos desarrollos será el problema de la relación entre teoría y praxis. Si los críticos idealistas, seguidores de Hegel, sólo combatían con frases contra frases, y si los filósofos, como proponía Marx, ya no pueden limitarse a interpretar el mundo sino que tienen que transformarlo, ¿en qué tendrá que consistir ahora su tarea?

La relación entre teoría y praxis

Georg Lukács, en su obra principal *Historia y Conciencia de Clase* (1923),[1] formula así la misma pregunta: ¿cómo desarrollar la esencia práctica de la teoría a partir de la teoría? Es decir, ¿cómo concebir la teoría como un momento no separado de la práctica sino como una actividad que ya es práctica? Bajo esta cuestión, Lukács piensa el materialismo dialéctico, la esencia teórica del marxismo, a la vez como método y como ontología del ser social. Es un método dialéctico y no crítico porque no está separado, como un tribunal, de la realidad. No pretende explicarnos el movimiento del mundo, como si de un objeto se tratara, sino que él mismo es la realidad social en su movimiento de transformación. Esto es así porque el materialismo dialéctico es el proletariado en el movimiento de conocerse a sí mismo, que es conocer la totalidad de relaciones que articulan la sociedad capitalista. Teoría y práctica realizan así su unidad y la teoría se convierte en vehículo inseparable de la revolución. Para Lukács, Marx consigue llegar así donde Hegel no llegó: a tocar la realidad como unidad viva y dialéctica de acción y pensamiento, de sujeto y de objeto en su avance hacia la reconciliación.

En la misma línea y en las mismas fechas, Karl Korsch arremete contra el dualismo de teoría y práctica propio de las posiciones socialdemócratas en *Marxismo y filosofía* (1923).[2] En esta obra, Korsch establece las bases de la unión indisoluble, directa e inmediata, entre teoría y praxis. Lo específico de la posición de Korsch es que para él no hay mediación entre una y otra. La teoría es expresión directa de la praxis porque es interior a ella. Contra Kautsky y contra Lenin, Korsch plantea que no hay exte-

---

1. Lukács, G.: *Historia y conciencia de clase*, Barcelona, Grijalbo, 1976.
2. Korsh, K.: *Marxismo y filosofía*, Barcelona, Ariel, 1978.

rioridad de la conciencia de clases. Con esto invalida la tesis principal con la que se justificaba la necesidad del Partido como organización. Evidentemente, sus posiciones le supusieron la condena de la cúpula del Partido Comunista y su expulsión en 1926. Pocos años después, en 1933, otra expulsión, en este caso forzada por la victoria del nazismo, le supuso, a él y a su esposa, un exilio a Estados Unidos del que ya nunca volvió.

En otro contexto pero en los mismos años, Antonio Gramsci, desde la Italia fascista y desde sus cárceles, y por tanto, desde la experiencia de la derrota de la revolución comunista, aborda la misma cuestión y propone una filosofía de la praxis entendida como un historicismo absoluto. A la división entre teoría y praxis, Gramsci opone la totalidad a priori que constituye la identidad entre filosofía e historia propuesta por la filosofía idealista de Benedetto Croce. Esto le conducirá a dar primacía al análisis de las «superestructuras» y a proponer una filosofía de la praxis en términos totalmente culturales e ideológicos, cuyo concepto central será el de hegemonía. La filosofía es directamente práctica, para Gramsci, porque es un saber espontáneo, de cada hombre, para saber orientarse en la vida. La política debe llevarla a un estadio consciente, de tal manera que una clase se haga autónoma y pueda consolidar su hegemonía cultural, social y política.

Lukács, Korsch y Gramsci, entre otras voces, reaccionan contra el marxismo que habría cancelado todo problema filosófico en cuestiones concretas de tipo técnico (económico), organizativo (del Partido) e histórico y retoman la necesidad de pensar la transformación de la realidad social como un fenómeno indisoluble de la transformación de la conciencia a través de una apuesta fuerte por la teoría.

Louis Althusser: *una filosofía para el marxismo*

Cuarenta años después, el escenario político europeo habrá cambiado mucho. Estamos en el contexto de la guerra fría, pero tanto en el Este como en el Oeste europeos el problema de la relación entre marxismo y filosofía sigue vivo: la corriente economicista y positivista es gestionada ahora por el estalinismo y combatida, desde un punto de vista más bien ético, por las nuevas corrientes humanistas del marxismo basadas en la lectura del joven Marx y en sus textos sobre la alienación. En este escenario irrumpe, en 1965, la figura de Louis Althusser.

Althusser plantea la necesidad de buscar la filosofía de Marx como operación indispensable para salir del *impasse* teórico y político del momento. Parece que la muerte de la filosofía anunciada por Marx en la Tesis 11 ha sido consumada bajo sus formas más perversas: entregarse a la práctica o entregarse al positivismo. Pero ésta no era la suerte que Marx parecía reservar a la filosofía. Como afirma Althusser en el Prefacio de *Pour Marx* (1965),[1] la filosofía debe morir de muerte filosófica y no de muerte positivista o pragmático-filosófica.

Volver a Marx y a su filosofía para superar los anquilosamientos del marxismo del momento es una operación similar a la de Lukács, Korsch y Gramsci, pero dirigida en este caso también contra ellos o contra sus consecuencias. Althusser combate contra toda forma de subjetivismo, ya sea en forma de humanismo o de historicismo, en el marxismo. Para desmontar el positivismo economicista no basta con atacarlo. Y menos aún, hacerlo en nombre del Hombre o de la conciencia que hace y dirige la historia. La teleología y el subjetivismo son, para Althusser, formas de idealismo que, si bien despuntan en el joven Marx, hay que arrancar del todo de su propuesta materialista. Para Althusser, el

---

1. Althusser, L.: *Pour Marx*, París, La Découverte, 2010.

idealismo y su centro, el sujeto, son la clave ideológica del pensamiento burgués. La filosofía, lejos de cualquier historicismo o despliegue de una autoconciencia, aunque sea del proletariado, tiene que ser una herramienta que nos permita reducir, críticamente, las amenazas ideológicas que acechan a la ciencia. Althusser da a la filosofía la función de herramienta para discriminar el saber del no-saber y, más concretamente, la entiende como el campo de batalla en que se libra la lucha del materialismo contra el idealismo. La filosofía es, así, la lucha de clases en la teoría. Esta definición de la función de la filosofía exige replantear sobre bases totalmente nuevas la relación entre teoría y práctica. Frente a las servidumbres ideológicas que hacen de la teoría un apéndice de la práctica, Althusser reivindica la autonomía de la teoría, que en sí misma es ya una práctica, la *práctica teórica*, que tiene sus propios criterios y cuyo objetivo no tiene que ser otro que la intervención teórica en lo político. Contra el idealismo subjetivista y contra la servidumbre pragmatista, Althusser puede definir ya la tarea de una filosofía materialista y sus protocolos de lectura.

Leer a Marx

Lejos de definirlos en abstracto, Althusser define un método muy claro: buscar la filosofía materialista es leer a Marx. O más precisamente: aplicar una lectura materialista a los textos en los que nace el materialismo contemporáneo. Ahí, en ese bucle, es donde debe desarrollarse la práctica teórica como intervención política. Tal como la define Althusser, tiene que ser una lectura crítica o sintomática. Es decir, capaz de interrogar a los textos acerca de sus deudas respecto a lo que está más allá de ellos y escapa a su dominio. No se trata de psicoanalizar al autor, sino de ver las dificultades subjetivas y objetivas que nos permiten definir una problemática y sus implicaciones. Teorizar no es construir y encuadrar sistemas sino producir un juego de interacciones capaces de generar un texto nuevo, aún no escrito. En este caso, el texto nuevo tiene que ser la filosofía que Marx dejó por hacer, el materialismo histórico en su desarrollo.

Para ello, Althusser emprende, desde principios de los años sesenta, la tarea de disociar el «joven Marx» del Marx científico de *El Capital*. Se trata, en definitiva, de desacoplar a Marx de Hegel, como dirá en sus propias palabras. Contra las lecturas idealistas, Althusser pretende demostrar que Marx, en *El Capital*, es el pensador de un «proceso sin sujeto ni fin(es)». Ésta es la idea central de la lectura materialista del materialismo de Marx. Un proceso sin sujeto ni fin(es) es una estructura o conjunto de prácticas que se define por sus efectos y por sus contradicciones, pero no por su agente o por su finalidad. Así, la causalidad histórica debe ser pensada de nuevo y Althusser lo hará mediante el concepto de sobredeterminación, que es un condicionamiento no causal ni lineal. Igualmente hay que encontrar nuevos conceptos para una teoría del poder que no descanse en el sujeto y en la que podamos dar cuenta no del agente del poder sino de los efectos que tiene el poder en un determinado sistema de sujeción. Es a lo que Althusser llamará los aparatos ideológicos del Estado (AIE).

¿Qué muerte filosófica de la filosofía?

En resumen, la reivindicación de una filosofía marxista, de esa filosofía que no se presenta a la defensiva sino que quiere desaparecer realizándose, tiene su momento idealista en los años veinte y su momento materialista ya en los setenta del siglo xx.

El primero, de la mano principalmente de Lukács, busca la ortodoxia marxista en su hegelianismo. Se trata de poder pensar la interacción dialéctica entre el sujeto y el objeto, y su unidad en la toma de conciencia del proletariado. El segundo, de la mano de Althusser, busca a Marx en su ruptura filosófica con Hegel. Se trata de conjurar la mistificación de las ideas, en el fondo religiosas, de un sujeto y un fin como fuentes del sentido. La vía que se propone desterrar a Hegel encontrará su principal camino en el «rodeo por Spinoza» que Althusser propone en *Elementos de autocrítica* (1974).[1] Spinoza pronto será el nuevo fundamento filosófico para el materialismo y su ataque al sujeto será lanzado, directamente, al corazón de la filosofía burguesa.

Este fundamento filosófico para el materialismo, en los últimos años es desarrollado por Althusser sobre un marco filosófico más amplio. En el texto «La corriente subterránea del materialismo del encuentro»[2] ya no queda nada de Hegel. Desde Epicuro y Demócrito, objeto del primer estudio de Marx, hasta el propio Marx, Althusser reconstruye el hilo secreto de un materialismo que ha sido reprimido a lo largo de la historia del pensamiento. Es un materialismo aleatorio, como lo bautizará Althusser. Un materialismo que no predica la necesidad y la teleología, sino que celebra la contingencia y el encuentro. La radicalidad de la contingencia, pensada por Epicuro a través de la idea del *clinamen* o choque aleatorio de los átomos, ha tendido a ser reconducida hacia un idealismo de la libertad. Pero no es más que una mistificación: lo que hace este materialismo invisible es ponernos ante el carácter aleatorio de la constitución material de un mundo sin origen, sin fundamento y sin trascendencia. Maquiavelo, Spinoza, Hobbes, Rousseau, Heidegger, Marx... son para Althusser los testimonios de este materialismo aleatorio. Todas ellas son filosofías que hacen el vacío: no hay comienzo, no hay fin. Filosofía inacabada en el comienzo y al final, como la praxis social misma.

Siempre se toma un tren en marcha: siempre estamos ya en un proceso sin sujeto ni fin(es). Cada época, cada modo de producción, una vez ha adquirido consistencia tiene sus

---

1. Althusser, L.: *Elementos de autocrítica*, Barcelona, Laia, 1975.
2. Althusser, L.: *Para un materialismo aleatorio*, Madrid, Arena Libros, 2002, pp. 31-72.

leyes y sus regularidades pero éstas no se sustentan sobre ninguna razón o fin inteligible. Se sustentan en la nada, como el Príncipe de Maquiavelo, como el contrato social de Rousseau o como la naturaleza de Spinoza. Esta filosofía que se sube al tren y se vacía de sí misma: ¿es la muerte filosófica de la filosofía?

La potencia constitutiva de la multitud
La filosofía militante de Antonio Negri

Leer a Marx con efectos políticos transformadores sigue siendo posible, aunque difícil, en Europa después de la última derrota obrera, la del ciclo de luchas sociales que se extiende entre 1968 y 1977. Esto es lo que cree y pone en práctica el filósofo Antonio Negri, el nombre más visible y filosóficamente decisivo del grupo de pensadores y activistas italianos cuyo trabajo colectivo se engloba en el marco del movimiento del *operaísmo* italiano.

Llevar a Marx más allá de la guerra fría, más allá del 68 y del 77, más allá de la sociedad-fábrica y traer sus categorías hasta nuestro mundo postmoderno y globalizado implicará, como dice el título de uno de los libros más importantes de Negri, llevar a *Marx más allá de Marx* (1978).[1] ¿Cómo? ¿Bajo qué horizonte? En un escrito autorreflexivo, Negri mismo afirma: «La idea fundamental en torno a la cual me he convertido en filósofo, y paupérrimo, es que la potencia del hombre puede sustraerse al poder».[2] Sustraer la potencia al poder y romper la indiferencia para construir subjetividades colectivas y antagónicas: ésta va a ser la idea fija de Negri, bajo cuya guía sigue pensando actualmente la potencia productiva y constituyente de la multitud y de lo común en el Imperio, conceptos que dan título a sus últimos trabajos, escritos con el filósofo norteamericano Michael Hardt.

---

1. Negri, A.: *Marx más allá de Marx*, Madrid, Akal, 2001.
2. AAVV: «Antonio Negri. Una teoría del poder constituyente», *Revista Anthropos*, n.º 144 (1993).

Las líneas básicas de su pensamiento se articulan a partir de tres ejes: en primer lugar, una lectura de Marx que le permite pensar un sujeto antagónico, el obrero social, para la última fase del capitalismo. En segundo lugar, una lectura de Spinoza que le permite pensar un sujeto constituyente, la multitud, en el marco de una lectura de otra modernidad, que iría de Maquiavelo a Marx, pasando por Spinoza mismo. Y finalmente, una lectura de las transformaciones sociales y políticas, que le permiten analizar las nuevas formas de organización de la producción o postfordismo, y las nuevas formas de soberanía: el Imperio.

De la contradicción al antagonismo:
Marx más allá de Marx

En la línea de análisis que desde los años cincuenta y sesenta habían abierto Mario Tronti en *Obreros y capital* (1962),[1] y la revista *Quaderni Rossi*, Negri propone una lectura de Marx en la que se destacan dos aspectos: por un lado, la subjetividad antagónica de la clase obrera como motor de cambio del sistema capitalista. La lucha de clases no se define a partir de las contradicciones objetivas sino a partir de la potencia antagónica de la clase obrera, que es su potencia de escisión, sustracción o separación del dominio capitalista. Por otro lado, el método de la lectura de la tendencia, por el cual la descripción de los procesos no sólo nos muestra su estado presente sino que contiene ya la llave de su transformación futura. Desde ahí, el comunismo no queda definido como un estadio final de resolución de las contradicciones, sino como un tránsito, como un movimiento real, como un proceso fundamentalmente ligado a la construcción de la humanidad. El objetivo de un análisis materialista es descifrar y anticipar los procesos de constitución del comunismo en los cambios sociales.

1. Tronti, M.: *Obreros y capital*, Madrid, Akal, 2001.

Lejos de los marxismos objetivistas, basados en el análisis de la lucha de clases a partir de la dialéctica y la contradicción, y lejos también de los marxismos humanistas que describen el despliegue de la esencia del género humano, Negri encuentra en Marx la herramienta para percibir, analizar y anticipar la constitución de un sujeto antagonista en el corazón de las relaciones capitalistas. Para Negri, no es la posibilidad dialéctica de la crisis, sino la violencia antagónica de la subversión lo que da sentido a las tesis de Marx sobre el capital.

Negri utiliza esta clave antagonista de lectura de los procesos sociales y la aplica a un análisis de lo que Marx ya no presenció: la crisis de la sociedad-fábrica o del también llamado capitalismo fordista. La tesis que Negri defiende es que la extensión e intensificación del dominio capitalista a todas las dimensiones de la producción y a todos los ámbitos de la vida social, que Marx había empezado a describir, en el Capítulo VI, inédito, de *El Capital* como «subsunción real», ha comportado el crecimiento y desarrollo de un nuevo sujeto colectivo que plantea la posibilidad real del comunismo.

Basándose en los análisis que Marx anticipó en el conocido como «Fragmento de las máquinas» de los *Grundrisse*,[1] Negri muestra que bajo la subsunción real, cuando toda la sociedad se ha convertido en fábrica y en lugar de valorización, aparece un nuevo sujeto, múltiple y potente, que ya no es pura fuerza y tiempo de trabajo sino que se define como potencia del saber social y colectivo. La potencia productiva de este saber colectivo y social, a la que siguiendo también a Marx, llamará el *general intellect*, es hoy la nueva base productiva del capitalismo: su dinámica cooperativa y sus procesos activos de subjetivación, basados en la facultad de lenguaje, en la disposición al aprendizaje, la inteligencia y las relaciones sociales y afec-

---

1. Marx, K.: *Fundamentos para la crítica de la economía política*, Madrid, Visor, 2001.

tivas, son hoy el motor del proceso de valorización capitalista. Una lectura comunista deberá mostrar cómo este nuevo sujeto se afirma y se autonomiza de su captura bajo el dominio del capital y de su funcionamiento como motor en el corazón del capitalismo postfordista. Deberá mostrar, por tanto, su carácter no sólo de subjetividad antagónica, sino también de subjetividad constituyente y autónoma.

Negri lo hará desde un doble plano: por un lado, desde un análisis del nuevo estatuto del trabajo y de la nueva composición de clase, que mostrará que el nuevo trabajo inmaterial, complejo y cooperativo sólo puede ser controlado desde fuera por el capital y por tanto ya tiene todas las condiciones de su autonomía. Ha aparecido un sujeto autónomo que ya no necesita del capital para existir. Se puede afirmar que el trabajo vivo está organizado en el seno de la empresa independientemente del mando capitalista y sólo en un segundo momento y de modo formal, cuando la cooperación social es sistematizada, está en el interior del mando. Por otro lado, desde una fundamentación ontológica del proceso de constitución del sujeto colectivo. Para ello, la lectura de Spinoza tomará un papel central.

Ontología de la potencia: Spinoza

El encuentro con la ontología de la potencia spinoziana tiene lugar durante los años en que Negri pasa su primer encierro en la cárcel, acusado en 1979 de colaboración intelectual con el secuestro y asesinato de Aldo Moro. Este encuentro aporta una dimensión ontológica a su búsqueda de la constitución de un sujeto colectivo que la proyecta más allá del análisis de la producción y de las tendencias del capitalismo. En Spinoza, Negri encuentra al filósofo del ser productivo, del ser que actúa y que, constituyéndose, plantea la posibilidad real de transformar libre y colectivamente el mundo. Tal como recoge el título del libro escrito en esos años, *La anomalía salvaje* (1981),[1] Spinoza es la anomalía de un materialismo triunfante que hará posible pensar la producción libre, autónoma, en el interior de la estructura del ser.

En este mismo libro, Negri arguye tres motivos para estudiar a Spinoza, que sintetizan lo que éste aporta a su trabajo: en primer lugar, Spinoza funda un materialismo moderno en su más alta expresión. La suya es la filosofía del ser inmanente a la multiplicidad de sus expresiones y al horizonte abierto de su creación continua. El ser, para Spinoza, no es esencia. Es potencia, es un ser productivo y plural que no se impone desde la estabilidad de su trascendencia, sino que vive en la superficie de la multiplicidad.

En segundo lugar, Spinoza es el pensador de la democracia como política de la multitud. Contra el formalismo jurídico del Estado y de sus legitimaciones contractualistas, basados en una concepción trascendente del poder soberano y de su relación con el pueblo, en la línea de Hobbes o de Rousseau, Spinoza plantea la democracia desde el nexo materialista entre la producción, que es plural y colectiva, y la constitución de la multitud.

Finalmente, Spinoza muestra que la historia de la metafísica tiene alternativas, que no es una historia única. Hay una historia maldita de la metafísica, que es la que dibuja la línea que va de Maquiavelo a Spinoza y a Marx. Frente al fundamentalismo metafísico y a la trascendencia del poder, esta línea es la filosofía del poder constituyente. Es la filosofía que permite pensar, a lo largo de toda la Modernidad, la práctica de liberación, creativa y constituyente, de las subjetividades colectivas.

Con la incorporación de Spinoza y la relectura que desde él hace de la tradición filosófica y política modernas, Negri hace una traducción ontológica de la tesis operaísta que afirmaba la primacía de la clase obrera en el proceso de cambio del sistema capitalista, es decir, que era la actividad produc-

---

1. Negri, A.: *La anomalía salvaje*, Barcelona, Anthropos, 1993.

tiva y social de la clase obrera la que empujaba las transformaciones del capitalismo y no su víctima pasiva. En clave de ontología política, Negri sostiene leyendo a Spinoza que la potencia de la multitud es la que define siempre un nuevo ser social. Ella tiene la creatividad y la vida, ella tiene la ontología. El poder no es más que su forma muerta de captura: «El poder es superstición, organización del medio, no-ser: la potencia se le opone constituyéndose colectivamente».[1] La idea fija de su filosofía, la de la sustracción de la potencia del hombre al poder, tiene ahora toda la fundamentación ontológica y la tradición histórica que necesitaba. Sus conceptos clave: ser como potencia, sujeto como multitud. Sus antecedentes: Maquiavelo, Spinoza y Marx. Su tradición maldita: la del poder constituyente, como democracia basada en la voluntad creativa, libre y carente de limitaciones de la multitud.

Imperio y multitud

En los últimos años, con la publicación entre otros de *Imperio*, de *Multitud* y de *Commonwealth*,[2] escritos en colaboración con el filósofo norteamericano Michael Hardt, Negri aplica las claves de lectura anteriores al nuevo escenario de la globalización. Si Marx había sido llevado más allá del 77, ahora lo será también más allá de 1989.

El poder es ahora, desde el punto de vista de la soberanía política, el Imperio. Es la nueva articulación de la máquina vacía, espectacular y parasitaria que captura la potencia productiva real de nuestro mundo social que es la multitud. El análisis del Imperio, desde el punto de vista materialista de su transformación futura, nos tiene que dar las claves de las nuevas posibilidades de liberación que su orden bloquea

---

1. Negri, A.: *La anomalía salvaje*, op. cit., p. 370.
2. Negri, A.: *Imperio*, Barcelona, Paidós, 2002; *Multitud*, DeBolsillo, 2006; *Commonwealth*, Akal, 2011.

y encubre. Esto es lo que Hardt y Negri hacen en el primer libro. Su tesis central es que el Imperio es la nueva forma de soberanía que nace en la confluencia de unas luchas proletarias que ya no podían ser reguladas desde el espacio del Estado-nación. La globalización no se definiría, por tanto, como la independización de las fuerzas económicas respecto a la soberanía política, sino por el nacimiento de una nueva forma de soberanía que instaura un orden ya no internacional sino propiamente mundial.

La soberanía del Imperio tiene tres características básicas. En primer lugar, es postmoderna: supera las dualidades del espacio político moderno, basado en la distinción entre un interior y un exterior y las sustituye por un juego de gradaciones en la integración y la gestión de las diferencias. En ausencia de fronteras y suspendida la teleología de la historia, el orden imperial no tiene afuera: sólo tiene crisis y conflictos internos que se encarga de gestionar. Esto es así porque responde a un movimiento inmanente del capital, que anula la trascendencia de la soberanía política que era propia del poder político moderno triunfante, de tipo hobbesiano. El Imperio realiza el sueño capitalista de reunir el poder económico y el poder político en un orden propiamente capitalista que se hace inmanente a la realidad.

En segundo lugar, esta forma de soberanía es biopolítica: realiza la subsunción real de la sociedad mundial y de todas las facetas de la vida por el capital. Esto significa que toda la vida es integralmente dirigida hacia la producción, y la producción lo es así mismo hacia la gestión de la vida. En ese círculo se legitima la soberanía del Imperio, que ya no tiene una fuente de legitimación exterior.

Finalmente, en tercer lugar, el Imperio como forma de soberanía corresponde a una sociedad de control: es pura gestión del conflicto, que se cohesiona a través del espectáculo y del miedo, pero que no produce nada.

¿Qué posibilidades de liberación ofrece? Si el Imperio es ontológicamente vacío y corruptor, la multitud, como potencia colectiva de producción, es a la vez lo que lo sostiene, su carne, y lo que puede sustraerse a su poder. Las posibilidades de liberación del Imperio no están fuera ni en otro mundo: están dentro del Imperio y contra él. Dentro y contra es lo que define a la multitud como sujeto político. En su constitución paradójica, la multitud es a la vez sujeto y producto de la práctica colectiva.

Que el hombre puede sustraer su potencia creativa al poder capitalista mediante la constitución de subjetividades colectivas era, según el propio Negri, el punto de partida y motivación tanto de su pensamiento como de su militancia política. Esto se traduce, en la coyuntura actual, en la necesidad de pensar y experimentar las vías por las que la multitud puede resistir y sustraerse a la máquina mundial y biopolítica del Imperio. Esto significa deconstruir sus estructuras de poder para construir un nuevo poder constituyente.

La multitud, según la lectura negriana de Spinoza, es el nombre de una inmanencia: la multiplicidad de singularidades que se constituyen en democracia sin necesidad del poder trascendente de la soberanía ni de la unidad del pueblo. Desde la lectura de Marx, la multitud es un concepto de clase: la multitud es explotada porque la explotación, en la subsunción real, es siempre explotación de la cooperación social en general. Y si cruzamos a los dos, a Spinoza y a Marx, la multitud es el nombre de una potencia: la potencia de los cuerpos en su deseo de transformación de la realidad. En sus tres dimensiones, la multitud enfrenta hoy el reto de producir lo común en un régimen de producción biopolítica y en un sistema de dominación imperial que cada vez más necesita de la guerra para la gestión del conflicto. La cuestión no resuelta, y en la que Negri sigue trabajando actualmente, es la relación entre este movimiento constituyente de la multitud y la dimensión constituida de las instituciones políticas. Si la multitud tiene que concretar su existencia política en instituciones, ¿cómo hacer para que éstas no capturen ni fijen en una constitución cerrada la creatividad de lo social? La respuesta de Negri es clara: no se puede instituir un poder que no deje espacio político a la expresión y a la acción de un contrapoder. Quizá las sociedades europeas se encuentran hoy ante la crisis que se deriva de no haber aceptado esta dimensión de la vida colectiva. La política, cuando sólo trata de las formas de ejercer y de mantener el poder, muere matando porque destruye las potencias autónomas que no puede soportar.

El dispositivo de saber y de poder
La actitud filosófica de Michel Foucault

Una mirada rápida sobre la obra de Foucault y sobre la extensa bibliografía que genera su influencia aún hoy, nos sitúa ante una abrumadora e imparable batería de cuestiones: conceptos como enunciado, dispositivo, *episteme*, disciplina; temas como la locura, la medicina, las ciencias humanas, los centros de encierro, la sexualidad, la literatura, el placer, el cuerpo. Figuras como los locos, anormales, criminales, científicos, filósofos, sabios, soberanos. Métodos como la arqueología o la genealogía; y lecturas que van desde la pedagogía, el derecho, o los estudios culturales, hasta los estudios de género, la sociología o la medicina.

Cada libro que escribió y publicó Foucault abre un mundo que parece cerrarse en sí mismo, aunque esté vinculado a los demás por los hilos invisibles que tejen las infinitas entrevistas, artículos e intervenciones que Foucault no dejó de hacer a lo largo de toda su vida y que están recogidos en los diversos volúmenes.

La reivindicación epistemológica que Foucault hizo de la interrupción y la discontinuidad parece tener como efecto obligarnos también a leerlo y a estudiarlo de manera discontinua. ¿Cómo ofrecer una clave de lectura que nos permita ir más allá de la dispersión? Se acostumbra a presentar y sistematizar la obra de Foucault como una evolución en tres etapas: la primera, de 1961 a 1969, tendría como eje la pregunta por el saber y como método la arqueología. Sus principales resultados serían *Historia de la locura, Arqueología del saber,* o *Las palabras y las co-*

sas.[1] La segunda etapa va de 1969 a 1976. Tiene como eje la pregunta por el poder y su método es genealógico. Las principales obras de este segundo periodo serían *El orden del discurso, Nietzsche, la genealogía, la historia, Vigilar y castigar, La voluntad de saber*.[2] La tercera y última etapa se sitúa entre 1978 y 1984. Centrada en la pregunta por la subjetividad, sus obras de referencias son *El uso de los placeres* y *Hermenéutica del sujeto*,[3] entre otras.

Esta periodización, que ofrece la comodidad de vincular temática, metodología y cronología, es aceptada tradicionalmente, hasta el punto de que uno de sus mayores cómplices filosóficos, Gilles Deleuze, la toma como base para ubicar en el tiempo el desplazamiento que la obra de Foucault habría propuesto a partir de las tres preguntas kantianas. Para Kant, las tres preguntas que están en la base de toda preocupación filosófica eran ¿qué puedo saber?, ¿qué debo hacer?, ¿qué me está permitido esperar? De manera correlativa, las cuestiones que guían la indagación foucaultiana y que se corresponderían con las tres etapas mencionadas, serían: ¿qué puedo saber?, ¿qué puedo hacer?, ¿quién soy yo?

No sólo sus amigos han utilizado esta periodización sino que también ha servido a sus críticos y detractores para atribuir los cambios de problemática a las insuficiencias internas del propio discurso foucaultiano. Es algo que encontramos en las críticas de Jürgen Habermas, de Man-

---

1. Foucault, M.: *Historia de la locura en la época clásica I y II*, México, FCE, 2006; *Arqueología del saber*, Madrid, Siglo XXI, 2009; *Las palabras y las cosas*, Madrid, Siglo XXI, 2008.
2. Foucault, M.: *El orden del discurso*, Barcelona, Tusquets, 1999; *Nietzsche, la genealogía, la historia*, Valencia, Pre-Textos, 1992; *Vigilar y castigar*, Madrid, Siglo XXI, 2010; *Historia de la sexualidad I: La voluntad de saber*, Madrid, Siglo XXI, 2005.
3. Foucault, M: *Historia de la sexualidad II: El uso de los placeres*, Madrid, Siglo XXI, 2005; *Hermenéutica del sujeto*, Buenos Aires, Altamira, 2004.

fred Frank o en la conocida y polémica lectura que proponen Dreyfus y Rabinow de su obra.[1]

El problema de tomar esta periodización como clave de lectura no está en lo acertado o no de sus contenidos, ya que el mismo Foucault parecería dar motivos para ella en sus declaraciones, sino en que corre el peligro de realizar sobre Foucault una operación que él mismo ha negado siempre a sus temas de estudio: la historización cerrada y la construcción de una narración lineal que se sostiene por su carácter evolutivo y de maduración. Desde esta periodización, asistiríamos a los pasos que conducen a la forma final acabada de una obra. Pero esta interpretación no es fiel a la actitud filosófica de Foucault, siempre abierta a las interrupciones, al desplazamiento de los límites y a aquello que siempre queda por pensar.

Me parece mucho más justo y acertado aplicar a la obra foucaultiana las mismas herramientas de trabajo que en ella se presentan. El objeto de pensamiento de Foucault no son sujetos ni esencias sino modos de funcionar, es decir, prácticas, mecanismos y efectos. Su mirada se desplaza de la pregunta por el ¿qué es?, a la pregunta ¿cómo funciona? De la sustancia al dispositivo, de la continuidad a la discontinuidad: ésta es su vía para abandonar la metafísica. Es justo, entonces, evitar hacer con Foucault la historia que él critica y abordar también sus trabajos como un dispositivo. Por eso, más que organizar su pensamiento en etapas, resulta más acertado abordar su trabajo con las mismas preguntas que él dirige a sus objetos de estudio: ¿qué hace?, ¿cómo funciona?, ¿qué efectos tiene?

---

1. Dreyfus, H. y Rabinow, P.: *Michel Foucault, más allá del estructuralismo y la hermenéutica*, Buenos Aires, Nueva visión, 2001.

¿Qué hace?

Se puede explicar de muchas maneras, pero quizá el mismo Foucault ha encontrado la mejor expresión para explicar en qué consiste lo que hace. Consiste, según sus propias palabras, en una ontología de la actualidad. En su conocido texto «¿Qué es la Ilustración?»,[1] que retoma el texto homónimo de Kant, Foucault sitúa la ontología de la actualidad como una de las dos líneas de pensamiento que surgen de la filosofía crítica kantiana. Si una se encarga de preguntar por las condiciones de posibilidad del conocimiento verdadero, la otra es aquella que hace de su propia actualidad el objeto de su interrogación filosófica. No se trata simplemente de situar el pensamiento filosófico *en* el presente, sino de hacer de este presente, el propio, un verdadero problema filosófico. ¿Cuál es mi actualidad? ¿Cuál es el sentido de esa actualidad? ¿Qué es lo que hago cuando hablo de ella? Con estas preguntas el propio presente se convierte en acontecimiento filosófico. Según la interpretación de Foucault, en Kant encontramos por primera vez este tipo de interrogación, bajo cuya estela Foucault ubica el sentido de su propio trabajo. Es una nueva interrogación sobre la Modernidad, en la que ya no importa tanto separarse de los «antiguos» sino la relación con la propia actualidad, su sentido y la capacidad de acción en su interior. ¿Cuál es nuestro campo de experiencias posibles?

Desde este nuevo modo de filosofar sobre la actualidad que arranca en el siglo XVIII y que atraviesa los siglos siguientes, las tres etapas foucaultianas toman un sentido que ya no es cronológico ni finalista. Lo que tenemos es, más bien, una ontología de nuestra actualidad en tres planos: la de nosotros mismos como sujetos de conocimiento, como sujetos de las relaciones de poder que nos constituyen y, finalmente, como sujetos de la acción moral. A través de estos tres pla-

---

1. Foucault, M.: *Sobre la Ilustración*, Madrid, Tecnos, 2006.

nos de indagación filosófica, la cuestión clave que Foucault no deja de plantear es la de la constitución del sujeto moderno, sus límites y sus desplazamientos. «Mi objetivo no ha sido analizar los fenómenos del poder ni sentar las bases de tal análisis. He pretendido más bien producir una historia de los diferentes modos de subjetivación del ser humano en nuestra cultura.»[1]

Por tanto, ¿qué hace Foucault? A largo de la gran diversidad de estudios, temas y trabajos que componen su obra, lo que hace Foucault es una ontología de la actualidad y de nosotros mismos, que tiene como objeto una historia de los modos de subjetivación a través de los cuales el ser humano, en nuestra cultura, se ha hecho sujeto del conocimiento, de la acción sobre los demás y de la acción moral.

¿Cómo lo hace?

Foucault ofrece dos denominaciones distintas para caracterizar la metodología que utiliza en su trabajo filosófico. Son términos robados a otras disciplinas. En sus primeras investigaciones, habla de su trabajo como una arqueología y, a partir de 1966, como una genealogía. Son dos maneras complementarias de explicar el sentido específico que quiere dar a sus estudios históricos. La ontología del presente no persigue reconstruir una historia lineal de las ideas hasta la actualidad. Lo que se propone es analizar las condiciones de posibilidad de nuestros saberes, es decir, de los distintos conocimientos con los que nos representamos a nosotros mismos y a nuestro mundo. Esto exige un trabajo arqueológico que busca el saber implícito, anónimo y silenciado que hace posible el saber tal como se nos ofrece. La arqueología, en el sentido que le da Foucault, es la clave de una concepción del conocimiento que no concibe los discursos como signos que

---

1. Foucault, M.: «Por qué hay que estudiar el poder. La cuestión del sujeto», en Dreyfus y Rabinow, *Michel Foucault*, op. cit., p. 241.

representan algo, sino como prácticas que forman los objetos de los que hablan. La arqueología ya no funciona bajo el esquema de acción y de representación que mantenía la dualidad sujeto – objeto. Tanto el sujeto como el objeto son dimensiones producidas por determinadas relaciones de saber.

¿Qué añade la genealogía a la arqueología? «Para decirlo brevemente, la arqueología sería el método propio de los análisis de las discursividades locales, y la genealogía la táctica que a partir de estas discursividades locales así descritas pone en movimiento los saberes que no emergían, liberados del sometimiento.»[1] La genealogía, término tomado directamente del Nietzsche de *La genealogía de la moral*, incorpora el trabajo arqueológico, descriptivo y epistemológico a una investigación crítica que se opone a la búsqueda del origen como fuente del sentido y de la legitimación. La genealogía, por tanto, no busca el origen, que es un concepto metafísico. Rastreando las procedencias y la emergencias de aquello que sabemos, lo que permite es encontrar la heterogeneidad de lo que se muestra idéntico a sí mismo y el juego de fuerzas por el que se ha llegado a constituir. Frente a la historia de los historiadores, la genealogía es una contra-memoria que tiene como objetivo destruir la realidad para mostrarnos que es un juego de máscaras. Se trata de desmontar la identidad y abrirla a las discontinuidades siempre inacabadas que la componen y descubrir la verdad no como algo disponible, que espera ser encontrado, sino como efecto de una voluntad de saber determinada históricamente.

Para Foucault, la historia no tiene sentido porque no hay un punto de vista suprahistórico o absoluto ni constancias que reconstruir y en las que reconocernos. Sin embargo, sí que es inteligible «y debe poder ser analizada hasta su más mínimo detalle: pero a partir de la inteligibilidad de las luchas, de las estrategias y de las tácticas. Ni la dialéctica, que se basa en la invariable lógica de la contradic-

---

1. Foucault, M.: «Curso del 7 de enero 1976», en *Microfísica del poder*, Madrid, La Piqueta, p. 131.

ción, ni la semiótica que descansa en la estructura de la comunicación, saben dar cuenta de la inteligibilidad intrínseca de los enfrentamientos»[1]. La dialéctica, hegeliana o marxista, es una manera de esquivar la realidad azarosa y abierta. La semiótica esquiva, por su parte, el carácter violento, sangrante y mortal de los acontecimientos, reduciéndolos a la forma apacible y platónica del lenguaje y del diálogo. Y esos azares y esas violencias que nos hacen ser lo que somos son precisamente lo que la genealogía foucaultiana nos tiene que mostrar. La genealogía persigue mostrar el poder en su ejercicio, en el cuerpo a cuerpo de sus prácticas. Es decir, en las relaciones de poder y de saber que cercan los cuerpos humanos y los dominan haciendo de ellos unos objetos de saber.

De la arqueología a la genealogía, Foucault ha encaminado sus herramientas de análisis hacia lo que Nietzsche llamó una filosofía a martillazos. La ontología del presente que Foucault nos propone como teoría de la subjetividad moderna es, así, una filosofía heredera de la crítica no sólo kantiana, sino claramente nietzscheana. Pero ¿qué efectos debe tener?

¿Qué efectos tiene?

Esta triple ontología del presente tiene como efecto la apertura de una nueva posibilidad para el pensamiento: la de pensar lo otro o pensar de otra manera. ¿Qué significa? Por un lado, rechazar los universales: pensar de otra manera es pensar que los a priori también son históricos, que no podemos recurrir al plano de lo trascendental como proponía Kant o mantenía aún Husserl con su análisis de las vivencias de la conciencia. Por otro lado, pensar de otra manera significa también salir del paradigma antropológico: es preparar-

---

[1]. Foucault, M.: «Verdad y poder», *Microfísica del poder,* op. cit., p. 179

se para abandonar el reino del «hombre» que ha sido sujeto y objeto de su discurso.

Pensar de otra manera significa, por tanto, poner en marcha esta máquina pragmática y pluralista que debe empujar al hombre más allá de sí mismo, más allá de los contornos de su rostro dibujado en la arena. Si la genealogía pregunta ¿cómo ha sido posible el hombre moderno?, es para preguntar seguidamente: ¿y cómo dejar de serlo? ¿Cómo ir más allá del universalismo y del humanismo? Y ¿por qué? ¿Para qué? Básicamente, para resistir al poder. La ontología de la actualidad no es especulativa. Es práctica: sus efectos tienen que ser de resistencia y de liberación. Y esto es así porque la verdad, para Foucault, es un conjunto de reglas y de procedimientos que dibujan una situación estratégica y en torno a los cuales se establece un combate. La verdad no es un universal: es siempre un determinado régimen de verdad. Verdad y poder dibujan un círculo y sólo dentro de él puede librarse el combate. No hay relación de exterioridad, la verdad no disuelve el poder ni hay toma de conciencia que rompa las cadenas. Donde hay poder hay resistencia y viceversa.

De los estudios sobre la locura, como cara silenciada del hombre moderno, a los estudios sobre la sexualidad, como lugar de objetivación y de individuación en nuestra cultura, pasando por el análisis de las ciencias humanas, de las reglas del discurso o de las formas de gubernamentalidad, en el centro de las preocupaciones de Foucault está latiendo siempre un mismo problema: el de la resistencia, esta resistencia interna y atravesada por los dispositivos de poder y de saber.

Ésta es la tercera clave de lectura, sin la cual tendríamos solamente un Foucault epistemólogo. El engranaje que mueve las tres dimensiones de su ontología de la actualidad es el problema de la resistencia. Sabemos ya que la ontología del presente, esa triple teoría de la subjetividad, no es historicista sino genealógica. Por eso mismo es la construcción de una mirada intempestiva sobre nuestras certezas, sobre nuestra normalidad, sobre nuestro buen sentido. En eso consiste pensar de otra manera.

Pero la resistencia es también su problema no resuelto. ¿Qué estatuto tiene ese *otro* desde el que pensar la resistencia al poder? ¿De dónde surge el combate en torno a la verdad y sus reglamentaciones? ¿Qué hay más allá de los dispositivos de poder y de saber? ¿Es pensable un afuera? Estas preguntas desbordan el universo de Foucault y apuntan ya a los problemas que elaboraran otros filósofos, coetáneos y cercanos, como Deleuze y Derrida. El problema que comparten se puede resumir en las siguientes palabras de Foucault: «Alguien me dirá: he aquí de nuevo otra vez la incapacidad para franquear la frontera, para pasar del otro lado, para escuchar y hacer escuchar el lenguaje que viene de otra parte o de abajo; siempre la misma opción de contemplar la cara iluminada del poder, lo que dice o lo que hace decir. ¿Por qué no ir a escuchar esas vidas allí donde están, allí donde hablan por sí mismas?».[1] Mayo del 68, según la conocida expresión del sociólogo y jesuita Michel de Certeau, tomó la palabra, fue una gran toma colectiva de la palabra. Pero quizá la tomaron quienes por su condición organizada estaban más cerca de poder tomarla: básicamente, estudiantes y obreros. La filosofía de Foucault da un paso más allá y abre la posibilidad de dar la palabra a quienes no pueden tomarla políticamente: los anormales, los locos, los derrotados. En una sociedad disciplinaria como la que estudiaba y aún combatía Foucault, los marginales. Hoy, en una sociedad que ya no normaliza sino que genera explota y genera residuos humanos a gran escala, la voz de los sin palabra queda ahoga en la privacidad de la vida cotidiana y capturada en el ruido inane pero rentable de la red. La filosofía de Foucault, en aquello que no ha llegado a pensar, nos lanza así un desafío: en un mundo sin afuera, ¿dónde están las resistencias y cómo hacer cuerpo común con ellas?

1. Foucault, M.: *La vida de los hombres infames*, Madrid, La Piqueta, 1990, p. 175.

Pensar la diferencia y experimentar con la diferencia
Gilles Deleuze en fuga

Decía Gilles Deleuze que sólo se escribe para liberar la vida de donde se encuentra aprisionada. Por eso la suya es una filosofía experimental que se concreta en sus doctrinas sino en los efectos que produce. Pensar, para Deleuze, es experimentar, inventar, como diría Nietzsche, nuevas posibilidades de vida.

La filosofía no es, por tanto, una actividad contemplativa: esto es algo que Deleuze tiene claro desde siempre, desde su primer libro, *Empirismo y subjetividad* (1953),[1] en el que afirma que la filosofía no es la teoría de lo que *es* sino de lo que *hacemos*, hasta el último publicado en vida, *¿Qué es la filosofía?* (1990),[2] en el que sostiene que la filosofía no es contemplación, reflexión ni comunicación sino creación de conceptos.

Más adelante, en este mismo libro, Deleuze escribe que la vergüenza de ser hombre es uno de los temas poderosos de la filosofía: es la vergüenza no sólo por el horror acumulado de la historia, como la que han podido sentir los supervivientes de los campos de concentración, sino por los compromisos que cotidianamente contraemos con la estupidez, con las viles y banales posibilidades de vida que nos ofrece nuestro tiempo y que definen nuestro presente. De esta vergüenza, de la visión de lo intolerable que se esconde en la normalidad que cada día soportamos, se deriva, también, la necesidad de una resistencia, de un desplazamiento.

1. Deleuze, G.: *Empirismo y subjetividad*, Barcelona, Gedisa, 1981.
2. Deleuze, G.: *¿Qué es la filosofía?*, Barcelona, Anagrama, 1993.

En definitiva, la exigencia de empezar a pensar, como diría Foucault, de otra manera. Por eso la filosofía experimental de Deleuze no es una llamada lúdica a la creatividad, sino que es una práctica crítica. Crear conceptos es una forma de resistencia activa y afirmativa a nuestro propio presente. «La crítica no es una reacción de resentimiento, sino la exigencia de un modo de existencia activo: el ataque y no la venganza, la agresividad natural de un modo de ser. Este modo de ser es el del filósofo: porque se propone servirse del elemento diferencial como crítico y como creador, por tanto, como martillo.»[1]

Es así como Deleuze también empuña el martillo, símbolo de la herencia nietzscheana y de un pensamiento afirmativo que, más allá de Nietzsche, se remonta a Spinoza, para liberar la vida de donde se encuentra aprisionada. Toda su filosofía podría ser resumida como ese gran intento por poner en movimiento lo que está bloqueado o fijado en el orden de las cosas que nos rodean, en las constantes estructurales de nuestras lenguas, en nuestras representaciones y en las identidades en las que se encierran nuestras percepciones y nuestros conceptos. Con su trabajo genealógico, Foucault se había propuesto abrir lo que vemos, lo que decimos y lo que somos para mostrar los acontecimientos dispares, las relaciones de fuerza y los dispositivos de saber y de poder que lo hacen posible.

Deleuze también es un pensador que apuesta por llevar lo oculto a la superficie y realiza una operación similar: hacer emerger las fuerzas, las singularidades y los acontecimientos que el pensamiento metafísico ha ahogado bajo las categorías de la representación. Esto significará, para Deleuze, atreverse a pensar algo que hasta ahora había quedado impensado en la tradición principal de la filosofía: la diferencia como diferencia en sí misma. Como escribe Deleuze al inicio de *Diferencia y repetición* (1968),«queremos pen-

---

1. Deleuze, G.: *Nietzsche y la filosofía*, Barcelona, Anagrama, 2002, pp. 10-11.

sar la diferencia en sí misma, así como la relación entre lo diferente y lo diferente, prescindiendo de las formas de la representación que las encauzan hacia lo Mismo y las hacen pasar por lo negativo».[1] ¿Qué significa? ¿Y qué consecuencias tiene? Una filosofía experimental no se explica por sus doctrinas sino por sus efectos, no se mide por lo que *dice* sino por lo que *hace*. Por tanto, pensar la diferencia será inseparable de hacerla, producirla.

Pensar la diferencia

Pensar la diferencia en sí misma, liberada de toda referencia a la identidad y a la negatividad, no es pensar las diferencias entre los distintos tipos de entes y sus tipologías, que es lo propio de la metafísica, o entre los entes y el ser, como proponía Heidegger. Se trata, para Deleuze, de pensar lo que es como una multiplicidad de diferencias. Esto es lo que hasta ahora la filosofía no ha querido pensar, lo que el pensamiento en sus formas dominantes ha rechazado y ha juzgado impensable.

Introduciendo de esta forma el concepto de diferencia, Deleuze realiza, en primer lugar, un corte dentro de la historia de la filosofía, una inversión del platonismo, como él mismo la describe. Sus consecuencias se harán sentir en todos los ámbitos del pensamiento filosófico, desde la epistemología a la ética, pasando por la ontología o la teoría del lenguaje. Pero sus efectos más importantes se pueden sintetizar en tres: en primer lugar, la destrucción del pensamiento representativo y su desplazamiento a un «pensamiento sin imagen». En segundo lugar, la destrucción de la ontología de la sustancia y su desplazamiento a una ontología nómada. Finalmente, la destrucción de la categoría de verdad y su desplazamiento a una teoría del sentido como acontecimiento.

1. Deleuze, G.: *Diferencia y repetición*, Buenos Aires, Amorrortu, 2002, p. 16.

Para Deleuze, lo decisivo de la filosofía no es tanto haber enviado las Ideas a un mundo de eternidades más allá de éste, el cielo de las ideas, sino sobre todo, la consecuencia que esta teoría ha tenido sobre nuestra concepción del pensamiento. Con esta operación platónica, que obliga al conocimiento a buscar un modelo inmutable para poder certificar la verdad de cada realidad sensible, lo que hace Platón es delimitar el terreno de lo pensable a lo que puede tener un modelo. Para el platonismo, sólo las copias, es decir, todo lo que puede ser referido debidamente a un patrón, queda legitimado para la verdad. Todo lo demás, todo lo que no se corresponde a ningún modelo o Idea, son malas copias, simulacros, fantasmas: es decir, lo impensable. Esta diferencia libre de toda referencia a un patrón es lo expulsado en el gesto platónico de eliminar los simulacros del ámbito de lo que puede ser pensado. Bajo el imperio del modelo, de lo Mismo, lo diferente sólo puede ser pensado bajo las relaciones de analogía, semejanza, identidad u oposición a un modelo. La diferencia queda, así, reducida y sometida al modelo metafísico de la representación: sólo puede ser una categoría para el reconocimiento de lo que las cosas son o no son. Es lo que pone una distancia entre las cosas al especificar lo que cada una es.

Invertir el platonismo, como propone Deleuze, significa reivindicar como verdadero y auténtico todo lo que Platón había expulsado del marco legítimo de lo pensable, es decir, los simulacros, por no ser reconocibles a partir del Modelo o Idea. Se trata, para Deleuze, de hacer subir los simulacros a la superficie y terminar así con la estructura jerárquica que organiza lo pensable a partir de la relación entre un original y sus copias.

De este movimiento por el que los simulacros y las diferencias libres suben a la superficie se derivan desplazamientos importantes: en primer lugar, el pensamiento es despojado de sus esquemas categoriales, que desde Aristóteles han organizado el gran árbol de la metafísica y sus jerarquías. El pensamiento de la diferencia pura, no reconducible a las relaciones de semejanza, identidad, oposición o contradicción, propias del pensamiento de la identidad, sólo puede ser un pensamiento a-categorial. Deleuze no propone sustituir un modelo de pensamiento por otro. Quiere acabar con toda dependencia y sumisión a la autoridad de los modelos. Abre, así, la filosofía a un pensamiento sin modelo, a un pensamiento que sólo puede ser creación, no a partir de la nada sino a partir de los encuentros con lo que llama las fuerzas del afuera.

En segundo lugar, este pensamiento a-categorial supone una revolución por la que también los conceptos de ser y de sujeto pierden su centralidad y su carácter fundamental y se «inundan» de diferencias: para Deleuze, el ser es repetición de simulacros y el sujeto es un efecto de un conjunto de singularidades. Uno y otro no son nada en sí, sino el efecto de relaciones.

Anuladas las categorías que permitían distribuir jerárquicamente los entes a partir de una sustancia y unos atributos, el pensamiento de la diferencia deleuziano nos sitúa en una ontología de la inmanencia y de la univocidad del ser. De la inmanencia, porque sin distinción entre originales y copias, todo está ahora en un mismo nivel. No hay nada más fundamental que otra cosa ni ningún concepto más universal que otro. Todo circula, se mueve y se relaciona al mismo nivel de ser. Por eso también es una ontología de la univocidad, porque todas las expresiones del ser se dicen ahora de una sola manera, desde lo más excelso hasta lo más vil. No hay distintos grados de ser ni, por tanto, distintos modos de decirlo o pensarlo. Deleuze se presenta, así, no como el inventor sino como el continuador de una tradición menor de la filosofía que, iniciada en el estoicismo y en Duns Escoto, encuentra a su «príncipe», según expresión del mismo Deleuze, en la figura de Spinoza y a su aliado en Nietzsche. Es la tradición imperceptible de una ontología antiesencialista y nómada que destituye la autoridad de la gramática centrada en la cópula «... es...», que articula jerárquicamente el sujeto y el predicado, para abrir el pensamiento a la práctica horizontal y siempre inacabada de la conjunción «... y... y... y...»

Finalmente, el tercer desplazamiento de la operación deleuziana sobre la tradición platónica es inevitable si tenemos en cuenta los dos anteriores: la representación y la ontología de la sustancia dependen de la noción de verdad, como adecuación y como objetividad. Un pensamiento acategorial y una ontología nómada necesitan de una teoría del sentido que no dependa del concepto de verdad. Es lo que Deleuze desarrolla después de *Diferencia y repetición* en la obra *Lógica del sentido* (1969).[1] El sentido no puede ser ni una representación mental ni de un estado de cosas: en una ontología del ser como producción y liberación de las diferencias, el sentido tendrá que ser pensado como un acontecimiento.

Un pensamiento sin imagen, abierto a los encuentros y a sus creaciones; una ontología que no busca el fundamento sino la producción de diferencias y una teoría del sentido que no se rige por la adecuación del juicio sino por la atención al acontecimiento expresado en la proposición, está claro que tienen que ver con una filosofía que no persigue decirnos *qué es* la diferencia sino que nos invita a *producirla*.

Disposición y multiplicidad

Pensar, producir y liberar la diferencia es la clave de toda la filosofía de Deleuze. Esto supone llevar a cabo una crítica de la violencia de la representación, de la jerarquía de la trascendencia y de la autoridad de la verdad, desde una apuesta por la creación, la inmanencia y el acontecimiento. Desde estos tres ejes se desarrolla la propuesta crítica y experimental que después de Mayo del 68 Deleuze y el psiquiatra Felix Guattari desarrollarán a cuatro manos. Los dos volúmenes

---

1. Deleuze, G.: *Lógica del sentido*, Barcelona, Paidós, 2005.

de *Capitalismo y esquizofrenia,* que son *El Anti-Edipo* (1972) y *Mil Mesetas* (1980)[1] se presentarán a su propio tiempo como las dos cajas de herramientas de este pensamiento de la diferencia que inseparablemente se propone como una práctica de liberación y de invención de nuevas posibilidades de vida.

De los muchos temas que atraviesan las obras de esta época y la fructífera colaboración entre Deleuze y Guattari, hay que destacar dos aportaciones importantes: en primer lugar, la incorporación del concepto de deseo, en el *Antiedipo*, que Deleuze y Guattari rescatan del psicoanálisis para darle un sentido creativo. Contra la idea de que el deseo se define como carencia de algo, es decir, por lo que le falta (el objeto del deseo), Deleuze y Guattari desarrollan la idea de que el deseo es precisamente todo lo contrario: capacidad de exceso a la que no le falta nada. Es la creatividad del ser, produciendo nuevas e impensadas relaciones.

La otra propuesta importante de este periodo es una nueva teoría de la individuación, basada en el concepto de *agenciamiento* o disposición (*«agencement»,* en francés). Desarrollada sobre todo en *Mil Mesetas,* esta noción permite pensar las relaciones ya no entre individuos sino entre singularidades, es decir, entre elementos sueltos y no jerárquicos que componen de maneras diversas los conjuntos (y no los individuos) que somos o, mejor dicho, que siempre estamos deviniendo. Es el concepto que faltaba a la filosofía de la diferencia para poder afirmarse como un modo de pensar el ser de lo múltiple y no como un instrumento para distinguir entre individuos más o menos semejantes. El agenciamiento es, en la ontología deleuziana, la unidad real mínima, tanto de ser como de expresión. Por sí mismo, no es ni palabra, ni idea, ni concepto, tampoco es cosa o ente, sino un co-funcionamiento de palabras, cosas y prácticas de la que se ex-

---

1. Deleuze, G. y Guattari, F.: *El Anti-Edipo: capitalismo y esquizofrenia I*, Barcelona, Paidós, 1988; *Mil Mesetas: capitalismo y esquizofrenia II*, Valencia, Pre-Textos, 1994.

presa un determinado sentido y a través de la cual circula el deseo. Es el ser plural autoproductivo, en el que la relación entre singularidad y multiplicidad no pasa por las categorías de la unidad y de la identidad. Unidad real y unidad expresiva a la vez, singular y múltiple indistintamente, el agenciamiento es la pieza clave del pensamiento antirrepresentativo que buscaba Deleuze desde sus primeros trabajos. Es la herramienta que le faltaba a la filosofía de la diferencia para conquistar su carácter plenamente afirmativo.

Desde la lógica de la productividad y del exceso del deseo y desde la individuación del agenciamiento, Deleuze y Guattari pueden pensar la multiplicidad como realidad ontológica de la diferencia libre. *Mil mesetas* es la monumental exposición de esta ontología de la multiplicidad y, por tanto, la culminación de los desplazamientos introducidos por Deleuze en las coordenadas tradicionales de la filosofía. En este libro deberemos encontrar, por tanto, la expresión más clara de la propuesta experimental y de crítica afirmativa de Deleuze y Guattari. Aparece en cada uno de sus planos (o mesetas) y se podría exponer desde cada uno de los conjuntos de conceptos que articulan su gran maquinaria, pero quizá la imagen más clara es la que utilizan para abrir el libro: la imagen del rizoma.

Producir la diferencia, hacer rizoma

Mil mesetas tiene una larga introducción en la que Deleuze y Guattari contraponen la imagen del árbol, con su lógica binaria y jerárquica, y la imagen del rizoma, como sistema de raicillas que, sin comienzo ni final, crece en todas direcciones y desde cualquier punto. Evidentemente, frente al árbol, que es la imagen de la metafísica del «es...», el rizoma es la imagen de la multiplicidad que el pensamiento representativo, que «ha plantado árboles en nuestras cabezas», no ha sabido pensar. El rizoma es la metáfora de la ontología nómada del «... y... y... y...»: está formado por elementos heterogéneos conectados entre sí por cualquier punto; componen un sistema múltiple que no es reducible a ninguna unidad; puede ser cortado o expandido por cualquier punto de sus líneas y no sigue ningún modelo ni estructura. En resumen, el rizoma es una multiplicidad heterogénea que permite una interconexión sin jerarquía.

Pensar el rizoma no es representarlo, es hacerlo. Pensar el rizoma, pensar lo múltiple o la diferencia libre es, en primer lugar, socavar la lógica del «es», desenraizarla y hacer proliferar el rizoma.

«En verdad, no basta con decir "Viva lo múltiple!", aunque lanzar este grito sea difícil... Lo múltiple, hay que hacerlo» (...) «Haced rizoma y no raíz, ¡no plantéis jamás! ¡No sembréis! ¡Picad! No seáis ni uno ni múltiple, sed multiplicidades! ¡Haced la línea y no el punto! La velocidad transforma el punto en línea. ¡Sed rápidos, incluso sin cambiar de lugar! Línea de suerte, línea de cadera, línea de fuga. ¡No suscitéis un general en vosotros! ¡No tengáis ideas justas, tened justo una idea!»[1]

La práctica de la crítica afirmativa a la que nos invita la filosofía deleuziana es la de una pragmática de la conexión: experimentar es producir realidad, aumentar sus conexiones, crear nuevas alianzas, hacer proliferar el deseo y trazar nuevas líneas de fuga. Éstas son las claves de un nomadismo que crece y se esparce como la mala hierba, que nos invita a arrancarnos los árboles que tenemos plantados en la cabeza, con sus raíces y sus dualismos: su sentido no depende de la unidad o del fundamento sino de las relaciones nuevas y múltiples que es capaz de crear. Una filosofía múltiple y de lo múltiple; un perspectivismo del que sólo se pueden obtener lecturas en perspectiva, una nomadología que sólo puede ser captada si también nosotros nos ponemos en movimiento.

Pero no hay que olvidar que esta llamada a la experimentación tenía como objetivo liberar la vida de lo que la encarcela. Toda la filosofía de Deleuze está atravesada por una

---

1. Deleuze, G. y Guattari, F.: *Mil Mesetas*, op. cit., pp. 28-29.

política y por una ética que se levantan contra las formas de dominio y de trascendencia que encierran la multiplicidad de lo vivo. Producir la diferencia y hacer rizoma no podrá ser, por tanto, crear cualquier cosa. Crear es resistir cuando nuestra creación se sustrae a las dimensiones de lo mayoritario. Hacer lo múltiple, como propuesta ético-política, no es un programa cuantitativo: es una propuesta cualitativa que consiste en ensayar lo que Deleuze llamará «devenires-minoritarios». Imperceptibles a ojos del poder, son las líneas que crecen entre las cosas y que, como la mala hierba, pueden acabar demoliendo los fundamentos.

Foucault dijo un día que el siglo sería deleuziano. No sabemos muy bien qué siglo, seguramente sólo podía ser ese tránsito inacabado aún entre el siglo XX y el XXI, entre las sociedades disciplinarias y las sociedades de control, entre lo analógico y lo digital, entre la colonización europea y la globalización. Y efectivamente, el siglo ha sido deleuziano hasta el punto de que parece que el capitalismo mismo se haya impregnado de los conceptos de la filosofía de Deleuze. El capitalismo ha hecho suya la práctica de la desterritorialización, de la movilización, de la creatividad de lo múltiple y de las líneas de fuga. El capitalismo, en el tránsito del siglo XX al XXI, se ha hecho rizomático y ya no necesita normalizar para movilizar. Con mantener capturado el deseo tiene bastante. ¿Cómo liberar, entonces, la vida de aquello que la aprisiona hoy? ¿Cómo concretar esa producción de diferencias libres? El siglo deleuziano es un desafío que nos pone las cosas hoy bastante complicadas.

No hay transgresión
Diferir con Jacques Derrida

Derrida es uno de los herederos de la tarea que Nietzsche y Heidegger dejaron, como legado, a la filosofía contemporánea: superar la metafísica como forma de pensamiento y como forma de vida. Nietzsche proponía acabar con ella a martillazos, haciendo del martillo la herramienta de la transvaloración, de la creación de nuevos sentidos y valores, de nuevas posibilidades de vida. Heidegger proponía hacerlo dando un salto atrás, haciendo de este salto el gesto de la ontología fundamental, de la recuperación del sentido de la pregunta por el ser.

Ambos abrieron la interrogación: ¿qué esconden y sobre qué se asientan los tres pilares de la metafísica, que son el ser, el sentido y el sujeto? Nietzsche respondía que se asientan sobre la diferencia de fuerzas de la voluntad de poder, veladas por la aparente quietud y transparencia de los ideales transmundanos. Heidegger, apuntaba al olvido de la diferencia entre los entes y su ser, oculta tras la aparentemente firme presencia de las cosas.

Bajo este doble planteamiento antimetafísico, la diferencia es señalada como el impensado o como lo que ha rechazado el sistema entero de la metafísica y todas sus violencias. Ésta es la lectura que se abre paso, con fuerza, en la Francia de los años sesenta del siglo XX y que fructifica con especial intensidad en torno a Mayo del 68. Esta diferencia es la que Foucault busca, con su genealogía, en las heterogeneidades y discontinuidades de las que se compone la identidad del hombre moderno. Esta diferencia es también la que Deleuze sitúa, desde su ontología nómada, en el juego libre de las singularidades. Derrida, algo más joven y formado en la fenomenología, añadirá una tercera caracterización de la diferencia, pensada ahora como movimiento de *diferir* que está funcionando en toda escritura y que hace imposible cerrar la presencia y el sentido. Contra la identidad, contra la representación, contra la presencia: superar la metafísica es sustraerla a su subordinación a la lógica acabada y totalizadora de «lo mismo». Es hacerse capaz de pensar «lo otro».

«No hay transgresión»

Dentro de las filosofías de la diferencia, Derrida adopta una posición muy particular, que puede sintetizarse en la frase «No hay transgresión»: «no hay transgresión si se entiende por eso la instalación pura y simple en un más allá de la metafísica». ¿Por qué? «Cualquier gesto transgresor nos encierra, exponiéndonos, en el interior de la clausura. Uno no se instala nunca en una transgresión ni habita jamás en otra parte. La transgresión implica que el límite está siempre presente.»[1]

Esto es lo que hace de toda transgresión una falsa salida de la metafísica. Como explica en el ensayo «Los fines del hombre», «decidir cambiar de terreno de manera discontinua e irruptiva, instalándose brutalmente fuera y afirmando la ruptura y la diferencia absolutas (...) es una forma de habitar más ingenuamente, más estrechamente que nunca el adentro que se declara desertar».[2]

La transgresión, es decir, la pretensión de un cambio radical de terreno como vía de superación de la metafísica, mantiene el límite entre un adentro y un afuera y la oposición entre lo mismo y lo otro. La idea de transgresión mantiene, por tanto, los presupuestos de la metafísica. La vigencia del prejuicio metafísico es lo que Derrida reprocha, ya en

1. Derrida, J.: *Posiciones*, Valencia, Pre-textos, 2014, p. 18.
2. Derrida, J.: *Márgenes de la filosofía*, Madrid, Cátedra, 1989, p. 173.

los años sesenta, a Foucault y a Lévinas, en sus respectivos intentos de sustraerse a la ley de lo Mismo, pensando la locura y haciendo la arqueología de su silencio, en el caso de Foucault, y pensando la relación ética con lo infinitamente otro, en el caso de Lévinas. En los ensayos recogidos en *La escritura y la diferencia* (1967)[1] Derrida les pregunta: ¿con qué lenguaje se dice este silencio, con qué conceptos se dice este infinito?

Derrida propone otra manera de escuchar el silencio: pensar lo otro de la metafísica no es cambiar de terreno, buscar la presencia inmediata de lo otro, sea el loco, sea el rostro, sea el deseo... Pensar lo otro de la metafísica es pensar la imposibilidad de la presencia plena, aquello que hace imposible cerrar el sentido sobre sí mismo, aquel movimiento por el cual siempre se ha producido un desplazamiento. Esto es lo que hará Derrida desde sus primeros trabajos sobre Husserl hasta sus últimos textos sobre ética y política. En esto consistirá todo su proyecto filosófico, que ya no es un proyecto de transgresión sino de *deconstrucción*. Éste es el término que Derrida acuña e introduce, con gran fortuna académica y mediática, en la filosofía y, más allá de ella, en el mundo del arte, la literatura, la arquitectura, la cocina...

Deconstrucción es el nombre, poco bonito como él mismo reconoce, de una filosofía que no inaugura ni una nueva etapa o destino histórico, como quería Heidegger, ni un nuevo hombre, como anunciaba Nietzsche. No tiene una «buena nueva», porque precisamente interrumpe todo «querer-decir» del discurso. Abre en él márgenes, fallas, grietas: los resquicios por los que el sentido huye de sí mismo.

---

1. Derrida, J.: *La escritura y la diferencia*, Barcelona, Anthropos, 2013.

La deconstrucción

Esta apertura es lo que debe definir la deconstrucción como estrategia general de intervención sobre el texto de Occidente. Es estrategia, porque la deconstrucción no es un simple método de análisis textual, voluntariamente aplicado por el sujeto, sino algo que ocurre en el texto mismo. Y es estrategia de intervención, porque el objetivo no es analizar o simplemente interpretar, sino llevar a la luz las estructuras de nuestra racionalidad reescribiéndolas. Intervenir estratégicamente es instalarse en el margen mismo de la metafísica y, desde ese lugar a la vez interior y exterior, reconocible e innombrable, llevar a cabo una lectura transformadora de los textos de Occidente. Deconstruir un texto es, entonces, rescribir su escritura, hacer partir de él un nuevo texto, en el que las estructuras metafísicas sean llevadas hasta su propio límite y muestren sus debilidades y fisuras. Para ello es necesario que la estrategia sea siempre doble y que intervenga tanto sobre lo que constituye a la metafísica como sobre lo que la excede. La deconstrucción tiene, entonces, un doble objetivo: el primero, invertir las dualidades metafísicas (sensible/inteligible, presencia/ausencia, etc.) y neutralizar su violencia jerárquica para que cada uno de los términos pueda desplegar sus significaciones con toda libertad. El segundo, perseguir y desarrollar lo que Derrida llama los indecidibles, es decir, todos aquellos conceptos que habitan el lenguaje metafísico pero se resisten a dejarse comprender a partir de sus esquemas dominantes. Ponerlos en circulación en nuestros discursos bloquea y desorganiza el campo de oposiciones metafísicas.

Lo que se persigue con esta doble intervención no es dar a los conceptos un nuevo sentido o hacerles decir otra cosa. Tampoco es inventar conceptos radicalmente nuevos, como propone Deleuze, sino mantenerlos en el nuevo estado de indecibilidad al que han sido arrastrados por la deconstrucción. La fuerza de dislocación y resistencia de lo indecidible es la única que puede subvertir el poder de la metafísica, la autoridad de «lo mismo», que tiraniza nuestros textos y discursos bajo la ley del sentido y de la verdad.

«Lo otro» no es, así, ninguna presencia, nada que podamos descubrir poniéndolo ante los ojos ni inventar a voluntad. ¿Qué es entonces? ¿Cuál es esa diferencia que la deconstrucción, como deconstrucción de la metafísica, debe permitirnos pensar? Es la diferencia como movimiento de diferir, como desplazamiento, como movimiento de descentramiento por el que las cosas aparecen como diferentes. Para indicar esta diferencia no sustantiva, nunca fijada, Derrida hace una operación ortográfica, gráfica pero no audible en francés: *différance*.[1] Pensarla es poner en práctica este pensamiento para el que no hay transgresión sino deconstrucción, no hay tierras nuevas sino márgenes, no hay tesis sino posiciones. Un pensamiento que tiene que anular su querer-decir ¿para qué? Para abrirse a algo que ocurre incesantemente y que está articulando, sordamente, nuestras estructuras de sentido (el movimiento de diferir). Para abrirse, por tanto, a los sentidos imposibles, a las vías clausuradas por nuestros esquemas dicotómicos, a los caminos tachados...

Por el carácter de esta apertura a un rastro invisible y un acontecimiento imprevisible, el pensamiento de Derrida puede ser caracterizado, simultáneamente, como un pensamiento de la huella y, con muchos matices, como un mesianismo utópico.

Pensamiento de la huella

La deconstrucción podría parecer una propuesta meramente crítica y negativa si no tuviésemos en cuenta el momento constructivo con el que se inicia el trabajo filosófico de Derrida. Después de una serie de estudios sobre la fenomenolo-

---

[1]. En francés, diferencia se escribe *différence*.

gía husserliana, Derrida emprende una obra monumental, que tiene en su centro el libro *La gramatología* (1967)[1] y que se presenta como «una ciencia general de la escritura». En él retoma y desplaza la crítica de Heidegger a la metafísica de la presencia. Si para éste la metafísica tenía en su origen el olvido del ser y de su diferencia respecto al ente, para Derrida lo que la metafísica ha olvidado o rechazado, en el sentido freudiano, no es el ser sino el medio que hace posible la diferencia entre el ser como ideal y el ente como presencia: este medio es la escritura, en el sentido amplio de toda inscripción posible.

En su sueño de la presencia plena, o dicho de otro modo, de la identidad entre el ser y el pensar, la metafísica ha rechazado y olvidado la escritura, la inscripción, traza (o *grama*, como la denomina Derrida) en la que se encuentran en movimiento lo sensible y lo inteligible, y la ha convertido en la simple traducción de la voz y de la conciencia. Es lo que ya había hecho Platón en el *Fedro,* tal como analiza Derrida en «La farmacia de Platón»[2] y como identificará también en las lecturas de Rousseau y de Saussure. Esta tiranía de la transparencia, que es la tiranía de la voz y de la conciencia sobre la materialidad irreductible de la escritura, es lo que Derrida llamará *logofonocentrismo*, como característica de la metafísica.

Hacer la crítica de este logofonocentrismo y de todas sus formas de totalitarismo es deconstruir la metafísica: deconstruir la metafísica para liberar a la filosofía de la supremacía de la voz y para abrirla a un pensamiento de la escritura como condición de toda experiencia posible. Esto significa desprenderse del mito de la fundación y del origen: la escritura siempre es huella y la huella no tiene original. Es un origen tachado que siempre remite a otra huella.

1. Derrida, J.: *De la gramatología*, Buenos Aires, Siglo XXI, 1971.
2. Derrida, J.: «La farmacia de Platón», en *La diseminación*, Editorial Fundamentos, 1975.

Mesianismo utópico

La crítica a la metafísica de la presencia, es decir, esta crítica que no es transgresión ni destrucción sino deconstrucción, pone nuestras estructuras de pensamiento bajo el signo de un origen tachado, de esta *différance* en descentramiento y en desplazamiento permanente, que impide que el sentido se clausure sobre sí mismo, en la ilusión de su autotransparencia. Pero esta apertura lo es también, como veremos ahora, a la reserva de un *quizá*. Por eso el pensamiento de Derrida no es sólo el pensamiento de la huella, sino también un mesianismo utópico, en tensión permanente hacia la venida (advenimiento) de ese otro que no podemos inventar.

En un ensayo muy hermoso, *Psyché. Invenciones del otro*,[1] esa invención imposible se encarna en la figura del «hijo»: un hijo, ¿se hace?, ¿se encuentra?, ¿se acoge?, ¿se tiene? ¿En qué sentido se inventa un hijo? Es la invención imposible, aquello que sólo podemos crear recibiendo. Sobre este mismo esquema piensa Derrida la relación con el otro y con el acontecimiento. Hay que prepararse para un encuentro que no forma parte de lo calculable ni de lo previsible. Hay que disponerse a la llegada del otro. Hay que estar a punto para responder al acontecimiento imprevisto. Por eso en los últimos años Derrida se dedica a explorar todas las figuras de este otro que sólo puede ser recibido: el amigo, el don, la hospitalidad, la responsabilidad, el perdón, etc.

Ésta es la otra cara de la deconstrucción como destitución del mito metafísico de la presencia plena. Toda presencia apunta a lo que aún no es, a un quizá, a un porvenir que no es ningún futuro posible. Porque como afirma en la conferencia *La universidad sin condición* (2001): «Lo imposible

---

1. Derrida, J: *Psyché. Inventions de l'autre*, París, Galilée, 1998.

es lo único que puede ocurrir».[1] Esta frase podría ser el complemento de aquella de la que partíamos: «No hay trasgresión». Y ésta es también la dimensión ético-política de la indecibilidad. Lejos de la indiferencia y de la simple ambigüedad, señala el lugar de una política sin programa ni soluciones, porque se niega a fijar la presencia de esa realidad o sociedad otra. De una política sin sujeto porque no depende de la instancia de un querer-hacer o de un querer-decir. Es la política de la indecibilidad.

Su tiempo no es el de la revolución efectiva, sino el de la promesa. Es una política que se abre en la brecha de un tiempo desquiciado, en la irresoluble inadecuación entre una exigencia infinita de democracia y de justicia y una efectividad concreta insatisfactoria y perfectible. Su protagonista no es ningún sujeto sino un espectro. El espectro que acecha Europa, según el anuncio de Marx y que Derrida retoma para nuestro fin de milenio en un libro que ha marcado la geografía del pensamiento político de los últimos años, *Espectros de Marx* (1993).[2] La diferencia hecha fantasma que con su presencia imposible desconjunta el tiempo es la clave de este pensamiento que, heredero de las exigencias planteadas por Nietzsche y por Heidegger al siglo XX, late con fuerza en nuestro presente.

Para terminar, una anécdota: ya bastante mayor, Derrida seguía dando clases en París, cada miércoles durante tres horas y sin interrupción para tomarnos un respiro. Fui a algunas durante el invierno de 1999. En el auditorio, inmenso, nadie se movía. Él no parecía cansarse. Había expectación, curiosos de todo el mundo y acompañantes fieles que llevaban décadas acudiendo a sus clases. Pero lo que me sorprendía es que lo que podía parecer un show, y en parte lo era, seguía siendo una clase en el mejor sentido de la palabra. Las buenas clases siempre son acogedoras. Creo que de alguna manera esa actitud hospitalaria y cotidiana en la ex-

---

1. Derrida, J.: *Universidad sin condición*, Madrid, Trotta, 2002.
2. Derrida, J.: *Espectros de Marx*, Madrid, Trotta, 1995.

cepcionalidad y esa capacidad de recibir la atención de otros, desconocidos, mediante una palabra que se expone al límite de lo que puede pensar, me permitió comprender a Derrida, a ese Derrida que a veces parece escapársenos en la difícil indecibilidad de sus palabras.

Del sujeto femenino a la performatividad de género
Judith Butler y los cuerpos que importan

El feminismo filosófico o el pensamiento de género se dan en continuidad con el movimiento feminista, pero no se reducen a ser la expresión teórica de sus luchas reivindicativas concretas, sino que van más allá: son una de las principales expresiones de la filosofía contemporánea, como crítica y superación de la metafísica y de sus pretensiones de una universalidad impuesta bajo un único patrón.

La pregunta por la subjetividad de la mujer, o por la mujer como sujeto de experiencia, abre brechas en los principales pilares del pensamiento moderno: en la universalidad y neutralidad del sujeto, en la teoría política basada en categorías totalizadoras como la clase o la humanidad y en el lenguaje y su racionalidad falogocéntrica. El género como problema filosófico abre así nuevos focos de crítica a la identidad y nuevos planteamientos teóricos sobre la relación entre el cuerpo y la mente, la naturaleza y la cultura. Si la metafísica se ha construido sobre una serie de olvidos y de rechazos, lo femenino es uno de ellos. Y como ellos, es un fantasma que vuelve a escena.

Su entrada en la escena filosófica se fecha en 1949, con la publicación del libro de Simone de Beauvoir *El segundo sexo*.[1] Ante la opresión de la mujer y las luchas feministas por sus derechos y su emancipación, Simone de Beauvoir desborda el horizonte reivindicativo y plantea la pregunta ¿qué es una mujer?, ante la cual ella misma va a responder

---

1. De Beauvoir, S.: *El segundo sexo*, Madrid, Cátedra, 2005.

con las dos famosas tesis que han guiado toda la filosofía feminista posterior: la mujer es lo Otro del sujeto hombre; y no se nace mujer, se llega a serlo.

Estas dos tesis son el punto de partida no sólo de la emancipación de muchas mujeres sino de una nueva práctica de reflexión filosófica sobre la identidad de género, su adquisición, sus fundamentos y su potencial de transformación. De ahí surgirán varios hilos de pensamiento, que actualmente se han diversificado mucho, pero que en la década de los años sesenta y setenta presentaban básicamente dos tendencias: la del «matricidio» operado por las pensadoras francesas de la generación posterior a Beauvoir, como Julia Kristeva, Luce Irigaray o Hélène Cixous, quienes frente al universalismo aún ilustrado y humanista de Simone de Beauvoir reivindicarán la diferencia sexual irreductible. La otra tendencia será la radicalización de las posturas de Beauvoir hacia una deconstrucción de la categoría misma de género, por parte de pensadoras sobre todo americanas.

En este contexto, uno de los hilos más significativos y singulares, es el que va de Beauvoir a Judith Butler: de 1949 a 1990, del existencialismo al postestructuralismo, de la liberación de la mujer a las prácticas homosexuales y de transgénero, del primer cuestionamiento de la identidad de género a su problematización como categoría útil para la política feminista actual.

De la mujer como sujeto al género como problema

Se podría decir que Butler lleva a Beauvoir hasta sus últimas y más inesperadas consecuencias cuando, en la línea de pensamiento abierta por la propia Simone de Beauvoir, acaba demostrando que la mujer como sujeto es un obstáculo para el pensamiento feminista.

Bajo la idea de que no se nace mujer, sino que se llega a serlo, Beauvoir analiza la opresión de la mujer como algo que no responde a una realidad biológica o física, sino a una construcción cultural del género. La mujer es construida como «lo otro» del sujeto, en una dialéctica que no es recíproca: lo masculino sería la universalidad desencarnada del sujeto frente a la corporeidad no reconocida de la mujer. Lejos de derivarse causalmente de la realidad corporal, el género es la interpretación de unas normas culturales que se inscriben sobre el cuerpo. Hay en ellas, por tanto, un margen de elección y de proyección que la mujer no debe aceptar fatal y pasivamente. En el horizonte de la mujer oprimida se anuncia la posibilidad de una mujer liberada, capaz de tomar en sus manos el derecho a ser un sujeto existencial, en una dialéctica por fin simétrica, de individuo a individuo, respecto al hombre.

En la línea abierta por Beauvoir sobre la inesencialidad del género, sobre su carácter construido y adquirido culturalmente, Butler va más allá y plantea las preguntas siguientes: en primer lugar, si el género es una interpretación cultural que no se deriva de la realidad física del cuerpo y del sexo, ¿qué es el sexo? ¿A qué responde la idea del cuerpo sexuado como base material de nuestra identidad de género? ¿No es el sexo ya siempre también una interpretación? Y en segundo lugar, recogiendo los planteamientos de Monique Wittig en «No se nace mujer» y *El cuerpo lesbiano* (1977)[1] si el género mujer es construido, ¿no es ya la misma categoría de género fruto de una matriz de poder que es la heterosexualidad obligatoria? ¿Tiene sentido la dualidad hombre/mujer, como interpretación de nuestra identidad de género, fuera de la matriz heterosexual y de sexualidad reproductiva? ¿Tiene por tanto sentido «ser mujer» y reivindicarse como sujeto fuera de esa relación?

A partir de estas interrogaciones, Judith Butler pone las bases de una teoría feminista que se construye contra la lógica del reconocimiento y de la representación, es decir, contra toda visibilidad de un sujeto, sea masculino o femenino. Una teoría feminista que tendrá como horizonte ya no sólo

---

1. Wittig, M.: *El cuerpo lesbiano*, Valencia, Pre-textos, 1977.

la reivindicación de los derechos de la mujer sino la subversión de la identidad de género. Es lo que se conoce como teoría *queer:* un feminismo que, paradójicamente, debe poner en cuestión las categorías en las que se sustenta la mujer como sujeto político y las bases de su diferencia sexual. Es un feminismo que se sitúa más allá de todo esencialismo, ya sea el de la materialidad del sexo o el de la identidad del sujeto. Por un lado, mediante una práctica genealógica, en el sentido nietzscheano-foucaultiano, muestra la contingencia de los términos y de las identidades. Por otro lado, mediante una práctica subversiva de resignificación de las categorías, apunta más allá de cualquier instancia auténtica u original. Es un feminismo para el que el horizonte de la emancipación no existe. Lo que hay son prácticas de subversión. Como para Foucault y para Derrida, no hay un afuera de la ley y de las relaciones de poder, pero sí su desplazamiento, sus grietas y sus márgenes, en un trabajo de resignificación siempre inacabado.

Como reza el título de su libro más conocido, *El género en disputa. Feminismo y subversión de la identidad* (1990),[1] la propuesta de Butler es una problematización del género como categoría. La categoría de mujer, cuando se postula como sujeto del feminismo, plantea tres problemas principales, a partir de los cuales se abren los tres ejes de su teoría: la teoría performativa de la identidad de género, la teoría productiva del poder y la propuesta de subversión paródica de la identidad.

Identidad y performatividad

La construcción de la categoría mujer como sujeto coherente y estable contribuye a reificar el género y consolida lo que Butler llama la matriz heterosexual obligatoria. Aferrarse a

---

1. Butler, J.: *El género en disputa. Feminismo y subversión de la identidad*, Barcelona, Paidós, 2007.

la categoría mujer, incluso como herramienta de reivindicación feminista, no hace sino reforzar el régimen binario epistémico-ontológico en el que normalmente entendemos y situamos las relaciones entre géneros. La identidad no tiene para Butler ningún contenido descriptivo. Es un ideal normativo, y por tanto excluyente, constituido por unas prácticas reguladoras y por unas normas de inteligibilidad que establecen determinadas relaciones de coherencia entre determinadas instancias. En este caso, entre el sexo, el género, la práctica sexual y el deseo. El género no tiene, por tanto, ningún núcleo sustancial. No es otra cosa que las coherencias creadas de manera contingente a través de la regulación de atributos.

¿Y el sexo? El sexo es ya siempre género también: no remite a la distinción entre un orden natural y un orden cultural previos. El sexo es tan construido como el género. Es el referente natural y anterior al discurso del que se dota la construcción del género como base e instancia legitimadora: la producción del sexo como prediscursivo tiene que ser entendida como efecto del aparato de construcción cultural que se designa como género.

La construcción de este sistema basado en la relación entre el sexo y el género es analizado por Butler desde la noción de performatividad. Tomada de las teorías lingüísticas de J. L. Austin, pero interpretada a partir de Derrida, se convierte en uno de los conceptos clave de su trabajo. Lo que sostiene Butler es que el género es un efecto sustantivo producido performativamente. ¿Significa esto que nos damos un cuerpo sexuado y una identidad de género hablando, es decir, a través de nuestros actos lingüísticos? Frente a las teorías psicoanalíticas que remiten los contornos de toda identidad a la interiorización de la ley, lo que analiza Butler, siguiendo a Foucault, son los procesos de inscripción e incorporación que dibujan la cartografía del cuerpo normalizado y la creación de una interioridad o esencia que se manifiesta y que garantizaría su estabilidad como sujeto de una identidad. Que el género sea un efecto performativo significa que sus atributos, sus gestos, actos o prácticas, no son expresión de una identidad preexistente sino que ellos mismos constituyen la identidad que pretenden revelar. Por tanto, la identidad de género no tiene otro estatuto ontológico que los diversos actos que constituyen su realidad. Ellos producen el doble efecto de una interioridad o núcleo de coherencia y de una sexualidad natural. Siguiendo fielmente al Nietzsche de la *Genealogía de la moral*, que sentencia que no hay ningún ser detrás del hacer, del actuar o del devenir, Butler afirma que el género es un actuar sin actor, un hacer tras el cual la genealogía nos muestra que no hay ningún agente.

Subversión y poder

El sujeto que pide ser representado, en este caso la mujer, es producido por el sistema mismo. Este segundo aspecto nos obliga a acercar el concepto de performatividad a la teoría foucaultiana del poder, de la que es una concreción. Foucault ha ido más allá de una imagen puramente represiva del poder, que deja muchos fenómenos sin explicar, hacia una concepción en el que el poder es productor de realidad. Influida por el contexto postestructuralista americano, muy marcado por la deconstrucción derridiana, Butler recoge de Foucault la idea de que el poder o la «ley», como ella refiere normalmente, no se define solamente por su exterioridad ni por su negatividad. Aunque prohíba, limite y reprima, las relaciones de poder, allí donde actúan, son esencialmente productivas y creadoras de realidad.

En el marco de su trabajo sobre la identidad de género, esto significa que poder y sexualidad son coextensivos y que no hay antes, después o afuera de la ley. Este antes y este después son también instancias instituidas performativamente, invocadas desde un marco normativo que sitúa la subversión en un afuera, en un horizonte de total liberación, ya sea la idea de una sexualidad liberada o de una mujer emancipada. Es la dualidad que se expresa en el eslogan de Mayo del 68 «bajo los adoquines está la playa». Pero buscar esa playa es lo que para Butler, como para Derrida, aplaza e impide la tarea concreta de pensar las posibilidades inmanentes de subversión que una situación ofrece. Si la subversión es posible, será una subversión dentro de los términos de la ley, a través de las posibilidades que emergen cuando la ley se gira contra sí misma y produce mutaciones inesperadas de sí misma.

Un desarrollo interesante en este contexto es la propuesta de Donna Haraway en su libro *Ciencia, cyborgs y mujeres. La reinvención de la naturaleza* (1984)[1] en el que, partiendo de premisas muy parecidas (el abandono del sujeto mujer, el rechazo del hecho natural como elemento de identidad y de unificación, etc.), no renuncia a dar un horizonte utópico al feminismo, pero ya no bajo la idea de una autenticidad a liberar sino con un mito que propone todo lo contrario: el *cyborg*, como hibridación de sujeto y de máquina, se propone como nuevo sujeto político que da sentido a la experimentación en las fronteras de las identidades que nos encarcelan. Desde ahí, se entienden mejor los límites que plantea la categoría de mujer como sujeto estable del feminismo.

Actualidad del feminismo

Para Butler, problematizar las categorías de la identidad y del género no implica simplemente negarlas o inventar otras, como haría Haraway con su *cyborg*. De lo que se trata, para ella, es de captar las posibilidades que emergen en el marco del poder para abrir ese término y hacer de él el lugar de nuevas experiencias de resignificación. Butler no apunta, como Haraway, a una sociedad postgénero o a cualquier

---

1. Haraway, D.: *Ciencia, cyborgs y mujeres. La reinvención de la naturaleza*, Madrid, Cátedra, 2000.

equivalente de un mundo nuevo. Su propuesta es desplazar y abrir las categorías de la identidad a la experimentación y a la subversión. Es, como puede verse, una tarea deconstructiva que, manteniendo abierta la incompletud esencial de las categorías y haciendo del género una totalidad siempre diferida, se acerca más a la filosofía de Derrida que a la idea que tiene Foucault de la resistencia.

Esta tarea deconstructiva y de resignificación es pensada por Butler en términos de *parodia,* que es definida como una repetición subversiva de las prácticas de significación de género. Así se concretan lo que son para Butler las posibilidades inmanentes que emergen de la misma ley: para Butler siempre hay una distancia y un punto ciego de arbitrariedad entre el género como ideal normativo y los actos singulares que lo constituyen por repetición. Recordemos que la genealogía del género nos había mostrado que detrás de su apariencia sustantiva no se esconde nada más que las relaciones de coherencia y de continuidad que se establecían en la serie de actos que lo constituían performativamente. Es en la repetición de estos actos donde a la vez se consolida la identidad y emergen las posibilidades de subvertirla. Las posibilidades de transformación de género se encuentran precisamente en la relación arbitraria entre esos actos, en la posibilidad de fallar en la repetición, en la de-formación o repetición paródica, que expone el efecto fantasmal de la identidad.

La parodia, inspirada en experiencias como la de las *drag queens,* hace patente el carácter imitativo que constituye el género y hace estallar, así, la ley de la identidad inscrita e incorporada en nuestros cuerpos. La parodia arremete contra la idea de autenticidad y la desfundamenta. Como Butler diría, nos recuerda que no nos podemos desnudar. De lo que se trata es de multiplicar de manera creativa y crítica nuestros juegos y nuestros disfraces. Rehacernos el cuerpo, como dirían Artaud y Deleuze. Y con la palabra de Nietzsche siempre resonando detrás: «No conozco ninguna manera de tratar con tareas grandes que el juego: éste es, como indicio de la grandeza, un presupuesto esencial».[1]

Seguir la senda abierta por S. de Beauvoir, cuando proclamó que no se nace mujer, sino que una llega a serlo, ha llevado a Butler a mostrar que este llegar a ser mujer tiene ya detrás unas relaciones de poder instituidas que hacen necesario que el feminismo vaya más allá de la categoría mujer como sujeto de su pensamiento y de sus prácticas políticas. Ese más allá no es inaugurar un mundo nuevo. Es lo que nos abre una práctica de deconstrucción de las categorías (identidad del sujeto mujer, materialidad del cuerpo sexuado) para desplazarlas de sus efectos de opresión y de poder y abrirlas a un futuro de múltiples significaciones.

Vidas lloradas

«¿Qué muerte contará como muerte?»[2] A partir del atentado contra las Torres Gemelas de Nueva York el 11 de setiembre de 2001, Judith Butler da un giro a su interrogación acerca de los cuerpos que importan. De los cuerpos que importan a las vidas que importan: ante la experiencia directa de la vulnerabilidad, de la posibilidad de que puedan hacernos daño, Butler ve aparecer la amenaza de una violencia redoblada o la posibilidad ética y política de pensarnos, colectivamente, desde ahí. Sabemos que los muertos no se contabilizan igual, según su origen, condición social y circunstancias de su muerte. Sabemos, también, que cotidianamente hay en el mundo miles de muertes que nunca serán lloradas. Forman parte de la normalidad, de esa violencia que no es percibida como violencia, de unas desapariciones que no provocan duelo. Desde esta relación entre duelo, muerte y violencia, podemos plantearnos la

---

1. Nietzsche, F.: *Ecce homo*, Madrid, Alianza, 2001, p. 61.
2. Butler, J.: *Vida precaria. El poder del duelo y la violencia*, Buenos Aires, Paidós, 2006, p. 23.

pregunta acerca de cuáles son las representaciones que dejan a tantos millones de vidas fuera de los marcos de la dignidad y cómo desplazarlos, haciendo una crítica de sus presupuestos políticos, filosóficos y culturales.

En los libros, conferencias y numerosos artículos que Judith Butler elabora y comparte a partir de ese momento, lo que se plantean, básicamente, son dos líneas de trabajo. Por un lado, el análisis de los mecanismos de distribución de la vulnerabilidad y de la violencia. Hay unas formas dominantes de la representación que enmarcan qué vidas quedan a salvo y qué vidas quedan expuestas a vivir lo invivible y a morir sin duelo, cuál es el campo de visibilidad de lo reconocido y cómo se establecen sus límites. Butler las analiza y las somete a crítica, a través de una aproximación histórica y concreta a las maneras como se explica la guerra y el sufrimiento hoy en el mundo, especialmente en Oriente Medio, que es donde apunta la respuesta norteamericana al 2001 y donde Butler sitúa también la exigencia personal que, en tanto que judía, tiene que asumir respecto al conflicto palestino-israelí.

Esta crítica de los marcos y las representaciones sobre las que se justifican los fenómenos de exterminio, expulsión, agresión o tortura apuntan, en segundo lugar, a la necesidad de desarrollar una filosofía que parta de la vulnerabilidad y la interdependencia como condiciones éticas y políticas de la comunidad. La filosofía del cuerpo que en una primera etapa de su pensamiento giraba en torno a las demarcaciones sexuales y las formas de violencia física y simbólica a la que está sometido bajo la matriz normativa heterosexual, se abre ahora a las formas de violencia que nos han constituido como individuos supuestamente soberanos y autosuficientes bajo la matriz individualista de la modernidad. Contra estas representaciones que nos individualizan y nos clasifican, Butler desarrolla una ontología social de la vida humana a partir de una vulnerabilidad, que no se podría ignorar sin dejar de ser humanos. Ser vulnerables es ser interdependientes. Existir es depender. No son las fronteras bien vigiladas las que garantizan nuestra sobrevivencia, sino los lazos que nos unen y nos atan a los demás. ¿Cuáles serán los «nosotros» que nazcan a partir del reconocimiento de esta estrecha relación que nos une a los demás? Esta pregunta sería, quizá, el reverso de la primera, la que se abre cuando atravesamos la contabilización diferenciada de las muertes y sus duelos.

Que el sujeto está ligado al sujeto que no soy nos sitúa en un terreno ontológico de la interdependencia y en el terreno político de la convivencia. A partir de las experiencias del activismo que convoca a los cuerpos juntos en las calles y plazas de todo el mundo en 2011, desde ese Occupy que diez años después llena de vida digna el vacío dejado por los muertos en las Torres, Butler encuentra la fórmula para dirigirse a la herida que no ha dejado de sangrar, en su historia personal y en la del mundo: Israel y su política respecto a Palestina. En un libro de 2015, *Parting ways*, Butler plantea la clave de toda verdadera política: la convivencia. Y la convivencia tiene como condición no poder escoger con quienes convivimos. Toda política que se base en la selección y partición de nuestros «nosotros»[1] respecto a otros que quedan fuera es una política de guerra y de aniquilación. Vivir dignamente es convivir con aquellos que no hemos escogido, nos gusten o no. Dice Butler que no se trata de que esta apuesta sea posible, sino de impulsar desde el pensamiento un imposible que altere los marcos de lo políticamente factible hoy. Ésta es la tarea que desde los cuerpos normativizados y los cuerpos dañados, Judith Butler no ha dejado de llevar a cabo, desde un principio muy básico: que toda vida importa.

---

1. Butler, J.: *Marcos de guerra. Las vidas lloradas*, Madrid, Paidós, 2010, p. 63.

Apuestas filosóficas por la postmodernidad
Un debate a partir de Gianni Vattimo y Jean-François Lyotard

El debate en torno a la postmodernidad fue uno de los más encendidos en los años ochenta del siglo XX, no sólo en filosofía, sino también en el campo de la estética, de la política y de la historia. Sus preguntas serían: ¿ha concluido o no la modernidad? ¿Y qué significaría este corte o ruptura? A pesar de que el término «postmodernidad» ha venido a designar muchas realidades distintas, estas preguntas han encendido las valoraciones más extremas, tanto de adhesión como de rechazo. Quizá hoy el debate como tal ha perdido virulencia y el término ha adquirido un tono menos combativo y más descriptivo de un estilo, de un momento, de ciertas características de nuestras sociedades, aunque no ha perdido ni equivocidad ni sus connotaciones enfrentadas.

En el campo de la filosofía, el debate no puede ser zanjado como una simple polémica de impacto mediático entre intelectuales reconocidos. Hay que ir más allá, porque la postmodernidad es la clave que vincula dos hilos de trabajo decisivos en la filosofía de los últimos años: por un lado, es un término que ha tenido cierta relevancia en el análisis de la última fase del capitalismo y de sus lógicas culturales, espacio-temporales y productivas. En esta línea encontramos la obra interdisciplinar de autores como Frederic Jameson, David Harvey, Jean Beaudrillard o Antonio Negri, desde posiciones políticas y analíticas distintas. Por otro lado, la categoría de postmodernidad apunta también a la culminación de la crítica a la metafísica que se inició a finales del siglo XIX con Nietzsche y que se desarrolló a través de gran parte de la filosofía del siglo XX. La crítica a la noción de verdad objetiva y la operación desfundamentadora de la filosofía contemporánea abren las puertas al pluralismo irreductible y al nihilismo como condiciones del pensamiento. En esta línea encontramos, de manera destacada, las aportaciones de Gianni Vattimo y de Jean-François Lyotard. Estos dos pensadores representan dos maneras totalmente distintas de realizar una apuesta filosófica por la postmodernidad, desde la hermenéutica y desde el postestructuralismo respectivamente.

Postmodernidad y nihilismo. Gianni Vattimo

Gianni Vattimo apuesta en positivo por la postmodernidad porque celebra el fin de las filosofías fundamentadoras, o que hacen del pensar una labor de fundamentación. En la doble estela de la hermenéutica de raíz heideggeriana y del nihilismo de corte nietzscheano, Vattimo es el pensador que ve en la fidelidad al desencanto moderno la posibilidad de una humanidad más justa y, como él mismo escribe, más humana. En *La sociedad transparente* (1989) escribe: «Filósofos como Nietzsche y Heidegger (pero también pragmáticos como Dewey o Wittgenstein), al mostrarnos que el ser no coincide necesariamente con lo que es estable, fijo y permanente, sino que tiene que ver más bien con el evento, el consenso, el diálogo y la interpretación, se esfuerzan por hacernos capaces de recibir esta experiencia de oscilación del mundo postmoderno como chance de un nuevo modo de ser (quizá, al fin) humano».[1]

Las claves de esta oportunidad postmoderna son dos: la primera, el debilitamiento del ser, que de sustancia o fundamento ha pasado a poder ser pensado como acontecimiento. El nihilismo es para Vattimo la ontología que se hace posible y deseable en el cumplimiento y fin de la me-

---

1. Vattimo, G: *La sociedad transparente*, Barcelona, Paidós, 1990, p. 87.

tafísica. La segunda clave es la noción de verdad, como interpretación que no puede alcanzar la autotransparencia, porque el sujeto siempre pertenece al horizonte de la comprensión.

Vattimo sitúa las esperanzas de emancipación del hombre en la clausura de la modernidad, porque la multiplicación postmoderna de las visiones del mundo es la garantía de la liberación de las racionalidades múltiples y locales, desde su historicidad, contingencia y limitación. La Modernidad se ha acabado porque hoy ya no es posible hablar de la historia como algo unitario, porque no disponemos de ningún centro organizador de nuestras narraciones y representaciones del mundo. La realidad, como principio, se ha desvanecido ante el estallido de lo heterogéneo: la profecía de Nietzsche se ha cumplido, el mundo verdadero ha devenido fábula. La realidad no es más que un juego de máscaras, en el que se hacen posibles dos experiencias prometedoras: o bien una experiencia estética, portadora de un alto contenido de verdad; o bien una experiencia ética, centrada en la escucha y recepción del otro. Es lo que Vattimo llama la ética de la interpretación, que permite rehabilitar, sin fundamentalismos, el valor cristiano de la *pietas*.

Ningún ejercicio de la crítica puede contribuir, para Vattimo, a superar la modernidad. La crítica misma es una actitud moderna. Las experiencias éticas y estéticas de la postmodernidad tienen su carga emancipadora en el ejercicio siempre inacabado de lo que Heidegger llamó el *Andenken*, ese salto atrás o rememoración por el que los mensajes del otro y del pasado pueden ser recibidos como producciones humanas que constituyen la única densidad del ser.

La guerra al Todo. Jean-François Lyotard

En 1979, Jean-François Lyotard, que había sido miembro del grupo y revista *Socialismo o barbarie* y había realizado diversos estudios sobre el carácter libidinal de la economía política, salta a un primer plano del debate filosófico con su estudio *La condición postmoderna* (1979),[1] que como su subtítulo indica era un «Informe sobre el saber» en las sociedades desarrolladas. A partir de un análisis del discurso basado en el concepto wittgensteiniano de los juegos de lenguaje, Lyotard propone una teoría de la legitimación del saber postmoderno que posteriormente extrapolará también al análisis del vínculo social. El fuerte debate que abrió este informe se prolongó en textos posteriores como *La postmodernidad explicada a los niños* (1986),[2] que recoge diversas intervenciones, *Le différend* (1983)[3] que es la elaboración más filosófica, según el propio autor, de los conceptos de la postmodernidad.

La aportación de Lyotard al debate de la postmodernidad puede resumirse en tres aspectos: en primer lugar, una crítica antitotalitaria a la modernidad. En segundo lugar, una definición de la postmodernidad como incredulidad respecto a las «grandes narraciones». En tercer y último lugar, un análisis de los modos de legitimación del discurso en la postmodernidad en torno a la idea de «disenso» o «litigio». La clave que reúne estas tres cuestiones es la idea de inconmensurabilidad. Si la modernidad se había caracterizado por la construcción de discursos capaces de dar cuenta de la unidad de la experiencia, como la historia, la razón, el progreso, o la emancipación, la postmodernidad estará marcada por la lógica de la inconmensurabilidad entre los discursos y los distintos ámbitos de experiencia.

---

1. Lyotard, J. F.: *La condición postmoderna*, Madrid, Cátedra, 1989.
2. Lyotard, J. F.: *La posmodernidad (explicada a los niños)*, Barcelona, Gedisa, 1987.
3. Lyotard, J. F.: *Le différend*, París, Minuit, 1999.

Lo moderno y lo postmoderno

Un año después de la publicación de *La condición postmoderna*, Jürgen Habermas pronunció un discurso en motivo de la recepción del premio Adorno, que se convirtió en un referente para toda la filosofía posterior. Es el ensayo «La modernidad: un proyecto incompleto»,[1] título que a partir de entonces servirá de eslogan a muchos pensadores, no sólo filósofos. En este discurso, Habermas defiende la necesidad de proseguir el proyecto emancipatorio inherente al discurso de la modernidad. El proyecto ilustrado que, como tal, se sitúa históricamente en el siglo XVIII, consiste en la búsqueda de una ciencia objetiva, una moralidad basada en leyes universales, un arte autónomo y todo ello con una finalidad: la organización racional de la vida social cotidiana.

La experiencia del siglo XX hunde el optimismo del progreso que defendían los ilustrados. Por un lado, se produce una separación y especialización de los diferentes ámbitos culturales y del saber, de tal manera que la idea de desarrollo se fragmenta en el desarrollo específico de diversas disciplinas y conocimientos. Por otro lado, se produce una separación de estos ámbitos respecto a la vida cotidiana. La crisis de la concepción ilustrada del progreso implica la necesidad de plantear la pregunta: ¿hay que dar por perdido el proyecto de la modernidad? Es decir: ¿hay que dar por perdido el contenido emancipatorio de este proyecto? La respuesta de Habermas es rotundamente negativa y a ello responde toda su filosofía.

La defensa habermasiana de la modernidad como proyecto inacabado exige tres operaciones: en primer lugar, hay que aprender de lo que Habermas llama los programas extravagantes que han tratado de negar la modernidad. Son aquellos que, como el surrealismo, han intentado nivelar el arte y la vida, la cultura y la vida afirmando, por ejemplo, que «Todos

---

1. Habermas, J.: «La modernidad, un proyecto incompleto», en Foster, H.: *La posmodernidad*, Barcelona, Kairós, pp. 19-36.

somos artistas». Su fracaso, al parecer de Habermas, ha sido evidente. Y la razón de este fracaso es que la emancipación no se deriva de la pretensión de enriquecer una única esfera, la cultural, en una sociedad cuya vida cotidiana está racionalizada, colonizada por el dinero y el poder.

En segundo lugar, hay que desarrollar una crítica profunda de las nuevas formas de conservadurismo: es decir, tanto de lo que Habermas llama los jóvenes conservadores, entre los que se encuentran Foucault y los demás postestructuralistas franceses, como de los nuevos conservadores, como el norteamericano Daniel Bell, que denuncian los males de las sociedades postindustriales desde valores tradicionales. Unos y otros estarían objetivamente aliados, aunque ellos no lo reconozcan, por cuanto para todos ellos la postmodernidad se presenta como antimodernidad.

Y, finalmente, hay que buscar una razón capaz de unificar la experiencia, más allá de las divisiones sistémicas y especializadas de las sociedades desarrolladas, sin recurrir a esquemas premodernos, como es el caso de las reacciones neoconservadoras. Esta razón es la que Habermas, a partir de las nuevas teorías de la comunicación y del análisis de la pragmática del lenguaje encaminada a la obtención del acuerdo y del consenso, llamará la razón comunicativa.

Un año después, Lyotard responde a las posiciones de Habermas en un nuevo texto, «Respuesta a la pregunta ¿Qué es lo postmoderno?».[1] En su respuesta percibe perfectamente el punto que articula la propuesta de Habermas: «Lo que pide Habermas a las artes y a la experiencia es que promuevan, en definitiva, que levanten un puente por encima del abismo que separa el discurso del conocimiento (la ciencia), del de la ética y del de la política, para abrir así un paso hacia la unidad de la experiencia».[2]

---

1. Publicado como primera parte de Lyotard, *La postmodernidad (explicada a los niños)*, op. cit.
2. Lyotard, J. F.: *La postmodernidad (explicada a los niños)*, op. cit., p. 13.

Ante la propuesta de Habermas, Lyotard denuncia una sospecha: ¿no será que existe, por parte de Habermas, una nostalgia de la unidad de la experiencia, una nostalgia de una experiencia no dividida por la especialización? Lyotard continúa. En el fondo, ¿qué hay detrás de este deseo de unidad de la experiencia? ¿Qué presupone? Lyotard contesta: lo que hay en el fondo es un aviso, una llamada al orden dirigida al artista para que no experimente más, para que no invente más. El aviso persigue, por tanto, un anhelo de seguridad. Pero este modelo de unidad de la experiencia basado en la razón consensual, que violenta la heterogeneidad de los discursos bajo la imposición de un nuevo universal, está ya superado por la marcha de la historia. Y no sólo está superado sino, que además, es un modelo represivo y totalitario.

Para Lyotard, el proyecto de la modernidad, este proyecto de racionalización de la vida cotidiana, efectivamente no se ha cumplido pero es mejor que haya sido así. Era, según él, un programa indeseable. Para Lyotard «ya hemos pagado suficientemente la nostalgia del Todo y del Uno, de la reconciliación del concepto y lo sensible, de la experiencia transparente y comunicable... La respuesta es guerra al Todo».[1] Lyotard desarrolla así una crítica a la modernidad de base antitotalitaria. La defensa de la postmodernidad no significa conservadurismo, sino todo lo contrario. La postmodernidad no es una periodización cronológica (la etapa posterior a la modernidad) sino un estado de alma que ya estaba presente en la misma modernidad. Algunos aspectos de este estado de ánimo serían: el nihilismo activo de Nietzsche; la conciencia de ausencia de sentido (existencialismo); o el romanticismo (con su escisión del alma que ejemplifica tan bien el *Fausto* de Goethe). La postmodernidad es la liberación de este estado del alma y su cambio de signo: no hay una ausencia de sentido. Lo que hay es

---

1. Lyotard, J. F.: *La postmodernidad (explicada a los niños)*, op. cit., p. 26.

una sobreabundancia de sentidos, una multiplicidad de sentidos.

La crisis de las grandes narraciones

De ahí se deriva la característica esencial del postmodernismo: una incredulidad generalizada. Incredulidad, en especial, frente a los «grandes relatos» que habían legitimado la modernidad. En otras palabras: los grandes relatos *(récits)* legitimadores ya no son creíbles. Existían dos modalidades de relato según fuera el sujeto de la narración: por un lado, el héroe del conocimiento o sujeto cognitivo: su gran libro es *La Fenomenología del Espíritu* de Hegel como odisea de la conciencia, que recorre su camino de formación, desde la conciencia sensible hasta el saber absoluto. Por otro lado, el héroe de la libertad o sujeto práctico: en otras palabras, la Humanidad a la que apela la Ilustración.

El marxismo, que es el relato de la modernidad por excelencia, habría oscilado entre ambos modos de legitimación narrativa. Son sus dos vertientes: el materialismo dialéctico y la centralidad del proletariado como sujeto de la historia.

La novedad que introduce Lyotard con su investigación *La condición postmoderna* es mostrar que esta crisis de los grandes relatos, esta forma de incredulidad postmoderna, no es el sinónimo de un descrédito general del discurso. La ciencia y la sociedad han encontrado nuevos modos de legitimación que, sin necesidad de recurrir a la unidad de la experiencia, son capaces de ponerse a la altura de la inconmensurabilidad y heterogeneidad de los discursos y los juegos de lenguaje y se ofrecen, así, como una promesa de liberación de la creatividad, la invención y la multiplicidad.

Paralogismo, litigio y disenso

El análisis de las formas de legitimidad tras la crisis de los grandes relatos en *La condición postmoderna* muestra el paso de la conmensurabilidad y la eficacia a la «paralogía», en el caso de la ciencia, y del consenso al disenso en el caso del vínculo social.

Con el término «paralogía», Lyotard indica el valor de las pequeñas narraciones que legitiman hoy la práctica de la invención científica: la localidad, el antimétodo y la sistemática abierta. Contra la teoría general de sistemas, que explica el cambio a partir de la adaptación y la estabilidad, Lyotard desarrolla un análisis de la pragmática científica que demuestra todo lo contrario. La clave de la invención científica es la práctica local de un disenso que no tiene ningún horizonte de estabilidad ni ningún metalenguaje en el que inscribirse.

¿En qué medida es extrapolable este resultado al análisis de lo social? Contra Luhmann y también contra Habermas, contra la estabilidad del sistema y contra la universalidad totalitaria del consenso, que depende aún del recurso a la metanarración de la emancipación universal, Lyotard apuesta por una teoría de la justicia que salve la inconmensurabilidad de los juegos de lenguaje, múltiples, heterogéneos, irreductibles, inacabados e impresentables que componen el monstruo que es la sociedad.

Es lo que desarrolla en las obras posteriores a *La condición postmoderna*. La operación filosófica de Lyotard busca aplicar a la pragmática social la misma forma de legitimación que funciona en la ciencia postmoderna. Por eso puede concluir: en un mundo que es politeísta, dejadnos ser paganos. ¿Qué significa un mundo que es politeísta? Sencillamente: que se trata de un sistema de juicios basado *no* en el consenso sino en el reconocimiento de la diferencia como *diferendo (le différend)*. Diferendo significa también litigio. O lo que es igual: un mundo en el que falta una regla aplicable simultáneamente a dos argumentaciones diferentes. La propuesta clave de Lyotard puede reformularse así: entre dos géneros heterogéneos de frases, no hay una regla universal de juicio. Es decir, existe una inconmensurabilidad. Esta inconmensurabilidad no es algo que deba ser objeto de lamentación. No hay que buscar un (imposible) metalenguaje capaz de subsumir a todos los demás.

La característica de la ciencia, del arte o de la filosofía es producir frases paradójicas. Dicho de manera programática, pensar no es comunicar ni dialogar. Pensar es producir frases o ideas jamás oídas, por lo menos hasta que no son codificadas. Las frases adquieren cuerpo, son intensidades que afectan. Sólo así pensar es experimentar, resistir.

Ante la petición del poder al artista y al pensador, «Dame algo que sea comunicable», el artista o el pensador tiene que testimoniar lo no-presentable, activar lo que difiere, mostrar la incomensurabilidad que existe entre los distintos regímenes de frases y emplear la paradoja para decir lo que escapa al concepto. No se trata de ofrecer realidad sino de inventar alusiones a lo concebible que no puede ser presentado. Medirse con lo impensado del pensamiento, que sería una equivocidad consubstancial al propio pensar, y no encerrarse en el consenso ni en su defensa, que no sería más que la reglamentación de las jugadas.

La apuesta por la postmodernidad, la afirmación y radicalización de la desfundamentación de la metafísica que se pone en marcha a final del siglo XIX, especialmente bajo el martillo nietzscheano, conduce tanto a Vattimo como a Lyotard a una celebración de la multiplicidad irreductible del discurso. Pero las diferencias son importantes: si en el caso del primero conduce a una estética de la máscara y del juego y a una ética de la interpretación que tiene en su centro la virtud cristiana de la *pietas*, en el segundo la desfundamentación asociada a la crisis de las grandes narraciones abre la puerta a una práctica de resistencia y de lucha que se concreta en una estética de lo impresentable y en una política creativa de las diferencias, capaces de hundir, una y otra vez, las formas hegemónicas de la representación. Podríamos decir que Vattimo y Lyotard representan dos postmodernidades, dos concepciones de cómo habitar el pluralismo irreductible de las sociedades contemporáneas.

¿Qué viene después de la postmodernidad? ¿Qué viene después del *después*? Ya no tenemos nombre para nuestro propio tiempo. No sabemos cómo llamarlo, respecto a qué situarlo. La época global parece haber engullido el tiempo histórico y, con él, toda idea de horizonte o de futuro. Esto no significa que nos hayamos instalado cómoda o apocalípticamente en un final. Quizá quiere decir, simplemente, que estamos atravesando un *impasse* muy profundo, un cambio de civilización que ni siquiera somos aún capaces de nombrar.

La fragilidad de la verdad científica
Karl Popper y la verdad de lo falso

Los efectos demoledores de la crítica impregnan todos los ámbitos de la vida cultural del siglo XX, incluida la ciencia, sus pretensiones y sus prácticas. A pesar de la fragmentación del saber y de la pretensión de autonomía de la ciencia, ésta también va a sufrir un proceso de interrogación acerca de la validez y la estabilidad de sus certezas. Una de las principales referencias de esta puesta en cuestión de la verdad científica es Karl Popper, filósofo formado en el Círculo de Viena. Desde 1935, año en que publica su primer libro importante, *La lógica de la investigación científica* (1934)[1] hasta finales del mismo siglo XX, Popper desarrolla una mirada sobre la ciencia, pero también sobre la sociedad y sobre la evolución humana, que será bautizada como racionalismo crítico y que tendrá como principal desafío mantener abierto el valor de verdad tanto de las conquistas científicas como sociales. De ahí, que Popper sea conocido, más allá de la filosofía de la ciencia, como el defensor de la *sociedad abierta*.

Popper parte, como los positivistas, de la necesidad de conocer racionalmente el mundo y de hacerlo a través del conocimiento científico. Pero la reformulación de la racionalidad científica que ofrece su teoría crítica es una puerta abierta para la mirada desmitificadora que a lo largo de la segunda mitad del siglo XX ha demolido las pretensiones de verdad y de progreso que se había atribuido la ciencia a sí misma. Bajo la impronta de la crítica popperiana y de sus

---

[1]. Popper, K.: *La lógica de la investigación científica*, Madrid, Tecnos, 2008.

análisis de la racionalidad científica, nace una generación de filósofos de la ciencia que a partir de los años sesenta aporta una nueva narración del desarrollo científico y una valoración de su método. Thomas Kuhn, Imre Lakatos o Paul Feyerabend son algunos de los nombres más destacados de esta nueva filosofía de la ciencia, que ha gozado de gran influencia, también, sobre la sociología, la historia y la filosofía en general.

A pesar de que Popper comparte con los positivistas el ideal de racionalidad y la identificación entre ciencia y conocimiento, el punto de ruptura con ellos se encuentra en torno a la teoría de la inducción y de la verificación empírica. A partir del aforismo 4.024 del *Tractatus lógico-philosophicus* de Wittgenstein, que dice «Comprender el sentido de una proposición es saber qué la verificaría si se diera el caso», el Círculo de Viena establece el siguiente criterio científico: un enunciado es científico si y sólo si es directa o indirectamente contrastable por recurso a la experiencia. En *La lógica de la investigación científica*, Popper parte de la crítica a este presupuesto. Demuestra que la inducción sólo es lógicamente válida para universos cerrados y que la observación directa no es posible porque las observaciones son ya interpretaciones de la experiencia realizadas con el apoyo de la teoría. El método inductivo se sostiene en el presupuesto metafísico de la regularidad de la naturaleza. Ni los datos de la experiencia ni los argumentos inductivos se sostienen como suelo estable para un aumento del conocimiento científico. ¿Qué fundamenta entonces el paso de proposiciones particulares a proposiciones generales?

La falsabilidad: método y criterio
de la racionalidad científica

La clave de la propuesta popperiana es la noción de falsabilidad. Contra la idea de la verificación mediante la observación y la consiguiente deducción de proposiciones generales,

Popper propone considerar todas las proposiciones generales de la ciencia como hipótesis o conjeturas que podemos considerar válidas siempre que incluyan la definición del caso particular que las falsaría. La adhesión a cualquier teoría es inseparable entonces de la voluntad de someterla a la prueba de los hechos y de la discusión. Su falsabilidad, y no su incuestionabilidad, es el criterio de su cientifidad.

De ahí se deriva un nuevo criterio de demarcación de la ciencia: es científica toda teoría que se encuentre abierta a una posible falsación de sus postulados por los hechos de la experiencia. Toda proposición científica, por tanto, es por definición inacabada. En la misma línea, Popper establece que cuanto más falsable sea una teoría, más información empírica contiene. Esta redefinición del método científico plantea dos problemas: el primero, ¿si no está en lo verificado, dónde radica su certidumbre? Según la teoría popperiana, sólo podemos estar seguros de lo falso. Lo verdadero sólo lo es provisionalmente. Popper se sitúa así a las antípodas de la ciencia cartesiana. La fragilidad entra en el corazón de la teoría. Pero si esto es así, el segundo problema que se plantea es, ¿cómo dar cuenta del aumento de conocimiento? ¿Cómo conciliar fragilidad y desarrollo del conocimiento científico? Popper tiene que proponer, simultáneamente, una teoría del desarrollo científico y una teoría de la investigación científica acordes con los nuevos parámetros de cientificidad.

La primera introduce en la ciencia una historicidad compuesta de una sucesión de conjeturas y refutaciones sin término final. Sin término final no significa para Popper sin dirección hacia el progreso: que no terminemos nunca de conocer significa precisamente que siempre podemos conocer más y mejor. De ahí se deriva la necesidad de la segunda teoría: ¿cómo lo hacemos para conocer más y mejor? ¿Qué debe hacer el científico para contribuir al aumento del conocimiento? Popper ofrece dos respuestas, una cuantitativa y otra cualitativa. La primera se deduce del criterio mismo de la falsabilidad: para conocer mejor la realidad, hay que proponer teorías cada vez más falsables, que son las que contienen mayor cantidad de información sobre el mundo. Popper invita así a los científicos a proponer más teorías, a inventar más conjeturas.

Pero ¿cómo dar cuenta del aumento cualitativo del conocimiento? ¿Cómo distinguir entre teorías que no han estado falsadas? ¿Cómo puede ser una mejor que otra? Éste es un problema que Popper deberá enfrentar en una segunda fase de su trabajo y que intentará resolver introduciendo el concepto de corroboración, para poder admitir algún tipo de sanción positiva de las teorías no falsadas. No se trata de una concepción probabilística de la verdad. Lejos de ello, Popper considera que una teoría tiene un grado más alto de corroboración cuanto más expuesta ha estado a su refutación y a su discusión crítica. El grado de corroboración da cuenta, así, del nivel de exposición a la crítica que tienen las teorías científicas.

Racionalismo crítico

De todo ello se desprende una imagen nueva de la ciencia que afecta también a la concepción general del conocimiento y de la racionalidad. El criterio de la falsabilidad ha convertido a la ciencia en una búsqueda de la verdad a través de la crítica. Compuesta de hipótesis y de conjeturas máximamente falsables, la ciencia se propone como una actividad indefinidamente abierta. Con ello, Popper introduce dos cuestiones que van a ser decisivas para la filosofía de la ciencia y para la epistemología en general. En primer lugar, no hay una imagen privilegiada de la realidad. Con ello, la filosofía de la ciencia incorpora una dimensión histórica y sociológica que a partir de ahora será inseparable de ella. En segundo lugar, la racionalidad no es fundamentadora ni constructora sino crítica. Ni fundamenta ni se fundamenta. La racionalidad se sostiene en el carácter siempre expuesto de su carácter crítico. Esto ha abierto la puerta a la discusión sobre el peligro del decisionismo de fondo que se escondería en el racionalismo crítico, puesto que en la toma de decisiones ningún criterio es del todo sólido.

Estas dos cuestiones tienen además un alcance que en el desarrollo mismo de la filosofía de Popper desbordan el marco epistemológico. Popper aplica su concepción abierta y crítica de la racionalidad a su concepción de la sociedad, en *La sociedad abierta y sus enemigos* (1945)[1] y de la evolución del hombre, en *Conocimiento objetivo: un enfoque evolucionista* (1972).[2] La clave es la idea epistemológica de que en el principio de todo está siempre el planteamiento de un problema abierto: la sociedad y la historia deben ser abordadas, por tanto, como preguntas sin resolver, como ámbitos en los que la acción del hombre debe esforzarse por mejorar, desde el empeño crítico y desde la discusión y ensayo de soluciones concretas. La imprevisibilidad, la apertura y la crítica son las bases de una concepción de la historia y de la sociedad que tiene como principal enemigo el totalitarismo. Desde su liberalismo reformista, Popper enfrenta cualquier forma de dogmatismo, ya sea esencialista o historicista, y cualquier pretensión de tener una visión de la totalidad.

Más allá de Popper

Contra lo que podía esperar y desear el mismo Popper, la brecha abierta por su teoría de la racionalidad científica abre el camino a un cuestionamiento radical de la imagen dominante de la ciencia. Es una crítica que, desde diversos frentes, pone en cuestión los pilares fundamentales que desde la Ilustración habían hecho de la ciencia la clave de la salvación de la humanidad. Son presupuestos como la idea

---

1. Popper, K.: *La sociedad abierta y sus enemigos*, Barcelona, Paidós, 2010.
2. Popper, K.: *Conocimiento objetivo*, Madrid, Tecnos, 2007.

de un método universal y único, la idea de un criterio universal y distintivo de la cientificidad, la idea de progreso lineal y la idea del realismo y objetividad de la ciencia.

La noción clave de esta reconsideración del estatuto de la ciencia es el concepto de paradigma que propuso Thomas Kuhn en *La estructura de las revoluciones científicas*, en 1962.[1] Con él, la ciencia se carga de historicidad y de sociología: un paradigma es una constelación de creencias, técnicas y valores bajo la cual se aceptan los enigmas que pueden ser solucionados y las herramientas para hacerlo. Paradigma, comunidad científica y cientificidad de las teorías se definen recíprocamente: la comunidad científica son los científicos que trabajan bajo un mismo paradigma, el paradigma es el modelo compartido por una comunidad científica y son científicas las teorías y actividades compartidas por aquellos que comparten un mismo paradigma. La consecuencia de esta relación entre ciencia y paradigma es que la racionalidad pierde su universalidad: definible únicamente desde el interior de un paradigma estalla en una multiplicidad de formas históricas inconmensurables entre sí. No hay un tribunal que pueda mediar entre paradigmas ni el paso de un paradigma a otro es racionalizable como proceso. La historia de la ciencia es una historia discontinua, interrumpida por revoluciones científicas que redefinen de manera abrupta e imprevisible los parámetros de lo que en cada caso se considera la «ciencia normal».

Pero la pregunta lógica que se deriva de esta nueva visión de la ciencia es: ¿sigue la ciencia siendo ciencia? ¿Cómo distinguirla de otras formas de creencia, de narración o de invención poética? En sintonía con el cuestionamiento de la racionalidad y de la ciencia que se está desarrollando desde otras corrientes filosóficas contemporáneas, de Wittgenstein a Heidegger, del postestructuralismo al neopragmatismo, también la filosofía de tradición analítica desemboca en una

---

1. Kuhn, Th. S.: *La estructura de las revoluciones científicas*, México, FCE, 2014.

radical desfundamentación de sus propios presupuestos. Las obras de Paul Feyerabend, en las que se defiende el anarquismo metodológico contra la esclerosis de la racionalidad científica ortodoxa, son quizá la máxima expresión de esta línea de pensamiento científico crítico. Una frase suya sirve para culminar la crítica de Popper al lenguaje observacional, llevándola a unas consecuencias que desbordan su propósito crítico: «No existen ciencias en el sentido de nuestros racionalistas. Sólo existen humanidades».[1] Una sentencia lapidaria que si se escuchara en las universidades de hoy sería un verdadero revulsivo. ¿Os lo imagináis?

---

1. Feyerabend, P.: *Adiós a la razón*, Madrid, Tecnos, 1992, p. 32.

El retorno del pragmatismo
Richard Rorty, irónico

En general, el pragmatismo ha recibido poca atención en Europa, especialmente desde las facultades de filosofía. Despreciado por filósofos como Heidegger, que lo redujo a expresión provinciana del pensamiento norteamericano, y a la sombra de la triunfante filosofía analítica neopositivista, que ocupó el centro de la vida académica norteamericana en toda la mitad del siglo XX, el pragmatismo quedó reducido a una rareza americana, a expresión de su apego capitalista al utilitarismo.

Sin embargo, la evolución de la filosofía analítica en las últimas décadas y su creciente diálogo con la filosofía continental, han puesto al pragmatismo en un primer plano del debate contemporáneo. Esto se puede constatar, por un lado, en lo que se ha llamado «el giro pragmático» de la filosofía analítica, que arranca en las críticas de W. O. Quine a los dogmas del empirismo y culmina en los trabajos de filósofos del lenguaje como Donald Davidson y de Hilary Putnam. Por otro lado, en el éxito del neopragmatismo de Richard Rorty que, construido en oposición a los presupuestos epistemológicos de la filosofía analítica, acabará desbordando el marco de la filosofía lingüística hacia una propuesta más general de filosofía postmetafísica. Desde esta segunda línea, el pragmatismo se presenta como una de las expresiones más extremas de la tendencia antimetafísica de la filosofía contemporánea y como una las elaboraciones filosóficamente más radicales de la tendencia moderna a situar el pensamiento en un mundo «sin Dios», con todo lo que esto implica para las nociones de verdad, de universalidad y para otros pilares de la tradición filosófica y científica occidental.

De hecho, el propio Rorty, en *Consecuencias del pragmatismo* (1982),[1] sitúa el desarrollo y consecuencias del pragmatismo en Estados Unidos en paralelo con la transformación de la filosofía realizada por Nietzsche en el contexto cultural europeo. La crítica de Nietzsche a la voluntad de verdad que atenazaba a la metafísica y a la ciencia occidentales y su desenmascaramiento de la verdad como metáforas e ilusiones necesarias para la conservación de la vida que se han olvidado de que lo son, abrió a martillazos una vía por la que la filosofía podía alejarse de su principio platónico, aquel principio según el cual todo lo bello y todo lo bueno se mide por su inteligibilidad. De forma similar, los trabajos de los filósofos pragmatistas Charles Peirce, William James y John Dewey, antecesores de Rorty, se separan de la teoría tradicional de la verdad como contemplación de la realidad y de sus formas universales, para abrir la filosofía a la dimensión activa y social de las ideas.

Charles Peirce definió nuestra concepción de un objeto como el conjunto de efectos prácticos de ese objeto y William James desarrolló y divulgó esa misma noción de verdad como lo que se revela útil o conveniente a los intereses de una determinada forma de vida. Con este concepto adaptativo, activo, práctico y social de la verdad, la raíz platónica de la filosofía parece cortada y la filosofía misma puesta en situación de tenerse que pensarse a sí misma como una actividad pragmática. Por eso Rorty puede sostener que el giro que la filosofía europea tomó con Nietzsche también lo imprimieron los pragmatistas americanos.

Pero para Rorty no se trata sólo de un paralelismo, sino de una ventaja conceptual e histórica del pragmatismo respecto a otras corrientes filosóficas desarrolladas en Europa. Según él mismo intentará demostrar, la vía pragmática tiene más capacidad de realizar la principal exigencia nietzscheana, que es la superación de la metafísica. Con ello, Rorty traslada el debate a los herederos del nietzsche-

---

1. Rorty, R.: *Consecuencias del pragmatismo*, Madrid, Tecnos, 1996.

anismo en la otra orilla del Atlántico: Foucault, Deleuze, Derrida. ¿Dónde han conseguido llegar en su propósito común de superar la metafísica, de impugnar las pretensiones del pensamiento representativo y de pensar todo lo que ésta ha reprimido? ¿Y dónde puede llevarnos, por su parte, el pragmatismo?

Llevar la tradición pragmática hasta las últimas consecuencias de su teoría de verdad implica, para Rorty, realizar dos operaciones sobre la filosofía: en primer lugar, hacer la crítica radical de la filosofía misma: desvelar sus presupuestos, estructuras de pensamiento, etc. Es lo que lleva a cabo en el influyente libro *La filosofía y el espejo de la naturaleza* (1979),[1] en el que incluye bajo los efectos de su propuesta de demolición también a la misma filosofía analítica, pretendidamente antimetafísica, en la que él mismo se ha formado. La segunda operación que propone es redefinir a partir de ahí el estatuto, la utilidad y el horizonte de la filosofía misma. Es lo que desarrollará posteriormente en *Consecuencias del pragmatismo* (1982) y en *Contingencia, ironía y solidaridad* (1989).[2]

La crítica de la representación

Como los filósofos continentales postnietzscheanos, de Heidegger a los postestructuralistas, Rorty basa su crítica a la tradición metafísica en la crítica a la idea de representación. Es decir, a la pretensión filosófica de pensar y fundamentar el saber como representación válida, cierta y precisa de lo que hay fuera de la mente. Que la mente sea el «espejo de la naturaleza» es el prejuicio en el que se sustenta toda la historia de la filosofía y sus errores.

1. Rorty, R.: *La filosofía y el espejo de la naturaleza*, Madrid, Cátedra, 1989.
2. Rorty, R.: *Contingencia, ironía y solidaridad*, Barcelona, Paidós, 1991.

Este prejuicio era el que asentaba el platonismo, con su doctrina de la verdad, y el mismo sigue funcionando en la epistemología moderna, de corte cartesiano. Más allá de estos dos momentos clave de la historia de la filosofía, Rorty apunta también que la filosofía analítica y su cientifismo antimetafísico siguen cautivos de esta idea de que la filosofía es una teoría general de la representación. Su empirismo neopositivista y su búsqueda de *el* lenguaje que represente sin errores el mundo, como pretendía entre otros el *Tractatus* de Wittgenstein, sigue formando parte de la misma concepción de la verdad: la verdad como espejo fiel que puede darnos la verdad que hay ahí fuera... «Esta insistencia en el lenguaje no cambia esencialmente la problemática cartesiano-kantiana, y por tanto no da a la filosofía una nueva autoimagen. La filosofía analítica sigue empeñada en la construcción de un marco de referencia permanente y neutral para la investigación y, por tanto, para toda cultura.»[1]

Ya en su obra anterior, *El giro lingüístico* (1965),[2] en la que se sumaba con entusiasmo al giro lingüístico que da título a la obra, Rorty señalaba sin embargo los límites de la filosofía analítica a la hora de proponer criterios para realizar su cometido, es decir, en su propósito de disolver los problemas de la metafísica. Acaba apuntando, como perspectiva de futuro, a la necesidad de pasar de una filosofía como descubrimiento a una filosofía como propuesta. En ella, de lo que se trata es de pasar de la descripción a la transformación, de la contemplación a la acción: ya no es el giro lingüístico sino el giro pragmático lo que cuenta. Este giro, en Rorty, recibirá múltiples definiciones e influencias filosóficas. El pragmatismo, como programa de la filosofía a venir, se desarrollará en tres dimensiones filosóficas: el pragmatismo como hermenéutica, el pragmatismo como postfilosofía o cultura postfilosófica y el pragmatismo como práctica del *ironista*.

1. Rorty, R.: *La filosofía y el espejo de la naturaleza*, op. cit., p. 17.
2. Rorty, R.: *El giro lingüístico*, Barcelona, Paidós, 1990.

De la epistemología a la hermenéutica

Salir de la filosofía como teoría de la representación y, por tanto, como búsqueda de un fundamento para nuestras verdades, ya sea un fundamento empírico, trascendental, mental o lingüístico implica, para Rorty, liberarse de la tiranía de la epistemología y de su centralidad. Dejar atrás la epistemología que ha dominado nuestros saberes para ¿dirigirse hacia dónde? Hacia lo que Rorty, con un uso particular del término, llama la hermenéutica.

La hermenéutica es «lo que queda cuando dejamos de ser epistemológicos».[1] Esto significa, para Rorty, que la hermenéutica es una filosofía antifundacionalista, una filosofía sin espejos y una filosofía edificante, es decir, que edifica sin ser constructiva. Su horizonte ya no es encontrar la verdad sino mantener viva la gran conversación que es la cultura de Occidente y en la que la filosofía, despojada de su prejuicio epistemológico y fundamentalista, ha dejado de creerse en un lugar privilegiado. Para Rorty, los padres de esta hermenéutica, son Dewey, pero también Wittgenstein y Heidegger. Ellos son los artífices de esta revolución, en el sentido de Kuhn, cuando habla de las revoluciones científicas. Con ellos entramos en una filosofía inconmensurable respecto a lo que la precede, en otro paradigma. Ya no es que piense la verdad de otra manera. Es que se ha efectuado un cambio de tema, porque la filosofía ha dejado de preguntar por la verdad o lo bueno. Como dirá Rorty, la verdad es sólo una propiedad de las proposiciones que no puede desencadenar ninguna teoría con interés filosófico.

---

1. Rorty, R.: *La filosofía y el espejo de la naturaleza*, op. cit., p. 296.

Post-filosofía

Por eso el pragmatismo es caracterizado años más tarde por Rorty como una cultura post-filosófica o como una filosofía en minúsculas. Haber realizado la crítica del positivismo y de la epistemología es haber realizado la crítica de la filosofía misma. Pero entonces, ¿qué papel le queda? Rorty, a diferencia de Hillary Putnam, que escribe un *Cómo renovar la filosofía* (1992)[1] o de John Dewey, que había escrito una *Reconstrucción de la filosofía* (1920)[2] no pretende salvar nada: a la filosofía no le queda mucho más que ser el estudio comparativo de las ventajas e inconvenientes de las distintas formas de hablar inventadas por nuestra especie. Es una forma más de crítica de la cultura, que no puede tener ningún privilegio respecto a otras ni generar ninguna verdad universal ni fija: sólo agarraderos transitorios que muestren cómo se relacionan en un determinado contexto las cosas entre sí. En consonancia con ello, Rorty mismo renuncia a su puesto como profesor de filosofía para pasar a serlo de humanidades.

Ante esta recolocación de la filosofía, que debe decir su propio nombre en voz baja o detrás de un post-, podemos dirigir a Rorty la pregunta, ¿se pierde algo esencial para la vida cultural de Occidente? Y él no dudará en responder: ¡Sí! Pero es un sí optimista. ¿Por qué? Igual que con la Ilustración se perdió la autoridad de la religión sobre todas las visiones del mundo, también ahora se perderá algo que más vale la pena perder: la cultura científico-positivista y su filosofía representativa. Con su pérdida, ninguna parcela de la cultura se pondrá ya como ejemplo y modelo de las demás ni existirá un personaje, el filósofo, que pueda indicar qué verdades tienen una relación privilegiada con la realidad.

1. Putnam, H.: *Cómo renovar la filosofía*, Madrid, Cátedra, 1994.
2. Dewey, J.: *La reconstrucción de la filosofía*, Barcelona, Planeta-Agostini, 1993.

Rorty no puede encontrar mejores razones para el optimismo. La búsqueda de la argumentación rigurosa de los filósofos suponía una paralización del proceso de investigación: ahora la conversación queda abierta para sus múltiples lenguajes y para la creación de nuevas descripciones. No hay nada fijo: ni nuestro yo, ni nuestro lenguaje ni nuestras creencias.

Ironía

La propuesta filosófica de Rorty es una revolución pragmática que apunta a la celebración de esta contingencia radical de todo. Desde una concepción pragmática de la verdad no puede haber separación entre teoría y práctica, sino que la verdad es siempre un proyecto de acción o de vida. Por eso, en el libro de 1989, *Contingencia, ironía y solidaridad,* la filosofía es liberada ya de prejuicios epistémico-metafísicos y queda abierta a la contingencia. Solamente sigue vinculada a la figura de lo que Rorty llama el *ironista,* que es el sujeto pragmatista de las sociedades liberales.

Ironista es aquel que sabe que el conjunto de creencias que le sirven para justificar cuanto hace o piensa (lo que Rorty llama su «léxico último») es contingente: duda de él porque ve que hay otros y no encuentra razones para eliminar esas dudas pero tampoco para sostener que uno es mejor que otros. La filosofía forma parte del cultivo privado de la vida de este personaje, que puede refinar hasta extremos insospechados su visión del mundo, desde la radicalidad de su contingencia.

¿Y nada más? Por suerte, diría Rorty, y nada más. ¿Dónde queda la relación que desde su nacimiento guarda la filosofía con la política? Con su pretensión metafísica cae también su pretensión política. Rorty, en su lectura del pragmatismo y distanciándose en este caso de las figuras del primer pragmatismo como Dewey, corta nítidamente el ámbito de lo privado y el de lo público. Para las cuestiones públicas, la filosofía no tiene nada que ofrecer. Rorty ha puesto la filosofía cabeza abajo: de la esfera pública donde ha nacido a la privada, donde debe retirarse, la filosofía ya sólo es una cuestión íntima.

La gestión de la convivencia y de la acción de unos sobre otros pasa para Rorty por otros cauces en los que la filosofía no tiene ningún privilegio ni ninguna capacidad. Aquí es donde entra a jugar el tercer término del título de este libro, la *solidaridad*. Es definida como la identificación imaginativa con los detalles de las vidas de los otros y no con el reconocimiento de algo previamente compartido. De la idea de una esencia o naturaleza compartida, de la idea de una comunidad universal a la imaginación del detalle de la vida de los otros y, concretamente, de los otros en cuanto que son susceptibles de sufrir y de sufrir humillación no puede haber concepción alguna. En este paso no ha subsistido nada de la argumentación teórica y filosófica. No hay respuestas para las preguntas políticas. Sólo nos queda la imaginación de lo que los otros, a los que consideramos uno de nosotros, puede sufrir, y para ello es más útil la literatura, el cine u otras formas de arte y de narración.

El giro pragmático es finalmente un giro narrativo que deja a la filosofía restringida al ámbito de lo privado. Desde aquí relee Rorty el valor de las filosofías de sus cómplices y contrincantes, aquellos filósofos que habían quedado en la otra orilla geográfica y conceptual: los otros seguidores de Nietzsche, pensadores como Deleuze, Foucault, Derrida con los que Rorty se mantiene siempre en discusión y en conversación explícitas. Su validez filosófica, que Rorty no les niega nunca, se limita a ser privada. Sus respectivos ataques a la metafísica, sus genealogías, inversiones del platonismo y deconstrucciones, son propuestas edificantes pero hay que desvincularlas de sus pretensiones políticas.

Este punto de vista desencadenará alguna de las conocidas discusiones entre Rorty y Derrida. ¿Puede pretender un filósofo como Derrida ser un pensador político? Para Rorty está claro que no. La única política posible es la del ensanchamiento de la solidaridad a través de una transformación emotiva y de la reforma de las instituciones democráticas. Para Derrida, en cambio, no tiene sentido la deconstrucción sin su *pathos* político, sin una de sus definiciones indecidibles: deconstrucción es la democracia por venir. En manos de Rorty, Nietzsche y W. James son presentados, finalmente, como los padres respectivos del izquierdismo francés y del liberalismo norteamericano. Ciertamente, dejarlo aquí sería una simplificación. Pero para evitarla sería preciso proponer, como ya se está empezando a hacer, una contralectura que abra otras posibilidades más allá de la propuesta neopragmatista de Richard Rorty.

La política de los sin-parte
La filosofía emancipadora de Jacques Rancière

Hay miradas que incitan a asentir. Otras que animan a buscar, a dejar siempre una pregunta abierta y a compartirla, si es posible. La de Jacques Rancière es de estas últimas. Su palabra de profesor, sostenida a lo largo de toda una vida, persigue con timidez un hilo de pensamiento que se atreve a apuntar más allá de lo que sabe, sin esconder su propia ignorancia. Un hilo frágil e inacabado que se deja interrogar por la pregunta que aparece, sin temor, en alguno de sus prólogos: «¿Quién sabe?».[1] Como Joseph Jacotot,[2] el pedagogo francés del siglo XVIII que enseñaba aquello que no sabía, la de Rancière es también la lección del ignorante. Lección emancipadora, entonces, puesto que libera incluso del propio maestro.

El encuentro de Rancière con Jacotot quizá no es azaroso, si tenemos en cuenta otro encuentro fundamental, el que marcó de forma decisiva el comienzo de la carrera de Rancière: el encuentro con Louis Althusser. Fue un encuentro que no quedó encerrado en las aulas. Con veinticinco años, Rancière intervino en el seminario de la École Normale, *Lire Le Capital*, que se convirtió en el conocido libro con el mismo título.[3] En ese curso, Rancière, junto a muchos otros jóvenes pensadores, puso su nombre bajo la firma y la autori-

---

1. Rancière, J.: *La nuit des prolétaires. Archives du rêve ouvrier*, París, Fayard, 1981, p. 12.
2. Rancière, J.: *El maestro ignorante*, Barcelona, Laertes, 2003.
3. Althusser, L. J. Rancière, P. Macherey, *Lire Le Capital I y II*, París, Maspero, 1965.

dad del maestro. Se presentaba así como voz más en la construcción de esa ciencia que tenía por misión dar su verdadera teoría al marxismo. Rancière se anunciaba como un especialista más en el círculo de quienes tenían que enseñar a plantear los verdaderos problemas políticos a los obreros, quienes, cegados por su condición práctica, no podían hacerlo sin caer en la ideología.

Pero Mayo del 68 estaba a las puertas y Rancière dejó que su ola expansiva arrasara las ambiciones de la teoría que compartía. Cayó el maestro y Rancière le escribió su adiós particular. *Leçon d'Althusser* (1974)[1] es el texto en el que se cierra el encuentro con el maestro. No es una refutación. Es un minucioso trabajo de demolición que nos deja entre las ruinas del teoricismo, ese discurso del orden que lejos de ser un arma para transformar el mundo vendió una receta para interpretarlo. Frente a ello, Rancière no pretenderá ofrecer nada a cambio, más que la satisfacción de encontrarse de nuevo a la intemperie, sin cátedras ni aparatos desde los que hablar. Sin policías del concepto, ahora se puede empezar a pensar.

Desaprender la ciencia le lleva, durante años, a la Biblioteca Nacional de Francia. Sus archivos son las catacumbas de una palabra obrera aún por descubrir. Figuras anónimas que escribían, se reunían y confabulaban por las noches; que recitaban sus poesías y que se divertían con sus obras de teatro; que aprendían a leer en escuelas improvisadas a la vez que imprimían sus periódicos en imprentas clandestinas. Un viaje al país del pueblo[2] para aprender escuchar, para volver a pensar esta vez con quienes no están «destinados» a hacerlo. Como Jacotot, que con su ignorancia convertía a sus alumnos en maestros de sí mismos, Rancière con su silencio hace que de la noche emerja una palabra que, sin estar legitimada por ningún saber, tiene mucho que enseñarnos.

1. Rancière, J.: *Leçon d'Althusser*, París, Gallimard, 1974.
2. Rancière, J.: *Breves viajes al país del pueblo*, Buenos Aires, Nueva Visión, 1991.

De estos años de estudio, en los que Rancière se convierte en una figura imperceptible, saldrá una nueva forma de interrogarse por la política de la emancipación. Frente a la política de los filósofos y al arte de los gobernantes, la política de los sin-parte. Una política que no busca recetas organizativas ni interpretativas sino que rastrea «las condiciones de aparición y de disociación de esas formas de subjetivación específicas que de vez en cuando hacen existir, por encima de las leyes de dominación y de las regulaciones de las colectividades, esa figura singular del actuar humano: la política».[1]

El fin de la política

A finales de los años ochenta empiezan a salir a la luz pública, en batería, los resultados de los trabajos de Rancière. En trece años, más de once libros en los que se exploran los diferentes rostros de la emancipación. Sin embargo, en poco más de una década transcurrida desde Mayo del 68 la escena social y política ha cambiado radicalmente. Ya no estamos en la tormenta política desatada por las diversas interpretaciones y refundaciones del marxismo sino en un mar en calma bastante más inquietante: la charca en la que conviven las diferentes narraciones del fin, especialmente del fin de lo político. Junto al gozo cínico de quienes proclaman el fin de la historia y el triunfo de la democracia-mercado, el gesto impotente de algunas de las travesías evanescentes de la postmodernidad. Es una escena que concentra las alegrías y los lamentos del duelo.

Rancière no evita esta escena, sino que irrumpe en ella. No admite sus alternativas (fin o retorno de lo político) sino que diagnostica su función y su falta de validez. No responde a sus insidiosas preguntas sino que las desplaza. No lamenta o alienta, sino que abre con cautela una brecha en la

[1]. Rancière, J.: *Aux bords du politique*, París, La Fabrique, 1990, p. 13.

que seguir preguntando por lo político. ¿Dónde está? ¿En qué consiste? ¿A qué se debe la despolitización de nuestra experiencia? ¿Y qué entender por la politización?

Son preguntas que debemos recoger con la urgencia de un tiempo en el que la experiencia de la despolitización se ha hecho extrema. La escena política de los años ochenta y noventa estaba dominada por el triunfo de la gestión, la ética y el humanitarismo. Actualmente, esta despolitización se ha extendido a través del discurso securitario del Estado-guerra global y del miedo a una nueva desigualdad provocada por la crisis del capitalismo financiero. Miedo y represión alimentan desde entonces un orden de dominación que crea adhesión sin relación política.

Frente a ello, la izquierda clásica pide desde entonces más política. Esto significa más participación y más intervención: participación de la ciudadanía e intervención de las instituciones. Frente a ello también, una izquierda más radical pide un nuevo contrato social. Y frente a ello, por último, son muchos los que buscan y construyen comunidades frágiles en las zonas de oscuridad. Son, todos ellos, ensayos de politización de la existencia que difícilmente logran sostener una vida política.

¿Cuándo ha habido política?

La opción, particular y sigilosa, de Rancière consiste en extraer de su trabajo de investigación, de escucha y de rastreo histórico las herramientas que nos ayuden a anular las trampas que nos tienden los discursos dominantes y sus falsas alternativas. Evita la abstracción de la fundamentación y por eso, lejos de la pregunta clásica ¿qué es la política?, Rancière prefiere dejarse guiar por otra: ¿cuándo ha habido política?

Esta pregunta le permite remontarse del fin de la política a sus orígenes: el momento griego. Lejos de redundar en el análisis de la *polis* como un cuerpo político agregado entorno a la ley y a la palabra pública, a Rancière lo que le interesa es la irrupción en la *polis* de una nueva lógica. Es la que introduce el *demos*, el pueblo, cuando pretende ser ya no la parte más baja sino el todo de la comunidad. Todos somos el pueblo: el nacimiento de la política no consiste, así, en una determinada manera de organizar de la vida colectiva, sino precisamente en la desarticulación de sus partes. Cuando el *demos* aparece como la expresión de la igualdad de cualquiera respecto a cualquiera en la ciudad de Atenas no estamos ante la aparición de un nuevo sujeto que reivindica su parte en la ciudad ya existente. Estamos ante «la institución de una parte de los sin-parte»,[1] de aquellos que no tienen título para hablar ni cualidad que les sea propia. Ni riqueza, ni nobleza, ni sabiduría. Sólo se pueden apropiar de lo que es común, la igualdad, y hacerla extensiva a toda la comunidad. El pueblo es, así, un principio vacío, por definición impropio, con el que la comunidad misma y su régimen de dominación se ven abocados a un proceso de desclasificación. La política, por tanto, no nace como una propuesta de organización, sino como la apertura de un litigio sobre cada forma de reparto y su ordenación correspondiente.

No hay que confundir este desacuerdo fundacional de la política con el conflicto de intereses entre dos actores o sujetos que gestionan un reparto de bienes o batallan por el poder. El litigio político es un choque entre lógicas. Son las dos lógicas inconmensurables: una es la que cuenta las partes reales de la ciudad y se ocupa de los procesos de agregación y consentimiento de las colectividades, organización y distribución de los poderes, así como sus sistemas de legitimación. A esta primera lógica Rancière la distingue con el nombre de policía *(«police»)*. La segunda es la expresión colectiva que deshace las particiones sensibles que configuran una comunidad, al poner en acto una presuposición que es ajena al recuento policial: es la parte de los sin-parte, ca-

---

1. Rancière, J.: *La mésentente. Politique et philosophie*, París, Galilée, 1995, p. 31.

paz de poner en acto la igualdad de cualquiera con cualquier otro. A ésta le es reservada la palabra política. Para Rancière, sólo hay política en la irrupción de esta segunda lógica. Por eso, como se verá en gran parte de su obra posterior a estos años, toda verdadera política es para Rancière un asunto de estética, un problema que tiene que ver, fundamentalmente, con la sensibilidad. La política es la capacidad colectiva de desplazar radicalmente los límites de lo que somos capaces de ver, escuchar y percibir.

Guerra entre mundos

Por eso la batalla política no lo es entre partes en conflicto sino entre mundos.[1] Esto quiere decir, entre particiones de lo sensible[2] o regímenes de visibilidad. Según la lógica de lo político, se ven mundos distintos, se vive en mundos distintos. Y no hay compatibilidad posible. La política siempre es el litigio por un mundo que no se deja ver, que no se quiere ver. Por eso, manifestándose contra la lógica policial, es la voz de un mundo irrumpe en otro para hacerlo estallar. La política, por tanto, no es un estado de cosas sino que siempre es acción, intervención, desplazamiento. Desclasificación y proceso de subjetivación inédito. No tiene un orden o lugar propio (el Estado, una clase...) ni es la actualización de una esencia o principio. La política es el lugar de un argumento que tiene como único presupuesto el principio radical de la igualdad, que es la igualdad de cualquiera respecto a cualquiera.

Por eso la política no sólo es acción, intervención o desplazamiento sino que también es siempre un accidente, «una desviación respecto a la evolución normal de las cosas».[3] La

---

1. Rancière, J.: *La mésentente. Politique et philosophie*, op. cit., p. 67.
2. Rancière, J.: *Le partage du sensible. Esthétique et politique*, París, La Fabrique, 2000.
3. Rancière, J.: *Aux bords du politique*, op. cit., p. 175.

política no se mide por los encuentros y los acuerdos que produce. La racionalidad de su argumentación litigante es la del desacuerdo («mésentente») sin horizonte de acuerdo o de negociación posible. En política no hay malentendidos. No hay objeto común. Esto explica por qué la política no es la apertura de una comunidad de consenso, sino la de una comunidad de interrupciones, de fracturas puntuales y locales por las que la lógica policial se separa de sí misma. La política es, para Rancière, una comunidad de intervalos que se abre entre mundos.

Por eso, finalmente, no hay sujetos preexistentes a la política. El litigio mismo desencadena un proceso de subjetivación que se abre en el *entre* y reconfigura el campo de experimentación. Toda subjetivación es una desidentificación, una sustracción a la naturalidad de un lugar. Lejos de la toma de conciencia, hay proceso de subjetivación cuando las identidades se ven arrancadas de su evidencia policial y se encuentran con la violencia del *logos*: el vacío que abre la igualdad de la palabra. Allí irrumpe la potencia de lo múltiple anónimo. Es el vacío en el que sucumbe todo universal que no sea la igualdad como demostración concreta que opera una desclasificación.

Este proceso de subjetivación desclasificador es el que en los tiempos modernos ha encarnado el proletariado, según la nueva lectura que Rancière propone ahora de Marx. En su viaje al comienzo de la política, Rancière no ha olvidado de dónde había partido, las voces anónimas olvidadas que desde los suburbios decimonónicos de la Europa industrial lo han conducido hasta la Atenas clásica. El proletariado sólo representa un sector de la sociedad definible por el lugar que ocupa en el circuito productivo y en el proceso de creación y reparto de la riqueza si lo analizamos en sentido policial. Pero ¿cuál es el sentido verdaderamente político del proletariado? Precisamente lo que se recoge en la expresión de Marx: es la clase de la sociedad que ya no es una clase. El proletariado emerge entonces ya no como una parte o clase identificable en la sociedad, sino como una potencia de desclasificación de todo su conjunto, como esa potencia de lo múltiple anónimo que hace de la muchedumbre un pueblo capaz de luchar por la libertad. La lucha de clases no es sino una de las expresiones más altas de la política de los sin-parte. Así reencuentra Rancière al proletariado como portador de un nuevo nombre. Buscando las raíces de su identidad en la plenitud de sus voces más anónimas, ha descubierto que tal identidad no es sino la de un suplemento, la de un lugar vacío que socava el orden entero de dominación no porque tome conciencia de sus intereses sino precisamente porque los excede, no porque sea la verdadera expresión de su condición sino porque es capaz de su abandono.

La anarquía democrática

El escenario griego del comienzo de la política, tal como lo ha interpretado Rancière, no ofrece la escena de una fundamentación sino la de un accidente. Este accidente consiste, precisamente, en la irrupción de un disenso que desfundamenta un determinado reparto de atributos y de poder. En tanto que accidente, el nacimiento de la política es inseparable del de las fuerzas que neutralizan sus efectos devastadores.

Por eso junto al *demos*, y siguiendo con la metáfora teatral, entran también en escena dos actores más: el político profesional, con su arte de gobierno, y el filósofo, también legitimado por su posición social, con su teoría política. Ambos comparten una misma tarea: borrar el litigio de la política. Ya sea a través de la pacificación de un supuesto conflicto entre el individuo o un conjunto de individuos y la comunidad, ya sea a través de la fundamentación de la comunidad presentada como efectuación de una esencia o principio, de lo que se trata es de anular la singularidad estructural de la parte de los sin-parte. Es lo que hacen los legisladores, cuando reconducen la igualdad que expresa la libertad del pueblo a la isonomía ante la ley. Es lo que hace

Platón, cuando convierte la comunidad política en un cuerpo organizado según una idea del Bien. Y es lo que hace también Aristóteles, cuando redibuja el mapa de la *polis* en torno a la idea de un centro, que es a la vez centro ético y social. En todos los casos estamos ante una operación tanto conceptual como institucional que resitúa la política bajo la ley de *arkhé*, de un primer principio, y que reconduce así lo múltiple a lo Uno.

Para Rancière, la historia de los regímenes políticos y la historia de la filosofía política son el mano a mano de un mismo empeño: sustraerse a la política y clausurar, así, la anarquía democrática. La despolitización es, desde este punto de vista, el más viejo trabajo del arte político. Las fuerzas ajenas (económicas, sociales, religiosas, etc.) no son decisivas. La clave de toda despolitización es la «supresión política de la política».[1]

Policía y despolitización

¿Qué decir, entonces, de la despolitización propia de nuestra experiencia contemporánea de lo común? Para Rancière está claro: no estamos condenados al duelo de la política. Nuestra despolitización no responde a la lógica de la decadencia, no es el último y lastimoso capítulo de una historia con final. Nuestra despolitización es, solamente, la forma que toma actualmente el triunfo de la lógica policial: una policía estatal que se despliega en el Estado consensual, y una policía mundial que hace de la humanidad el principio de una ética de la impotencia. No son dos mundos separados. Son las dos capas que, superpuestas, dibujan el territorio de este mundo solo en el que cualquier otro mundo es condenado a hacerse clandestino, imperceptible.

El Estado consensual, por una parte, es el que corresponde al desarrollo apolítico de la producción capitalista y a las

---

1. Rancière, J.: *Aux bords du politique*, op. cit., p. 35.

instituciones de una mal llamada democracia, que se presenta a sí misma más allá de toda decisión política. En palabras de Rancière, «es la adecuación sin resto entre las formas del Estado y el estado de las relaciones sociales».[1] Lejos de abrirse en el *entre* de un litigio, el Estado consensual es un espacio común que se percibe como un medio ambiente que sólo pide ser conservado. Vive en «un tiempo sin medida y sin acontecimiento»[2] que nada anuncia, a no ser la inminencia amenazante de una catástrofe. Es el ambiente más propicio para la sobrevivencia de la especie «post-política». El hombre-individuo, que anula su igualdad desclasificadora en la igualdad formal y saturada del sujeto de derecho y cuya agregación sólo puede constituir una *pluralidad* en la que se entierra la partición fundamental del litigio político: la división entre ricos y pobres. Con esta doble operación, que pone en el centro de toda inscripción colectiva la idea de participación, el Estado consensual anula cualquier proceso de invención del sujeto imprevisible propio de la acción política.

Lo mismo hace, por otra parte, la policía mundial que gestiona la identificación de cada uno con el todo a través de la categoría universalizadora de humanidad. En tanto que humanos, todos somos parte de los males que inflige el hombre a sus semejantes. Todos somos, también, sus potenciales víctimas. De ahí una nueva vía de neutralización de los juegos polémicos de subjetivación política, en este caso bajo custodia de uno de los principales garantes de la supresión de lo político: la ética. Una ética, habría que añadir a los análisis de Rancière, que en los últimos años ha ido más allá del ámbito de lo humanitario para situarse en el contexto de una nueva experiencia de la guerra, la guerra global contra el terrorismo. Catástrofe y experiencia del mal pasan a encarnarse en la figura difusa pero muy identificable del terrorista, convertido hoy ya en el omnipresente enemigo interior.

---

1. Rancière, J.: *La mésentente*, op. cit., p. 143.
2. Rancière, J.: *Aux bords du politique*, op. cit., p. 19.

En este contexto de triunfo de una doble lógica policial estatal y mundial, pluralizadora y totalizadora a la vez, el fin y el retorno de la política son dos maneras complementarias de anular la política. Son las dos caras de un debate en el que se sigue poniendo en juego un mismo cometido: el de cómo anular lo político, el de cómo suprimir ese exceso por el cual una parte suplementaria, no reducible a ninguna de las partes que componen la sociedad, desfundamenta un determinado régimen de poder. ¿Proclamando la disolución de lo político en lo social? ¿Reclamando para lo político un lugar propio, por ejemplo a través de la reivindicación de «más Estado»? En el primer caso estamos en la letanía del fin de lo político; en el segundo, en la del retorno de lo político. Ambas culminan tanto el discurso como las prácticas de aquellos dos personajes que entraron en escena con la *polis:* el político y el filósofo, que tenían como tarea común la supresión política de la política. Contra ellos, como figuras del poder, Rancière propone la labor de una ignorancia emancipadora y la política como apertura de mundos sensibles imprevistos, inescuchados e inclasificables.

La comunidad que viene
Maurice Blanchot, Giorgio Agamben, Jean-Luc Nancy

Uno de los textos más emblemáticos de la filosofía de la comunidad, desarrollada en Europa a partir de los años ochenta del siglo XX, es *La comunidad inconfesable*, de Maurice Blanchot.[1] Es un escrito de ineludible referencia, principalmente por dos razones: en primer lugar, porque, situado entre los respectivos textos de Jean-Luc Nancy[2] y de Giorgio Agamben,[3] funciona como bisagra del encadenamiento intertextual en el que se ha elaborado esta filosofía de la comunidad. En segundo lugar, porque incorpora a esta filosofía una lectura de Mayo del 68 como su momento de verdad. Esta verdad es la que se recoge en esta frase, tantas veces citada: «Creo que hubo entonces una forma de comunidad diferente (...), uno de esos momentos en los que comunismo y comunidad se encuentran y aceptan ignorar que se han realizado perdiéndose inmediatamente».[4] La fuerza intertextual de estos tres breves escritos ha generado un fuerte campo magnético en el que gravitan juntas tanto sus referencias filosóficas principales (Georges Bataille, Emmanuel Lévinas, Martin Heidegger, el pensamiento comunista, etc.) como las consecuencias filosóficas poste-

---

[1]. Blanchot, M.: *La comunidad inconfesable*, Madrid, Arena Libros, 2002.
[2]. Nancy, J. L., *La comunidad desobrada*, Madrid, Arena Libros, 2001.
[3]. Agamben, G., *La comunidad que viene*, Valencia, Pre-textos, 1996.
[4]. Blanchot, M., *La comunidad inconfesable*, Madrid, Editora Nacional, 2002, p. 64.

riores en pensadores como Roberto Esposito así como una ingente producción académica que se basa en sus conceptos.

La fuerza anónima del rechazo

Al contrario de lo que podría esperarse a la luz que retrospectivamente arrojan los fragmentos de *La comunidad inconfesable*, el concepto de comunidad, como tal, no es central en los escritos de Maurice Blanchot, ni siquiera en 1968. Entre 1958 y la revuelta del mayo francés, Blanchot esboza una cierta idea de comunidad, en la unión que se establece entre quienes protagonizan el acto de ruptura con la situación de «muerte de la política», que domina la situación de Francia después de la Segunda Guerra Mundial. Muerte política es, según Blanchot, aquella situación en la que el gobierno como proyecto de salvación del pueblo impide el conflicto político. Para Blanchot, el lugar de lo común se abre en el hiato provocado por la interrupción y se articula en una palabra a la que se referirá, de manera cada vez más central, como «escritura».

Que no hay comunidad que preexista al rechazo, sino que es el rechazo mismo el que engendra lo común, es una idea que Blanchot debió por lo menos intuir en su imprevisible paso por la «resistencia» en los años cuarenta, en su alianza, por tanto, con aquellos que años antes habían sido sus enemigos ideológicos. Como es bien sabido aunque poco recordado, Blanchot no provenía ideológicamente del comunismo sino de la extrema derecha francesa y sus entornos fascistas. Pero en 1958, superada ya la invasión y la colaboración con el nazismo, que él rechaza, y ante la vergonzosa situación en la que el gobierno francés ha situado a Francia respecto a Argelia, Blanchot escribe anónimamente la *Declaración de los 121*, un manifiesto que defiende a quienes se declaraban insumisos o desertores de la guerra de Argelia. En este panfleto, se expresa en los siguientes términos:

Los hombres que rechazan y que están ligados por la fuerza del rechazo saben que aún no están juntos. El tiempo de la afirmación común les ha sido precisamente arrebatado. Lo que les queda es el irreductible rechazo, la amistad de ese No certero, inquebrantable, riguroso, que les mantiene unidos y solidarios.[1]

Y añade:

Cuando rechazamos, rechazamos por un movimiento sin desprecio, sin exaltación, y anónimo, en la medida de lo posible, pues el poder rechazar no se realiza a partir de nosotros mismos, ni en nuestro solo nombre, sino a partir de un comienzo muy pobre que pertenece en primer lugar a quienes no pueden hablar.[2]

El rechazo mismo, por tanto, tiene una fuerza propia que no es sólo negativa, de destrucción de lo aceptado, sino que es también una fuerza de unión, a la que Blanchot, en estos fragmentos, se refiere con las palabras amistad y solidaridad. Esta fuerza, además, tiene otra virtud: desborda los nombres propios, hacia un anonimato que no es el de la uniformidad, el del borrado de las diferencias, sino el de una implicación que sitúa a quienes rechazan fuera de sí y los inscribe en un espacio que incumbe a otros de los que no saben ni pueden saber nada porque no tienen voz.

Este espacio es la comunidad anónima de los nombres. Así se refiere a ella Blanchot en una carta de 1960 a Sartre, en la que expone y defiende la necesidad de un proyecto de revista independiente de *Temps Modernes*, que Sartre dirigía y que era la más influyente de su tiempo. Es el proyecto de *Revue Internationale*, que tuvo su germen en la *Declara-*

---

1. Blanchot, M.: *Escritos políticos*, Madrid, Acuarela-Antonio Machado Libros, 2010, p. 39.
2. Blanchot, M.: *Escritos políticos*, op. cit., p. 40.

ción de los 121 pero que se convirtió en un movimiento de intelectuales y escritores de alcance europeo, desde Italo Calvino y Pier Paolo Pasolini, a Ingeborg Bachmann, Günther Grass o Hans Magnus Enzesberger. Nunca salió a la luz. Pero la posición de Blanchot en el proyecto es interesante y en muchos sentidos antisartreana. Dice en la carta que los intelectuales

> han experimentado también una manera de estar juntos, y no pienso solamente en el carácter colectivo de la Declaración, sino en su fuerza impersonal, en el hecho de que todos aquellos que la han firmado ciertamente le han aportado su nombre, pero sin valerse de su verdad particular o de su reputación nominal. (…) Los intelectuales han tomado así conciencia del nuevo poder que representan y, aunque de una manera confusa, de la originalidad de ese poder (poder sin poder).[1]

No son, por tanto, las voluntades coaligadas de los intelectuales las que transforman la realidad. Es el rechazo colectivamente declarado el que opera una transformación en los intelectuales mismos: en primer lugar, imbuye de fuerza impersonal sus propios nombres. Les expropia, así, de su verdadero patrimonio, si hablamos de intelectuales en sentido convencional. En segundo lugar, y gracias a ello, les descubre un nuevo poder que no pasa por relacionarse con el poder establecido ni por tomarlo o instituirlo. ¿En qué consistirá entonces? ¿Cuál es ese poder sin poder que ha descubierto Blanchot, junto a ciento veinte escritores más, en 1958? Es el poder de decir el mundo y todo lo que acontece en el mundo en tanto que escritor y esto significa una crítica global a todas las estructuras de nuestro mundo, a todas las formas de existencia de este mundo. El poder que descubre el rechazo es el poder rompedor de la palabra misma, cuando la escritura es liberada, por su propia fuerza, de lo que la somete y coarta.

[1]. Blanchot, M.: *Escritos políticos*, op. cit., pp. 79-80.

Ésta es la idea a la que Blanchot da consistencia y dimensión conceptual a través de sus escritos filosóficos y literarios y que está directamente vinculada a los acontecimientos del 58 y, de forma más determinante aún, a esa gran y expansiva «toma de palabra» que, según la expresión de Michel de Certeau, fue Mayo del 68. En realidad, la idea de una escritura fuera del lenguaje, del discurso y de su forma final que es el Libro, no es en Blanchot una idea de origen teórico-literario sino que es un aprendizaje directo de la revuelta de Mayo del 68. Así lo afirma, en ese mismo momento, en otra octavilla anónima:

> Escribir *sobre* está, en cualquier caso, fuera de lugar. Pero escribir sobre el acontecimiento que está precisamente destinado a no permitir que se vuelva a escribir más *sobre* supone falsearlo por adelantado y haberlo perdido desde el principio. (...) En mayo, no hay libro sobre mayo. (...) No más libros, nunca más libros, durante todo el tiempo en el que estemos en relación con el estremecimiento de la ruptura.[1]

Lo que se opone e impide el libro, la escritura *sobre*, es la escritura mural, escritura desde, escritura entre, «palabras al margen del discurso que marcan el paso (...) todo aquello que perturba, convoca, amenaza y finalmente cuestiona sin esperar respuesta».[2] Porque no es teórica, no es la palabra que viene después, siempre demasiado tarde, sino que es primera, es ella la que abre y derriba fronteras, estremeciendo el porvenir. Por eso no admite mesura, ni en cuanto a su acierto analítico ni en cuanto a su eficacia política. Está antes de sus propias consecuencias, no lo dicen todo, al contrario, lo arruinan todo, están fuera de todo. ¿Por qué? Porque su verdad y su momento son los de la transgresión misma, incontrolable y absoluta. Más allá de toda libertad política (ideológica, dialógica o de expresión), a Blanchot sólo le in-

---

1. Blanchot, M.: *Escritos políticos*, op. cit., p. 161.
2. Blanchot, M.: *Escritos políticos*, op. cit., p. 162.

teresa la palabra misma que transgrede, que habla siempre más allá, superando, desbordando y, de tal manera, amenazando todo lo que acota y limita.

Sin objetivos externos, el único fin de esta escritura es la transgresión misma en la que ella misma consiste. Dicho con las palabras de otro texto de intervención redactado por Blanchot: afirmar radicalmente la ruptura. Éste es su fin último y su principio. Como desarrolla en este párrafo:

> Lo teórico no consiste evidentemente en elaborar un programa, una plataforma, sino, al contrario, en mantener, al margen de todo proyecto programático e incluso de todo proyecto, un rechazo que afirma, en liberar o mantener una afirmación que no ordena, sino que desordena y se desordena, pues guarda relación con el trastorno y con el desasosiego, o incluso con lo no-estructurable. [1]

Dando un paso más allá, escribe en una carta a Ilija Bojovic: «la escritura es convocada para destruir un discurso en el que éramos tan desgraciados, en el que estábamos confortablemente instalados, encerrados. Desde este punto de vista, escribir es la mayor de las fuerzas, pues infringe inevitablemente la Ley, todas las leyes, así como su propia ley».[2] ¿Cómo no recordar el punto de partida de *La conversación infinita* (1969)?[3] De hecho, las últimas líneas del prólogo de este libro central de la obra de Blanchot coinciden, literalmente, con las de esta carta. Tanto en la carta a Bojovic como en el prefacio de *La conversación infinita*, Blanchot añade una indicación importante: escribir, por su transgresión absoluta, supone un cambio radical de época. Dicho de otro modo: ella misma es el fin de la historia y en este sentido nos sitúa más allá del comunismo como posibilidad histórica concreta.

---

1. Blanchot, M.: *Escritos políticos*, op. cit., p. 148.
2. Blanchot, M.: *Escritos políticos*, op. cit., p. 135.
3. Blanchot, M.: *La conversación infinita*, Madrid, Arena Libros, 2009.

La comunidad anónima de los nombres, por tanto, engendrada en el rechazo escrito a la muerte política, no encuentra lugar en la historia, un lugar ni previo ni posterior al rechazo mismo. Su único lugar es la escritura, cuyo tiempo es el de la interrupción sin medida, cancelación pura de todo lo conocido, puesta en suspenso de toda coordenada transitable. Se anuncian aquí ya claramente los temas mayores de la filosofía blanchotiana y de su reelaboración, en los años ochenta, del tema entonces ya central, de la comunidad. Se dibuja también el bucle por el cual esa comunidad sólo podrá consistir en su propio tener lugar, en su propio espaciarse como quiebra absoluta de toda Ley pero, también, de toda dimensión de la vida en común.

La experiencia radical del rechazo revolucionario, porque rompe la historia, nos sitúa en un comunismo sin herencia, que ni puede ser heredado ni puede heredar nada: apertura de un hiato fuera de la historia, radical discontinuidad. «El hiato teórico es absoluto; el corte, de hecho, decisivo. Entre el mundo liberal-capitalista, nuestro mundo, y el presente de la exigencia comunista (presente sin presencia) no hay más vínculo que un desastre, un cambio del planeta.»[1] Analizando las jornadas revolucionarias del 68, ya en el frío mes de diciembre, Blanchot escribirá: «Hay un vacío absoluto delante y detrás de nosotros; y nosotros debemos pensar sin asistencia, sin otro apoyo que la radicalidad de ese vacío. (...) LA REVOLUCIÓN ESTÁ YA DETRÁS DE NOSOTROS. (...) Pero lo que tenemos delante, que será terrible, todavía no tiene nombre».[2]

Éxtasis mortal

Bastante tiempo después de estas primeras reflexiones de Blanchot, situadas entre 1958 y 1968, ya en 1983 Jean-Luc

---

1. Blanchot, M.: *Escritos políticos*, op. cit., p. 157.
2. Blanchot, M.: *Escritos políticos*, op. cit., p. 192.

Nancy publica un ensayo largo, fruto de un encargo para el n.º 4 de la revista *Aléa*, al que titula *La comunidad desobrada*, expresión que como él mismo indica, toma precisamente de Blanchot. A este texto responde pocos meses después Blanchot con *La comunidad inconfesable*, al que a su vez volverá a responder Nancy con *El mito interrumpido*. Años más tarde, se añadirán a su común reflexión otros pensadores como Giorgio Agamben, con *La comunidad que viene*, o Roberto Esposito con *Communitas*.

El escrito de Nancy aborda directamente el problema que Blanchot había dejado planteado y sin resolver en las últimas líneas que hemos citado: la necesidad de pensar la exigencia comunista en el vacío de su propia herencia. Para ello, Nancy, de la mano de una lectura pormenorizada de Bataille, busca en ese vacío una experiencia ahistórica a partir de la cual la comunidad pueda ser concebida como una idea necesaria, es decir, como una exigencia. Así, abandonando la experiencia revolucionaria del rechazo que había sido el punto de partida del pensamiento de Blanchot, sitúa la exigencia comunitaria en el marco de otra experiencia radicalmente distinta: la experiencia de la finitud compartida o, dicho de otro modo, la experiencia de la muerte del otro como reveladora de nuestro ser-en-común, situado más acá de toda identidad, pertenencia u horizonte de fusión.

Este cambio de raíz en la experiencia del mundo y de nuestra relación con los otros altera radicalmente el sentido de la reflexión filosófica sobre la comunidad. La clave de este desplazamiento está en la incorporación de la noción de éxtasis, que a partir de ahora recoge la idea blanchotiana del hiato, de la interrupción, cambiándole el sentido y las consecuencias. Nancy, desde las resonancias tan inequívocamente heideggerianas de su pensamiento, propone la siguiente definición de comunidad: es «el ser extático del ser-mismo».[1] Contra toda idea de totalidad y de hipóstasis traducida políticamente a través de la nostalgia moderna de la comuni-

---

[1]. Nancy, J. L.: *La comunidad desobrada*, op. cit., p. 21.

dad, para Nancy, el éxtasis es lo que garantiza la imposibilidad de la absolutez de lo absoluto, la imposibilidad de la inmanencia acabada que no sólo ha sido el hilo conductor de la metafísica sino también del propio comunismo.

Pensar la comunidad desde la noción de éxtasis como imposibilidad de cierre es la única posibilidad, según Nancy, para ir más allá del horizonte insuperable del comunismo, de vaciar su herencia para poder afrontar radicalmente, de nuevo, su exigencia. La apertura, como condición ontológica de la comunidad, ya no remite, en la lectura de Nancy, a una práctica colectiva de rechazo ni, por tanto, a una posibilidad revolucionaria. Remite directamente a la insuficiencia de la existencia humana, al inacabamiento que le es esencial y que sólo la vida en común nos puede revelar, poniéndonos ante nuestra condición de nacidos y de mortales. La comunidad es mi existencia fuera de mí con otros, es decir, «comparecencia de la finitud».[1] La comunidad no es nada en sí misma más que esta exposición, dislocada e interpelante, del ser finito y singular en su radical insuficiencia.

En *La comunidad inconfesable*, escrita como inmediata respuesta al ensayo de Nancy, Blanchot hace suyo directamente este desplazamiento, hasta el punto de retomar la escritura acerca de Mayo del 68 sobre la base de esta concepción de la comunidad como éxtasis, como experiencia radical de la finitud. La negatividad a la que estaba asociada la experiencia de comunidad ha cambiado de sentido, de trasfondo y de consecuencias: de ser vivida como la unión de un nuevo poder sin poder que se esbozaba en un acto de rechazo, pasa a ser definida por él mismo como un «exponerse exponiéndose» que se nos da en la experiencia de la propia insuficiencia en tanto que seres finitos. La comunidad anónima de los nombres es ahora la comunidad de los mortales. Desde ahí, ¿qué fue entonces Mayo del 68? ¿Cómo relee Blanchot en 1983 ese acontecimiento? Precisamente, Blanchot interpreta ahora Mayo del 68 como el tener lugar

---

1. Nancy, J. L.: *La comunidad desobrada*, op. cit., p. 57.

de una «presencia inocente, como presencia común que tiene lo imposible como único desafío».[1] Esta presencia es la com-parecencia de la que habla Nancy: apertura de un «entre» sin proyecto y sin duración, sin consecuencias ni continuidad, ni instituyente ni instituida. Mayo del 68, en el texto del 83, ya no es una revolución. O en todo caso, sólo queda de la revolución la idea de una interrupción del tiempo, de una absoluta puesta en suspenso de la existencia en todas sus dimensiones en la que se ha desvanecido la fuerza del rechazo.

Las consecuencias de este desplazamiento se hacen sentir sobre las dos nociones que articulaban la política blanchotiana: la del poder de los sin-poder y la de transgresión de la Ley. Por un lado, el poder sin poder se presenta ahora como una «potencia impotente»,[2] como una potencia que para no limitarse (respecto a algún fin) acepta no hacer nada. Por otro lado, la transgresión de la Ley en la que se concretaba el verdadero cometido de la escritura liberada de sus distintas formas de captura por parte del discurso, se vincula ahora a la idea de la destrucción de la sociedad por parte de lo que estos autores invocarán como la comunidad de los amantes, es decir, por parte de una instancia ética y/o pasional que interrumpe las reglas y los procedimientos instituidos socialmente. Nancy busca la comunidad en lo que «se retira de la obra»,[3] es decir, en lo que escapa a todo obrar, hacer, producir, crear. Blanchot amplificará este éxodo exponiéndolo a su propia imposibilidad. Agamben, pocos años más tarde, concluirá el proceso: la comunidad es aquello que no se hace, sino que es siempre, que está siempre por venir. La filosofía de la comunidad es, finalmente, una filosofía de la impotencia. La interrupción de la muerte política, que después de la Segunda Guerra Mundial había guiado el pensamiento revolucionario de Blanchot y sus distintos pro-

---

1. Blanchot, M.: *La comunidad inconfesable*, op. cit., p. 60.
2. Blanchot, M.: *La comunidad inconfesable*, op. cit., p. 67.
3. Nancy, J. L.: *La comunidad desobrada*, op. cit., p. 61.

yectos colectivos, queda empantanada, por mucho que se reivindique la exigencia comunista, en una idea de la interrupción que, formulada ahora como éxtasis, desemboca en una huida de la política.

Ya estamos en 2015. Hay quien sostiene que la historia se ha vuelto a poner en marcha. Pero no sabemos si es la historia o una cuenta atrás. El sujeto histórico es ahora una fuerza geológica y la modernidad, que se proyectaba en el tiempo futuro, se ha convertido en el antroposceno, que irreversiblemente moldea las piedras y contamina los aires y los mares. La vida en común, por tanto, ya no es una interrupción del espacio y del tiempo de la política, sino su precipitación. Ya no es una imposibilidad sino una necesidad. La comunidad que viene es el mundo común en el que ya estamos. Embarcados o atrapados. En todo caso, involucrados. Ésta es nuestra situación filosófica, que desafía nuestras concepciones más fundamentales acerca de la finitud, la libertad y la necesidad. El siglo XX puede ser la expresión disonante de un *impasse* hacia una nueva era, o el inicio del epitafio de la humanidad que hemos conocido hasta ahora. Su sentido no está cerrado. Nos entrega su potencia de inacabamiento, para que hagamos de ella nuestra potencia de transformación.

The end

¿Acaba bien? Ésta es la pregunta que le hacía a mi madre cuando empezaba una película, los sábados por la tarde, en esa época en que no había vídeos y en la tele sólo se emitía un canal. No había opción, ni posibilidad de cambiar de historia a media proyección. Pero sí la de preguntar si la película acababa bien o mal. En ese caso, yo no la miraba y me ponía a hacer otra cosa. Lo que me intrigaba era cómo podía conocer, mi madre, todos los finales. Y siempre acertaba, hubiera visto o no la película. Vista una, se entienden todas, me decía. Cosas del guión.

El siglo XX ha hecho estallar el guión. Y ahora sólo parece vislumbrarse un final catastrófico sin guionista ni dirección. Es el que estamos escribiendo todos, entre todos. La pantalla global se rompió con los cuerpos que caían de las Torres Gemelas el 11 de septiembre de 2001. Esos cuerpos rompieron el cristal porque los vimos caer dentro del marco de las vidas que importan. Estaban en el escenario y el escenario sucumbió. Detrás de los decorados del desarrollo y del progreso, vimos asomar el cuarto oscuro y a todos los que malviven en él. Nunca habían dejado de estar allí. Pero sólo cuando las vidas que importan caen, el marco estalla y el escenario deja de sostenernos. La historia ya no tiene final.

El problema es que no sabemos ver películas sin proyectar en ellas un final, una resolución, una salida o una clausura. Seguimos siendo niños que preguntan a sus madres, ¿acaba bien o mal? Para taparnos a tiempo los ojos... El desafío que este libro quiere compartir es el de la vida que sigue después del THE END, después del beso o de la muerte de los protagonistas. El beso o la muerte: ¿qué hay más allá?

Desafiar el final no es apostar ciegamente por el optimismo contra el pesimismo, por la esperanza contra la desesperanza. Tanto uno como el otro son deudores de la lógica de la finalidad. Tampoco es ponerse en manos de la eternidad o del eterno retorno. Ni siquiera entonar, heroicamente, la posibilidad de volver a empezar. Es asumir como compromiso el inacabamiento del mundo.

Esto implica cambiar el punto de vista. Y para ello la filosofía es esencial y urgentemente necesaria. Si alguna potencia tiene, es la de permitirnos alterar nuestro punto de vista, como individuos pero también como humanidad. La filosofía del siglo XX nos ha enseñado que la condición humana no tiene una esencia ni un destino predeterminado. Que está compuesta de encuentro y de creación, de aquello que nos hace y de aquello que hacemos, de un sentido sin fundamento pero cargado de materialidad. La modernidad nos ha encumbrado como sujeto, la postmodernidad nos ha diseminado como sentido, la época global nos ha totalizado como especie. Somos ya el todo de un planeta que no queremos ver pero en el que podemos reencontrarnos.

Las vías, para ello, están abiertas. Son las venas abiertas de un mundo que ya no se distingue de la Tierra y de una humanidad que se confunde con la especie humana. La humanidad, que era una idea, se ha hecho cuerpo, como un día cuentan que lo hizo Dios, el que nos abandonó. Desde esta situación, la filosofía, como pensamiento que transforma la vida desde el compromiso con una razón común, tiene que proponerse como un ejercicio práctico y vital, individual y colectivo, con el que aprender de nuevo a respirar. El reto es simple y difícil a la vez.

De lo que se trata es de acabar el siglo para inacabar el mundo. Esto implica radicalizar el tránsito de la sospecha a la confianza, de la crítica como desenmascaramiento de las categorías metafísicas, políticas y sociales a la crítica como elaboración de un mundo común. Las ontologías del siglo XX abandonaron la metafísica pero son continuadoras del productivismo trasladado, ahora, al poder crítico y creador del lenguaje. A pesar de la crítica al sujeto que atraviesa a la mayor parte de apuestas filosóficas del siglo anterior, lo que pervive es la pulsión de hacer mundo construyéndolo, reescribiéndolo, produciéndolo. Cambia el estatuto del sujeto, pero no su actividad: escribir la historia haciendo, del mundo, una página en blanco. Del historicismo del siglo XIX al giro lingüístico del siglo XX, este mito moderno, el de la página en blanco, ha pervivido. Por eso seguimos preguntándonos, ¿acabará bien o mal?

La filosofía contiene muchos personajes e historias, pero no es narrativa. Ella misma se presentó, en un momento dado, como una historia, la Historia de la Filosofía, que debía prometer un final, un final feliz a las desventuras del espíritu. Pero la filosofía del siglo XX nos han enseñado también que esa Historia era una ficción peligrosa y frustrante y que los contornos, las prácticas y los lugares del pensamiento filosófico no se restringen a ese esquema de sentido. La filosofía, como creación de conceptos que buscan interpelar desde la aspiración a una razón común, tiene la virtud de relacionar sin direccionar. Puede elaborar conceptos, es decir, componer relaciones de sentido, sin proyectar en ellas un antes y un después, una idea de proyecto y su realización. Esto, que la hace aparecer como inoperante, es en realidad, hoy, una gran potencia de transformación y de inacabamiento. No es la de la transformación del mundo-objeto. Es, más bien, el desplazamiento de nuestra posición en el mundo, es decir, de nuestra concepción y comprensión de la condición humana.

Frente a los conocimientos particulares, la filosofía es confección de problemas comunes. Frente al discurso experto, es encuentro e interpelación a partir del no-saber. Y frente al saber técnico, que tiene que dar soluciones, la filosofía es pensamiento que transforma la vida, la individual y la colectiva. Por eso, hoy, el deseo de filosofía crece y se ofrece como un lugar común para una nueva alianza de los saberes, prácticos y teóricos, en el desafío compartido de reaprender a ver el mundo desde el compromiso con la vida.

Para hacer posibles estos lugares comunes del pensamiento, tal como hemos visto en la primera parte del libro, hay que alterar tres mapas: el mapa nacional-cultural que encierra a las identidades y sus concepciones del mundo en unidades y las reparte en centros y periferias, aún hoy bajo dominio occidental; el mapa institucional académico, que captura a la filosofía, convertida en disciplina de una máquina de procedimientos que estandarizan y neutralizan el pensamiento; y el mapa social, que precariza y discrimina la dedicación al pensamiento y a la cultura compartida, a la vez que vuelve cada vez más elitistas a los triunfadores de la privatización y la espectacularización del conocimiento. No es posible elaborar nuevos conceptos y ontologías sin alterar estas tres territorialidades, que son tres formas de dominio. Por eso la filosofía no es un arte de salón, sino que tiene que volver a ser un arte callejero, como en sus inicios. No puede seguir siendo una teoría sobre el mundo sino una toma de posición en el mundo. Y no puede contentarse con ser una disciplina reconocible, centralizable y jerarquizable, sino una guerrilla del concepto. La filosofía, en su combate, debe atreverse a ser más miliciana que militar y militante. Y en sus retaguardias, necesita aprender hoy a ser cocinera, agricultora, cuidadora, compositora, restauradora del tejido desgarrado de este mundo inhóspito.

La situación filosófica de nuestro tiempo, como decíamos al principio, es una nueva experiencia de la totalidad, que es la totalidad concreta de la destrucción de la vida sobre el planeta en manos de la especie humana. Este hecho, como posibilidad total, acaba radicalmente el siglo XX y abre un tiempo nuevo, que es, más bien, un no-tiempo, una cuenta atrás, la suspensión de la vida en cuidados paliativos cuando ya se ha diagnosticado la enfermedad terminal. Frente a ello, puede parecer ridículo reivindicar la filosofía como una potencia de inacabamiento. Y no lo es. Todo lo contrario. Es la herramienta más común y más bien distribuida que tenemos a mano para rebelarnos contra la dictadura del final.

Dejé de preguntarle a mi madre si las películas acaban bien o mal cuando empecé a estudiar filosofía. Poco a poco me vi capaz de no aceptar los finales, de entender que los besos abren historias en vez de acabarlas y que las muertes dejan espacios en los que aprender a vivir. Mi madre murió un tiempo después. Demasiado pronto, según el estándar de una biografía normal, demasiado joven para conocer a sus nietos y besarlos, lejos aún de envejecer y poder pausar el tiempo para ver llegar el final. Pero con su muerte aprendí algo que en la filosofía no había sabido leer o comprender. Que nuestra finitud, la humana, no es nuestra mortalidad. Que no somos finitos cuando morimos, sino cuando nos sentimos impotentes y arrastrados por la inercia de lo que no queremos vivir. Y que sólo el pensamiento, que no es rebelión contra la muerte sino contra la impotencia, puede hacernos infinitos y mortales a la vez. Por eso, porque esto lo aprendí de ella, de su vida y de su muerte, esta filosofía inacabada está dedicada a ella, a mi madre.

Índice

Prólogo. Cómo no filosofar 9

PRIMERA PARTE
Filosofía para un mundo común

Del universo infinito al planeta agotado 25
La filosofía tenía una historia 31
Acabar con la filosofía 39
«Europa es indefendible» 47
Los lugares de la filosofía 54
La estandarización del pensamiento 63
Escribir es transformarse...................... 70
Aprender a pensar........................... 75
Universidad sin rendición 79
Las nuevas alianzas........................... 87
El fin de «los grandes hombres» 96
Cuerpo y pensamiento 103
De la sospecha a la confianza 109

SEGUNDA PARTE
El siglo inacabado

Introducción................................ 119
Un nuevo modo de preguntar por la verdad
  *En torno a F. Nietzsche y la filosofía
  de la sospecha* 122

El gesto radical de la fenomenología
  Edmund Husserl y su tarea infinita 130
Volver a preguntar por el ser
  El camino de Martin Heidegger 138
Los silencios de la filosofía
  Los juegos de Ludwig Wittgenstein 147
Existencia y libertad
  Jean-Paul Sartre en escena 156
La filosofía del nosotros
  Pensando con Maurice Merleau-Ponty. 164
Mundo, lenguaje y comprensión
  La hermenéutica de Hans-Georg Gadamer 177
De la razón vital a la razón poética
  La voz de María Zambrano 185
De la comprensión a la acción
  Hannah Arendt, apátrida. 193
Entre la dialéctica de la ilustración
y la dialéctica negativa
  El pensamiento herido de Th. W. Adorno. 201
Racionalización y emancipación
  La respuesta de Jürgen Habermas 211
El marxismo y el problema de la filosofía
  De Lukács a Althusser. 220
La potencia constitutiva de la multitud
  La filosofía militante de Antonio Negri 229
El dispositivo de saber y de poder
  La actitud filosófica de Michel Foucault. 238
Pensar la diferencia y experimentar con la diferencia
  Gilles Deleuze en fuga 247
No hay transgresión
  Diferir con Jacques Derrida. 257
Del sujeto femenino a la performatividad de género
  Judith Butler y los cuerpos que importan. 266
Apuestas filosóficas por la postmodernidad
  *Un debate a partir de Gianni Vattimo
  y Jean-François Lyotard*. 277

La fragilidad de la verdad científica
   Karl Popper y la verdad de lo falso............ 288
El retorno del pragmatismo
   Richard Rorty, irónico..................... 295
La política de los sin-parte
   La filosofía emancipadora de Jacques Rancière ... 304
La comunidad que viene
   *Maurice Blanchot, Giorgio Agamben,
   Jean Luc Nancy*........................... 315

The end 327